高等职业学校"十四五"规划酒店管理
与数字化运营专业新形态系列教材

第五期江苏省职业教育教学改革研究课题（课题编号：ZYB702）成果

接待服务心理学

JIEDAI FUWU XINLIXUE

主　编：徐晓庆　黄逵芳
副主编：吴轩雯　曾立斯　王　婷
参　编：杜越群　陆娟萍　孙雯筱

华中科技大学出版社
http://press.hust.edu.cn
中国·武汉

内 容 提 要

本教材系就业导向的背景下,将旅游接待行业新趋势和数字智慧化发展有机融合,为培养高素质技术技能人才而编写的有关心理学方面的教材。本教材将典型的岗位案例串成故事主线,以其为背景,将初入职学生在岗位中实际遇到的问题进行改编,形成项目任务式教学内容。

本教材分为三大模块,共十二个项目。模块一主要阐述了心理学概念和接待服务心理学的理论基础;模块二主要阐述顾客的需要与动机、认知、情绪、情感及个性心理;模块三主要阐述岗位接待中的服务心理、接待服务中的群体心理以及接待服务工作者的心理保健。

本教材既可作为高职高专旅游类专业的课程教材,也可作为旅游接待业从业人员学习心理学知识的参考用书和培训教材。

图书在版编目(CIP)数据

接待服务心理学/徐晓庆,黄逯芳主编.—武汉:华中科技大学出版社,2024.1(2025.7重印)
ISBN 978-7-5772-0253-2

Ⅰ.①接… Ⅱ.①徐… ②黄… Ⅲ.①旅游服务-商业心理学-高等职业教育-教材
Ⅳ.①F590.7

中国国家版本馆CIP数据核字(2023)第245840号

接待服务心理学　　　　　　　　　　　　　　　　　　　　徐晓庆　黄逯芳　主编
Jiedai Fuwu Xinlixue

策划编辑:李家乐
责任编辑:李家乐　仇雨亭
封面设计:原色设计
责任校对:刘　竣
责任监印:周治超

出版发行:华中科技大学出版社(中国·武汉)　　电话:(027)81321913
　　　　　武汉市东湖新技术开发区华工科技园　　邮编:430223

录　　排:孙雅丽
印　　刷:武汉市籍缘印刷厂
开　　本:787mm×1092mm　1/16
印　　张:16.75
字　　数:377千字
版　　次:2025年7月第1版第2次印刷
定　　价:49.90元

本书若有印装质量问题,请向出版社营销中心调换
全国免费服务热线:400-6679-118　　竭诚为您服务
版权所有　侵权必究

前言
QIANYAN

近年来,随着中国进入大众化旅游阶段,旅游接待质量备受关注。2023年是新冠疫情之后旅游完全开放的第一年,旅游市场复苏强劲,根据暑期(2023年6—8月)的旅游统计数据,许多目的地接待游客人数达到历史最高水平。中国国家铁路集团有限公司数据显示,对比2019年,2023年暑期全国铁路日均开行旅客列车同比增长18.9%。中国民航局数据显示,2023年7月旅客运输量同比增长5.3%,创民航月度旅客运输量历史新高。与此同时,各地住宿设施入住率和结算价格齐升。疫情后,顾客的心理需求呈现多样化、多层次的发展趋势。了解顾客的心理需要,为顾客提供个性化的服务,让接待服务更有情绪价值成为接待企业提升服务质量的关键。

《接待服务心理学》基于旅游行业发展对人才的需求以及旅游类专业教学的需要进行开发,以科学性、规范性、实用性、先进性为原则,经过多次调研,从一线员工(实习生)的视角,以项目为引领,通过大量的案例帮助学习者理解并掌握接待服务心理学的知识。本教材主要内容有心理学概述、心理学在接待服务业中的应、顾客需要与动机、顾客认知、顾客情绪与情感、顾客人格心理、顾客态度、酒店服务心理、旅行社与导游服务心理、其他接待服务心理、投诉服务心理、接待服务工作者的心理保健,系统介绍了旅游接待心理服务的基本任务、基本知识及服务策略,既有理论又有实践,具有较强的指导性、实用性和针对性。

本教材特色:

1.学生视角,问题导向

本教材从某职业院校学生实习座谈会上学生提出的各种问题出发,针对这些问题从心理学的角度做出解释并给出相应的策略。学生视角下的问题,具有普遍性及典型意义。回答这些问题,能较好地帮助学生或初学者尽快地理解并适应岗位角色。

2.课程思政,知行合一

本教材围绕党的二十大精神,落实立德树人根本任务,通过正文、案例或者拓展资料的内容,在每个项目有机融入工匠精神、"四个自信"、社会主义核心价值观等思政元素,增强学生的政治素养。

3.理实一体,操作性强

传统的心理学教材多数重理论轻实践,本教材通过案例以及项目任务,实现理实一体,并配套任务评价标准等,让学习目标可量化,学生参与度高、操作性强。

4.案例丰富,体例新颖

本教材案例丰富,有利于学生理解学习。为了提高资料的丰富性,教材融入"互联网+"思维。知识活页、同步案例、拓展阅读、同步思考等部分均设置了二维码,可供学生扫码阅读、答题等,能增加课堂的趣味性以及学生的学习兴趣。

本教材既可作为高职院校旅游相关专业教材,也可作为旅游接待业从业人员学习心理学知识的参考用书和培训教材。

本教材由徐晓庆、黄逵芳主编,内容编写主要由吴轩雯、王婷、陆娟萍、杜越群、孙雯筱、曾立斯等老师负责完成,在编写过程中,承蒙福州大学心理学系蒋芯菁老师和北京师范大学心理学部吴泽文等的大力帮助与支持,在此一并致谢。同时,本教材在编写的过程中参阅了大量的文献资料,在此向编著这些资料的专家和学者致以诚挚的感谢!

由于时间仓促和编者水平有限,本教材难免出现不足之处,敬请各位专家、同行及读者批评指正。

模块一 接待服务心理学概述

项目一 心理学概述　　003

　　任务一　了解心理学的产生　　005
　　任务二　解析心理学的发展　　010

项目二 心理学在接待服务中的应用　　016

　　任务一　了解接待服务心理学的研究对象和内容　　018
　　任务二　探索接待服务心理学的研究意义和方法　　020

模块二 顾客心理

项目三 顾客需要与动机　　031

　　任务一　解析需要　　033
　　任务二　分析动机　　037
　　任务三　激发顾客消费动机　　040

项目四 顾客认知　　049

　　任务一　了解认知　　051

任务二　探索顾客的感觉规律	055
任务三　探索顾客的知觉规律	059

项目五　顾客情绪与情感　　078

任务一　揭秘顾客的情绪与情感	080
任务二　透视顾客的情绪、情感与消费行为	094

项目六　顾客人格心理　　100

任务一　认识人格	102
任务二　分析接待服务中的顾客人格	110

项目七　顾客态度　　120

任务一　认识态度	122
任务二　洞悉态度与消费决策	127

模块三　接待岗位中的服务心理

项目八　酒店服务心理　　137

任务一　前厅服务心理	139
任务二　客房服务心理	147
任务三　餐饮服务心理	156
任务四　康乐服务心理	164

项目九　旅行社与导游服务心理　　174

　　任务一　旅行社接待服务心理　　176
　　任务二　导游接待服务心理　　180

项目十　其他接待服务心理　　192

　　任务一　旅游交通服务心理　　194
　　任务二　旅游购物服务心理　　204
　　任务三　旅游娱乐服务心理　　213

项目十一　投诉服务心理　　219

　　任务一　投诉原因与投诉心理　　221
　　任务二　处理与预防投诉　　227

项目十二　接待服务工作者的心理保健　　237

　　任务一　关注接待服务工作者的心理健康　　239
　　任务二　应对接待服务中的压力　　245
　　任务三　挫折感的防御与应对策略　　252

参考文献　　259

模块一
接待服务心理学概述

项目一
心理学概述

项目描述

任何事物的发展都是要经过一段漫长时光的,心理学也不例外。早在几千年前古人就已经开始对心理学有所研究了,但当时没有形成专业的知识体系。本项目将带领大家了解心理学的基本知识,了解心理学的产生,解析心理学的发展。

知识目标
1. 了解心理学的概念。
2. 熟悉古代心理思想和现代心理学的诞生。
3. 掌握心理学的代表流派。

能力目标
1. 能够认知什么是心理学。
2. 能够简述心理学的主要流派。

素质目标
1. 培养学习心理学相关知识的兴趣,为今后的学习和工作奠定基础。
2. 培养认识历史规律、总结历史经验的思维能力。

接待服务心理学

知识框架

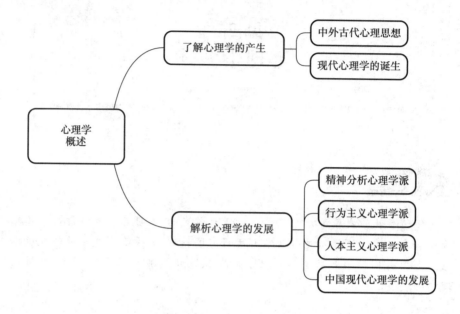

教学重点

1. 心理学的概念。
2. 心理学的诞生。

教学难点

1. 古代心理思想。
2. 心理学的主要流派。

项目引入

刚刚步入职场的同学,在工作中遇到了很多困扰。对此,实习指导老师表示,同学们在各岗位中遇到的问题虽然不同,但其本质都与顾客的心理及其行为规律相关联,因此,了解心理学的知识就显得尤为重要。那么,什么是心理学呢?心理学是如何产生的?又经历了哪些发展过程呢?

任务一　了解心理学的产生

任务引入

小乐和方舟在实习岗位上遇到了很多问题,实习指导老师用心理学的知识帮他们化解了心中的疑问。因此,两人都对心理学产生了浓厚的兴趣,并争论了起来。小乐说心理学产生于中国,方舟说心理学产生于西方。两人为此争论得不可开交,谁也不服输。请你为他们做一个判断吧。

任务剖析

心理学是一门古老又年轻的学科。在心理学成为一门系统而独立的学科之前,无论是在中国还是在西方,早已出现了心理学的相关思想。本任务将带领大家一起了解心理学的产生过程。

心理学是一门研究人类心理现象及其影响下的精神功能和行为活动的科学,兼顾突出的理论性和应用性。心理学包括基础心理学与应用心理学,其研究涉及知觉、认知、情绪、思维、人格、行为习惯、人际关系、社会关系,人工智能、IQ、性格等许多领域,也会与日常生活的许多领域的研究发生关联,如家庭、教育、健康、社会等。

心理学一方面尝试用大脑运作来解释个体基本的行为与心理机能,另一方面也尝试解释个体心理机能在社会行为与社会动力中的角色。另外,心理学还与神经科学、医学、哲学、生物学、宗教学等学科有关。实际上,很多人文和自然学科都与心理学有关。人类心理活动本身就与人类生存环境密不可分,与人文社会不可分割。

一、中外古代心理思想

(一) 中国古代的心理思想

中国古代思想家由于具有社会政治学背景,倾向于从社会政治的角度考察人。历代的思想家有过不少涉及心理问题的论述。这些论述散见于"经""史""子""集"等典籍之中。就目前的研究来看,中国古代心理学思想的几个主要范畴和重要特色主要包括以下内容。

知识活页

中国古人的人性观：天、地、人

1. 人性观

中国古代的心理学思想主张人贵论，认为世界万物之中，人最为可贵、作用最大。它与"人为万物之灵"的含义相通，是中国古代心理学思想的一个重要观点，也是中国古代思想中绵延至今的传统思想。在荀子的思想中，"知命"与"惜命"，"先义后利"与"节欲"，"明荣知辱"与"以善先人"等精神，对当下的生命价值观也有重要的借鉴与学习意义。

2. 影响心理的因素

中国古代心理思想认为，影响心理的因素主要包括生理与环境两个方面，具体内容如下。

1) 形神论

形神论是关于心身关系的学说。春秋战国时期，精神和形体的关系的问题已经被诸子百家所注意。中国古代唯物主义形神论思想家虽然大多数都认为心理是由心脏（甚至五脏）产生的，但也有少数人指出了心理与人脑的依存关系。

2) 天人论

天人论是关于人和天的关系的学说。人和天的关系的问题是中国古代许多思想家所关心并论述过的问题。中国古代思想家对天人关系的看法分为对立的两种。

一种看法是唯心主义天人论。这种天人论认为，天是人化的天，像人一样有意志，有思想感情，能祸福人，能主宰人的生死和国家的存亡。这种理论可以用作统治的工具。中国汉初的董仲舒是这种理论的代表人物。

另一种是唯物主义天人论。这种天人论认为天并不是别的什么，只是种种自然事物所构成的大自然。

唯心主义天人论和科学的心理学思想完全无关，与心理学思想有关的是唯物主义天人论。

3. 心理研究内容

心理研究包含行为、认知、情绪等方面的内容。

1) 性习论

中国古代有很多关于人性的形成与发展的理论。性习论认为"性"有两种：一种是由生长而来的性，指的是人的自然本性；另一种是人出生以后由学习而来的性，可以称为习性。人的生性只有很少的几种，习性则是大量的，并且其发展的可能性是无限的。而生性与习性的关系问题，则类似于人的心理发展中先天因素和后天因素的关系问题。

2) 知行论

知行论是说明知和行的关系的理论。知和行的关系是中国古代心理学思想中一个十分受重视的问题。知与行的关系也可以理解为"学"与"做"的关系。知与行跟哲学上的认识与实践一样，是辩证统一的。儒家的知行观与现代的实践观相近。王守仁提出"知行合一""知是行之始，行是知之成""知中有行，行中有知"。知可以指导行，行可以检验知。知可以从行中来，在行中得到丰富；行受到知的指导，又可以促进知。

3) 情二端论

关于情绪的分类学说。中国古代有六情论和情二端论。

六情论认为情主要有喜、怒、哀、乐、爱、恶六种,荀子的主张大致与其相同。《礼记》中又有哀、乐、喜、怒、爱、敬六情的说法。

在六情论的基础上,中国古代心理学思想中出现一种见解,即情的根本形式不外两种——好(爱)和恶(憎),且它们为情感的两大端。情二端论认为,人的情感虽有六种不同的形式,但都不外乎是好(或"爱")和恶(或"憎")这两端或两极的变化,情感对有关对象的态度总不外乎是积极的和消极的两种。所以,情感应当是两两成对的。中国古代的六情论就正好由三对情感所构成。这表现出了中国古代心理学思想中关于情感的独特见解。

4) 主客论

这是中国古代关于心是由形自生或凭空产生,还是由客观事物作用于形而产生的观点。早在先秦时代,许多唯物主义论思想家就明确地提出,人有了形体之后,还必须与外物相"接"、相"合"、相"遇"、相"交"、相"感",才能产生认识、产生心理。

中国的许多传统文化都体现出"以人为本"的特质,认为"人最为天下贵""人为万物之灵"。但中国文化重视的不是人之"身"或"形"即生理属性和物质需要,而是人之"心"或"神",即精神属性和心性超越,并从中孕育出独特的中华文化。

(二)西方古代的心理思想

西方心理学的思想源头可以追溯到遥远的古代希腊,甚至是更早的古希腊前哲学时期。那时人们通过神话对宇宙进行描述和解释。相传由诗人荷马写成的著名神话《伊利亚特》和《奥德赛》便包含了古希腊前哲学时期的常识心理学,例如武士经常不能控制他们心灵的不同部分,他们的理性也经常受到神的蒙蔽。我们从希腊文字里也可以窥探到人类早期对心理学问题的探索。例如,"灵魂"(Psyche)这个词,指生命的气息,它在一个人死亡时离去。

柏拉图说过,哲学开始于惊异。科学也开始于惊异。而包括心理学在内的一切科学,都起源于哲学。人类的知识体系是依其复杂的程度缓慢而逐渐地从哲学中分离出来的。有些科学,如天文学和力学研究不那么复杂的自然现象,就比较早地从哲学中分离出来;其他研究比较复杂的生物现象的科学,如生物学,则比较晚才分离出来。古代希腊思想不仅是西方哲学史的开始,也是西方心理学史的源头。

1. 古希腊罗马的心理学

朴素唯物主义的出现,使人们认为自然界的因果起源存在于自然界本身之中,而不是存在于超感觉世界中的、经不起逻辑分析和试验研究(观察)的、随心所欲的力量的作用之中。这种思想的代表人物有德谟克利特、柏拉图和亚里士多德。

2. 封建社会的灵魂学说

在欧洲,封建阶级一度让人们仇视一切以经验和理智为基础的知识,而强调教会教条的千真万确。古迹被毁坏,图书馆被封、被烧,书本被用以诸如取暖等莫名用途。

知识活页

中国古代关于情绪的分类

3. 文艺复兴时期的心理学思想

文艺复兴时期的哲学心理学思想的历史也是从对亚里士多德关于灵魂学说的争论开始的。部分思想家对亚里士多德学说持否定态度，在他们看来亚里士多德学说已被改造成符合教会和烦琐哲学的教条。但还有部分思想家自己对世界不能作出解答时，便把希望寄托在亚里士多德以前的各种学说上。

4. 十七世纪的心理学说

1) 唯理论

唯理论的创立者是17世纪法国著名哲学家、杰出的自然科学家笛卡尔(Descartes, 1596—1650)。笛卡尔只相信理性的真实性，认为只有理性才是真理的唯一尺度，因此后人称他的哲学为唯理论哲学。在身心关系的问题上，他承认灵魂与身体有密切的关系，认为某些心理现象，如感知觉、想象、某些情绪活动，都离不开身体的活动。笛卡尔把人体和动物看作一部自动机械，它们的活动受力学规律的支配，而心理活动的进行，离不开灵魂的参与。

2) 经验论

经验论认为，感性经验是知识的来源，一切知识都通过经验而获得，并在经验中得到验证。英国哲学家、教育家洛克，否定天赋观念说，认为"我们的一切知识都是建立在经验之上的，而且归根结底是来源于经验"，认为心灵就像白板，心灵中的一切知识来自对事物进行观察而获得的感性经验，而心灵也具有一种对感觉印象进行区分、比较和概括的官能。

5. 十八世纪的心理学说

这个时期是经验主义进一步发展的时期。它分裂成了唯物经验主义与唯心经验主义。英国哲学家弗兰西斯·培根、霍布斯、洛克和法国哲学家伽桑狄等人都是唯物经验主义的代表人物。英国哲学家贝克莱和休谟是唯心经验主义的代表人物。他们否认外界事物是感性经验的源泉，或者拒绝回答外界事物是否客观存在的问题，认为经验是纯主观的东西，并把这种主观经验作为认识的唯一对象。列宁指出："在'经验'这个字眼下，无疑地可以隐藏哲学上的唯物主义路线和唯心主义路线。"

6. 十九世纪前半期的心理学说

19世纪末20世纪初，心理学的研究呈现出百花齐放、百家争鸣的局面。当时出现了以冯特、铁钦纳为代表的构造主义学派，以詹姆斯、杜威、安吉尔为代表的机能主义学派，以华生、托尔曼、斯金纳为代表的行为主义学派，以韦特海默、考夫卡、苛勒为代表的格式塔学派，以弗洛伊德、阿德勒、荣格为代表的精神分析学派，等等。

这个时期是心理学走向独立的时期。这个时期，生理学，尤其是神经系统生物学和感官生理学影响了心理学的实验方法，为心理学提供了科学的来源。

不管是在外国还是在我国，从古代起就有关于心理学的论述。从这个意义上说，心理学有着悠久的历史。但那时，人们对心理现象的研究和论述，常常局限于哲学和其他学科的母体之内，只具有形象的类比和抽象思辨的性质，缺少实验的论证，并未独立成为一门系统的科学。

二、现代心理学的诞生

19世纪中叶,德国医学博士、生理学讲师、心理学家威廉·冯特把实验法引进心理学,并于1879年在德国莱比锡大学创建了世界上第一个专门的心理学实验室,对感觉、知觉、注意、联想和情感展开系统的实验研究,创办了刊登心理学实验成果的杂志《哲学研究》,出版了第一部科学心理学专著《生理心理学原理》。当心理学采用了实验方法之后,对人的心理的研究就从对心理、行为的现象的描述,深入到了对因果关系的揭露,心理学获得作为一门独立科学的权利。冯特被视为科学心理学的创始人。从冯特建立世界第一个心理学实验室,使心理学成为一门独立的学科至今,仅有百余年的历史,所以说心理学又是一门年轻的科学。

任务实施

活动目的:让学生梳理心理学产生的历程。

活动要求:每个同学都参与讨论,让学习目的更明确,学习内容更清晰。

活动步骤:1.分组:将同学们分成两组,举行一个辩论赛,正方赞成小乐的观点,反方赞成方舟的观点。

2.立论阶段:立论由正反双方的一辩选手完成,要求立论的框架明确、语言通畅、逻辑清晰,能够准确地阐述本方的立场。

3.驳立论阶段:这个阶段的发言由双方的二辩进行,旨在针对对方的立论环节的发言进行回驳和补充本方的立论的观点,也可以扩展本方的立论方向和巩固本方的立场。

4.质辩环节:由双方的三辩完成这个环节的发言。双方的三辩针对对方的观点和本方的立场设计三个问题,提问对方的一辩、二辩、四辩各一个问题,要求被问方必须回答,不能闪躲。提问方每个问题提问的时间不可超过十五秒,回答方三个问题的回答累计时间不可超过一分三十秒。双方的三辩交替提问,由正方开始。在质辩中,要求双方的语言规范、仪态庄重、表述清晰。在质辩结束后,由双方的三辩针对对方的回答进行质辩小节,时间一分三十秒,由正方开始。

5.自由辩论阶段:正反双方的所有同学都可以参加,辩论双方交替发言。双方都拥有五分钟的累计发言时间。在一方时间用完后,另外一方可以继续发言,直至本方的时间用完。在这个环节中,要求辩论双方的队员团结合作和整体配合。自由辩论阶段由正方开始。

6.结辩阶段:结辩的同学针对对方的观点和本方的立场,总结本方的观点,阐述最后的立场。

活动评价:辩论赛评分表如表1-1所示。

表1-1 辩论赛评分表

评分要点		正方	反方
立论 （满分20分）	1. 开篇立论逻辑清晰、言简意赅、论点明晰、分析透彻 2. 论据内容丰富，引用资料充分、恰当、准确 3. 分析的角度和层次具有说服力和逻辑性 4. 语言表达流畅、有文采		
攻辩 （满分20分）	1. 表述清晰，论证合理而有力 2. 回答问题精准，处理问题有技巧 3. 推理过程合乎逻辑，事实引用得当		
自由辩论 （满分20分）	1. 攻防转换有序，把握论辩主动权 2. 针对对方的论点、论据进行有力反驳 3. 语言表达清晰流畅，事实引用得当		
总结陈词 （满分20分）	1. 全面总结本方的立场、论证，系统反驳对方的进攻，为本方辩护 2. 语言表达具有说服力和逻辑性		
团队配合 （满分20分）	1. 辩论队整体形象、辩风、配合、语言运用、临场反应（语言、风度、举止、表情）佳 2. 有团队精神，相互支持，论辩衔接流畅 3. 反应敏捷，应对能力强，问答形成一个有机整体		
总分			

任务二　解析心理学的发展

任务引入

　　1879年以来，整个心理学界出现了过去从未有过的学术研讨的繁荣局面。在冯特的内容心理学以后，又接二连三出现了或反对或继承冯特思想的理论，以及另辟蹊径、独树一帜的理论。各种各样、大大小小的心理学派有上百个。这些学派分布广泛，遍布世界各地。你能说出一些主要流派的思想吗？

任务剖析

　　在心理学派中，有从内在的意识去研究的，有从外在的行为去研究的；有从意识的表层去研究的，有从意识的深层去研究的；有从静态去研究的，有从动态去研究的；还有从生物学、数理学、几何学、物理学、拓扑学、民族学、文化学等其他不同角度去研究的。

所有的学派(包括相互继承的学派),在心理研究对象、范围、性质、内容以及方法上都既有联系,又各不相同。这百余年心理学发展的速度以及研究成果,远远超过人类此前对心理研究成果的总和,对心理现象探索研究的深度和广度也都达到了前所未有的程度。本任务将和您一起探讨心理学发展中形成的主要流派的思想。

1879年,德国科学家冯特建立了世界上第一个心理实验室,标志着科学心理学的真正诞生。

随后又出现了对各种观点之间的争论,形成了不同的心理学派,例如内容心理学派、意动心理学派、构造主义心理学派、机能主义心理学派、行为主义心理学派、格式塔心理学派、精神分析心理学派、日内瓦心理学派、人本主义心理学派、认知心理学派。在几个心理学派之中影响比较深远的有精神分析心理学派、行为主义心理学派和人本主义心理学派。

一、精神分析心理学派

精神分析心理学派(简称精神分析学派)产生于19世纪末20世纪初,创始人是奥地利精神病医师、心理学家西格蒙德·弗洛伊德。这一学派的理论在20世纪20年代广为流传,颇具影响力。

弗洛伊德认为,人的心理可以分为两部分:意识与潜意识。潜意识不能被本人所意识,它包括原始的盲目冲动、各种本能以及出生后被压抑的动机与欲望。他强调潜意识的重要性,认为它是摆布个人命运和决定社会发展的永恒力量。

弗洛伊德把人格分为本我、自我、超我三部分。其中,本我与生俱来,包括着先天本能与原始欲望;自我由本我分出,处于本我与外部世界之间,对本我进行控制与调节;超我是"道德化了的自我",包括良心与理想两部分,主要职能是指导自我去限制本我的冲动。三者通常处于平衡状态,平衡被破坏则引发精神病。

精神分析学派重视潜意识与心理治疗,扩大了心理学的研究领域,并获得了某些重要的心理病理规律,但他们的一些主要理论遭到许多人的反对。20世纪30年代中期,以沙利文、霍妮、弗洛姆为代表的一批心理学家反对弗洛伊德的本能说、泛性论和人格结构论,强调文化背景和社会因素对精神病产生和人格发展的影响,在美国形成了新精神分析学派。新精神分析学派仍然保留着弗洛伊德学说中的一些基本观点,尽管其理论中有与经典精神分析学派不同的概念名称,但归根结底,这一学派仍然认为是潜意识的驱力和先天潜能对个人命运和社会发展起主要作用。

二、行为主义心理学派

行为主义心理学派(简称行为主义学派)是从传统心理学中叛出,在机械唯物主义和实证主义的哲学基础上,在动物心理学和机能主义心理学的影响下,产生的现代心理学派别。行为主义学派的实质是将意识和行为绝对地对立起来。该学派的主要代表人物是华生和斯金纳。

行为主义学派主张以客观的方法研究人类的行为,从而预测和控制有机体的行为。行为主义心理学派的主要理论属于典型的环境决定论。这个学派试图从人的行为来分析人的心理,认为人在不同的环境下做出的行为是不同的,因此只要能明确一个人所处的环境,就能分析出人在当时的情况下所具有的心理反应。

行为主义学派认为,人的心理意识、精神活动是不可捉摸的,是不可接近的,心理学应该以客观的实验方法来研究人的行为,从而在研究对象和研究方法上具有自然科学的特性。行为主义学派的研究主要试图查明刺激与反应的关系,以便根据刺激推知反应,根据反应推知刺激,从而达到预测和控制人的行为的目的。

三、人本主义心理学派

人本主义心理学派(简称人本主义学派)在20世纪50—60年代兴起于美国,是美国当代心理学主要流派之一。以马斯洛、罗杰斯等人为代表的人本主义学派,与精神分析学派和行为主义学派分道扬镳,形成心理学的第三思潮。

人本主义学派强调人的尊严、价值、创造力和自我实现,把人的本性的自我实现归结为潜能的发挥,而潜能是一种类似本能的性质。人本主义学派最大的贡献是看到了人的心理与人的本质的一致性,主张心理学必须从人的本性出发研究人的心理。

马斯洛的主要贡献是对人类的基本需要进行了研究和分类,将其与动物的本能区别开来。他按照追求目标和满足对象的不同把人的各种需要从低到高安排在一个层次序列的系统中,最低级的需要是生理的需要,最高级的需要是自我实现的需要。这个需求理论也称为"马斯洛需求层次理论"。罗杰斯的主要贡献是在心理治疗实践和心理学理论研究中发展出人格的"自我理论",并倡导了"患者中心疗法"这一心理治疗方法。他认为人类有一种天生的"自我实现"的动机,即一个人发展、扩充和成熟的趋力,它也是一个人最大限度地实现自身各种潜能的趋向。

人本主义学派反对仅仅以病态人作为研究对象,因此反对把人看为本能牺牲品的精神分析学派的理论观点,也反对把人看作物理的、化学的客体的行为主义学派的理论观点。这一学派的心理学家主张研究对人类进步富有意义的问题,关心人的价值和尊严。

四、中国现代心理学的发展

中国现代心理学的发展主要指的是19世纪末20世纪初以来,心理学作为一门独立的学科在中国的形成和发展。中国现代心理学是在中国古代心理学思想的基础上,适应中国社会发展的需要,吸取国外现代心理科学的积极成果而逐渐形成和发展起来的。尤其是中华人民共和国成立后,心理学的研究在马克思列宁主义、毛泽东思想、邓小平理论、"三个代表"重要思想、科学发展观、习近平新时代中国特色社会主义思想的指导下得到了更加迅速的发展。

中国现代心理学的主要研究内容包含了以下几个方面。

(一)基本理论研究

心理学者努力以辩证唯物主义为指导研究心理学的基本理论。他们研究巴甫洛夫学说,进一步探讨心理活动与高级神经活动的关系。有人认为心理活动是具有心智的高级神经活动;有人认为高级神经活动是心理活动的物质基础,但对高级神经活动的研究不能取代对心理活动的研究,两者既有区别,又有联系,具有辩证统一的关系。心理学者认为,心理学的本质特点就在于人的心理既有自然性,又有社会性,心理学就是要研究它们之间的辩证统一关系。在积极评述国外心理学思想和派别的基础上,心理学者更加注意分析它们的新进展和对它们进行更系统的总结。例如潘菽主持的评论冯特的工作,就是这种总结的一个尝试和开端。

(二)基础研究

心理学的基础研究主要涉及生理心理、发展心理和比较心理三个方面。

在生理心理方面,心理学者早期探讨了儿童两种信号系统相互传递、动力定型顺序反应等;中期则以脑电为指标分析不同年龄(婴儿至110岁老人)的脑电特点及其与某些智能活动的关系。

在发展心理方面,心理学者研究了幼儿的数、类和方法概念、色形抽象及因果思维等,研究了儿童对整体和部分认知的发展、数字运算能力和类比推理能力的发展、道德认知的发展等,还探索了出生至学前期儿童言语的发展,超常儿童和智力落后儿童的心理发展、评级和测量等。

在比较心理方面,心理学者用条件反射法研究了动物的分析综合能力,如文昌鱼和金丝猴的学习特点,比较了猿猴与婴儿的学习能力等。

(三)应用方面的研究

心理学者在心理学的应用方面研究范围很广,涉及教育心理、犯罪心理、医学心理、接待服务心理、运动心理等。例如,有心理学者在语文教学心理方面,结合记忆、思维能力的发展,从文字改革方面研究了汉字心理学问题,还从汉字笔画结构的信息分析及自动检索的角度进行了心理学探索。在机器理解汉语、问题解决的认知研究方面,心理学者的研究也取得了进展。他们对于小学语文的集中识字和分散识字的实验研究也比较多。

(四)研究方向

目前,为了发展中国的心理学,心理学者主要从四个方面入手。

第一,以马克思列宁主义、毛泽东思想、邓小平理论、"三个代表"重要思想、科学发展观、习近平新时代中国特色社会主义思想作为心理学工作的指导思想，以辩证唯物论和历史唯物论为指导，摆脱束缚心理学发展的唯心论和形而上学。

第二，贯彻理论联系实际的原则，把心理学研究工作与社会主义现代化建设的实际紧密结合起来。

第三，积极地通过批判分析，学习和吸收国外心理学的有价值的东西，贯彻"洋为中用"的原则。

第四，进一步发掘中国古代心理学思想宝藏，鉴别提炼，以达到"古为今用"的目的。

习近平新时代中国特色社会主义思想为心理学提供了广阔的发展前景，心理学者正加速建立具有中国特色、能为社会主义事业更好服务的中国心理学，为国际科学心理学的发展做出应有的贡献。

任务实施

活动目的：让学生掌握不同心理学流派的主要思想、贡献及其局限。

活动要求：每个同学都积极参与讨论，团队成员之间加强合作交流。

活动步骤：1. 分组：根据班级人数，将同学们分六组。第一、二组同学主要梳理精神分析心理学派的主要思想、贡献及其局限；第三、四组同学主要梳理行为主义心理学派的主要思想、贡献及其局限；第五、六组同学主要梳理人本主义心理学派的主要思想、贡献及其局限。

2. 讨论：各小组根据任务充分讨论相关内容。

3. 展示：教师选取三个小组在班级进行展示发言。

活动评价：小组展示评分表如表1-2所示。

表 1-2 小组展示评分表

评价项目	评分标准			得分
内容（50分）	准确丰富 （41—50分）	一般 （31—40分）	明显错误 （0—30分）	
表述（25分）	清楚流利 （21—25分）	一般 （16—20分）	模糊生疏 （0—15分）	
团队合作（25分）	配合默契 （21—25分）	一般 （16—20分）	团队作用不明显 （0—15分）	
总分				

项目小结

心理学源于古代哲学思想。中国古代思想家荀子、王充，古希腊哲学家柏拉图、亚里士多德等人都有关于心灵的论述。1879年，德国著名心理学家

同步思考
为什么只有冯特能被称为科学心理学的创始人

冯特在德国莱比锡大学创建了第一个心理学实验室,开始对心理现象进行系统的实验研究。在心理学史上,人们把这一事件看作心理学脱离哲学的怀抱,走上独立发展道路的标志,也意味着科学心理学的诞生。冯特因此被称为"心理学之父"。心理学在诞生及发展过程中,内部产生了不同的思想和观点,并形成了一些不同的心理学流派,如精神分析心理学派、行为主义心理学派、人本主义心理学派等。

项目训练

知识训练：
1. 举例说说中国古代的心理思想有哪些。
2. 被称为"心理学之父"的人是谁？
3. 心理学的代表流派有哪些？

能力训练：
向你的同学介绍什么是心理学以及心理学的主要流派。

项目二
心理学在接待服务中的应用

 项目描述

　　心理学的应用范围很广,在接待服务中起着十分重要的作用。从心理学的角度、运用心理学的研究方法探讨接待服务中人的心理活动和行为规律,将使得接待服务效率更高、效果更好。本项目将带领大家了解接待服务心理学的研究对象和内容,探索接待服务心理学的研究意义和方法。

 项目目标

知识目标
1. 了解接待服务心理学的研究对象和内容。
2. 掌握接待服务心理学的研究方法。
3. 熟悉接待服务心理学的研究意义。

能力目标
1. 能够运用心理学知识和规律分析、解决接待服务中的实际问题。
2. 学会运用接待服务心理学的研究方法分析和预测顾客的行为。

素质目标
1. 具备在接待服务实践活动中开展心理研究的能力。
2. 分析相关企业或从业人员接待服务行为的善恶,强化职业道德素质。

项目二　心理学在接待服务中的应用

知识框架

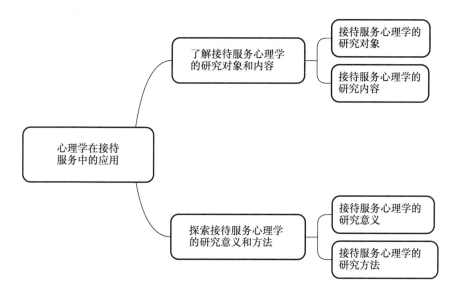

教学重点

1. 接待服务心理学的研究对象。
2. 接待服务心理学的研究内容。

教学难点

1. 接待服务心理学的研究方法。
2. 接待服务心理学的研究意义。

项目引入

　　酒店接待岗位小组的实习代表露露在工作中遇到了很多问题,实习老师说:"可以通过探索不同顾客的心理需求,运用心理学知识为不同心理类型的顾客提供个性化的接待服务,让每一位顾客都留下美好的旅行记忆。"露露把老师的话记在心里,并想进一步了解心理学在接待服务中是如何应用的。

接待服务心理学

任务一　了解接待服务心理学的研究对象和内容

任务引入

露露看了一些心理学方面的书,明白了想要做好接待服务,就必须要研究顾客的心理。实习老师告诉她,光研究顾客心理还不够。请你查阅资料,告诉露露接待服务心理学主要的研究对象和研究内容是什么。

任务剖析

接待业的范围比较广,本教材中的接待服务主要涉及旅游接待业中的食、住、行、游、购、娱等环节。研究对象可以从顾客和接待服务工作者两个方面考虑。研究的内容则需要更多考虑接待工作过程中接触到的人和事。

一、接待服务心理学的研究对象

本教材中的接待服务主要是指为顾客的食、住、行、游、购、娱等提供协助和给予便利的服务工作。接待服务涉及的对象主要包括接待服务工作者、顾客及接待业中各个领域的从业人员。这些人在接待服务中都有各自不同的心理活动,从而表现出不同的行为。在接待服务中,顾客与接待服务工作者之间,接待服务工作者与接待服务工作者之间,接待服务工作者与企业管理人员之间的相互接触和人际关系的发生都受各自的心理活动的支配。心理活动和行为是密不可分的,心理支配行为,而行为又反映心理。因此,接待服务心理学是研究接待服务中的人的心理和行为发生、发展及其变化规律的科学。

（一）顾客心理

心理活动可以支配人的行为,决定人们做什么、不做什么,以及怎样做。因此,观察顾客的行为表现,即可间接了解他的心理活动状态。

同样,顾客的各种行为也都受到心理活动的支配。例如选择哪个地方作为旅游目的地,采取何种方式旅游,逗留多长时间,确定什么样的旅游内容,选购何种旅游商品,等等。其中每一个环节、步骤都需要顾客做出相应的心理反应,进行分析、比较、选择、判断。所以,顾客的行为都是在一定心理活动支配下进行的。只有关注顾客心理活动的规律和需求,把握顾客的心理,才能做好接待工作。

(二)接待服务工作者心理

接待工作具有工作时间长、体力脑力负荷量大、突发事件多、心理压力大、工作要求高等特点。接待服务工作者的心理素质、工作效率和工作艺术直接关系到顾客的心理感受和接待服务的质量。因此,研究接待服务工作者的心理活动特点、应具备的心理品质,以及怎样锻炼和培养良好的心理品质等都是接待服务心理学应关注的问题。如何维护接待服务工作者的心理健康,提高员工心理健康水平等,也是接待服务心理学关注的重点。

二、接待服务心理学的研究内容

(一)顾客消费心理

顾客的消费心理是其根据自身需要与偏好,选择和评价消费对象的心理活动。它支配着顾客的旅游行为,并通过旅游行为外显。相应的,顾客的心理与行为则是指在一系列心理活动的支配下,为实现预定的活动目标而做出的各种反应、动作和行动。这些反应活动包括知觉、动机、态度、学习、情绪、情感、人格、审美心理等。顾客的心理活动与行为是接待服务心理学研究的主要内容。消费行为是顾客在消费活动过程中满足某些需求的高级享受性活动。情绪、情感影响着消费行为,消费行为又制约着顾客的情绪、情感,两者有着互动关系。研究顾客需求满足的情绪、情感变化,分析顾客消费行为与情绪、情感的互动关系,可以从顾客知觉、消费动机、消费态度、人格、情绪、情感、消费行为中的人际关系的理论和知识中获得理论上的指导和启迪。

(二)接待服务心理

接待服务心理学从接待服务工作的角度出发,探讨接待服务对象的特点及其心理需求,对顾客在消费行为中的心理发展历程进行剖析。接待服务工作者具有良好的心理素质对保证服务质量至关重要。接待服务工作者应遵循"顾客至上"的服务原则,不断提升自己的心理素质,提高接待质量,吸引客流,增强接待工作的社会效益和经济效益。在接待的主要工作范围内,从顾客的心理和行为特点出发,提供符合顾客心理的最佳服务,是做好接待服务工作的前提。

接待服务工作者要对服务对象有深刻的认识,并在工作实践中不断去发现和了解顾客的心理需求,做好个性化的接待服务,以保证应有的服务质量。接待服务工作者应研究接待服务过程中顾客的心理特点以及所应采取的相应的心理服务措施,不断改进接待服务、提高接待服务质量。

(三)接待管理心理

接待服务质量的提高和工作成败的关键,在于科学的管理。接待服务心理学在管

知识活页

博物馆观众接待中的心理学知识

接待服务心理学

理工作方面研究如何从遵循人的心理和行为方面的特点的角度采取有效的管理措施。管理最重要的职能是调动员工的工作积极性,让员工创造性地实现组织的目标。在接待管理心理领域,学者从个体、团体、领导三个角度,研究如何去调节和控制组织内成员在心理和行为等,以发挥管理的最佳效能。

领导只有深入了解员工的思想和需要,将员工的利益放在首位,关爱下属、尊重下属,才能为员工提供不可缺少的精神力量。接待服务心理研究者正是从管理心理、员工心理的角度,研究如何调动员工工作的积极性、如何引导员工培养良好的心态。同时,接待服务心理研究成果也为企业员工培训提供了理论原则与方法。

任务实施

活动目的:让学生了解接待服务心理学的研究对象和内容。
活动要求:每个同学都参与活动,分工明确,团结合作。
活动步骤:1. 分组:每个小组4—5名同学。
2. 讨论:以小组为单位查阅资料,相互讨论接待服务心理学的研究对象和内容。
3. 展示:教师挑选部分小组展示,举例说明接待服务心理学的研究对象和内容。
活动评价:小组展示评分表如表2-1所示。

表2-1 小组展示评分表

评价项目	评分标准			得分
内容(50分)	准确丰富 (41—50分)	一般 (31—40分)	明显错误 (0—30分)	
表述(25分)	清楚流利 (21—25分)	一般 (16—20分)	模糊生疏 (0—15分)	
团队合作(25分)	配合默契 (21—25分)	一般 (16—20分)	团队作用不明显 (0—15分)	
总分				

任务二 探索接待服务心理学的研究意义和方法

任务引入

露露了解了接待服务心理学的研究对象和研究内容,但是作为一门应用学科,心理学在接待服务中有何意义?怎样才能更好地研究它,使它成为指导接待工作实际的一门学问呢?你能跟露露聊一聊并提供一些研究方法吗?

任务剖析

接待服务心理学是心理学的分支学科。它以成人心理学和社会心理学以及管理心理学的原理为理论指导,结合接待服务业的工作特点,探讨心理学在接待服务中的意义和研究方法。

一、接待服务心理学的研究意义

(一)有利于提高接待服务质量

接待服务质量的高低直接影响着接待业的发展。怎样提高接待服务水平,满足顾客的心理需要,是接待服务工作者要思考的重要内容。想要提高接待服务质量,就必须研究顾客的心理,掌握他们的心理状态及行为规律,提供具有针对性的服务。

顾客的需要一般可以分为两个类:一类是物质方面的需要,如在接待设施、接待环境等方面的需要;一类是心理方面的需要,如在兴趣爱好、情绪、情感等方面的需要。前者更具实物性,操作起来容易把握,而后者把握起来难度较大,需要接待服务工作者具备相应的接待服务心理学知识,尤其要提高服务意识、优化服务理念,这对提高服务质量有着极其重要的价值。

(二)有利于提高企业的管理水平

随着经济的飞速发展,接待业也面临着激烈的竞争。企业要想在激烈的竞争中取胜,必须运用先进的管理方法,提供科学合理的管理策略,而领导者的管理水平和领导艺术也与心理密切相关。心理学为企业对人的管理提供了必要的理论支持。对企业员工心理进行深入的研究和分析,可以帮助管理者了解员工心理状态和个性心理,了解企业内部人际关系状况,有的放矢地做好员工的思想工作,调动员工的工作积极性,激励员工为实现组织目标而共同努力。接待服务心理学能为企业实施科学管理提供帮助。

(三)有助于增强企业市场竞争力

随着企业接待水平不断提高,企业之间的竞争也日趋激烈。每个企业都面临着生存和发展的问题。在这种机遇与挑战并存的时候,研究心理学可以帮助企业运用心理学知识去分析顾客的心理规律,提高自己的经营管理水平,在激烈竞争中立于不败之地。如根据目标顾客的需要变化趋势,有针对性地开展宣传和招徕活动以吸引顾客,并依据对顾客心理变化的特点和趋势及时调整经营方针和策略,从而增强企业的市场竞争力。

（四）有利于合理建设接待设施

即使目前现代化水平已相当高,接待的设施设备仍然需要综合考虑顾客生理和心理特征建设。只有这样,才能够保障接待的设施设备的科学性和实用性。所以学习和探究接待服务心理学是接待设施建设者的重要任务。

成功的接待服务所涉及的硬件设施,在建设时都十分重视顾客的心理因素,注重使顾客在心理上得到最大的满足。例如,现代化的旅游交通设施是在考虑到顾客安全、快速和舒适的心理需要的基础上改进和发展的。现代化酒店为给顾客创造方便、舒适、恬静的生活环境,在设施安排上充分考虑到宾客的生理需要和心理需要,增强自身吸引力。娱乐设施的设计和建设也离不开心理学的支持。根据现代人生活和工作的特点以及在今天大的社会背景下形成的人们心理上的特点,开发设计具有参与性和冒险性的娱乐项目,可以达到吸引顾客的目的。

接待设施的建设一定要考虑顾客的心理活动规律,否则就会事倍功半,浪费人力、物力,使设施和资源发挥不出应有的社会和经济效益。所以,在设计和建设接待设施方面一定要考虑人的心理因素,而接待服务心理学为此提供了理论基础。

二、接待服务心理学的研究方法

心理学的研究方法有很多,在此主要向读者介绍观察法、调查法、实验法和数据分析法。

（一）观察法

1. 概念

观察法是在自然情境下对人的行为进行有目的、有计划的系统观察并记录,对所作记录进行分析,以期发现心理活动变化和发展的规律的方法。

所谓自然情境指的是被观察者不知道自己的行为正在受到观察,被观察者的表情、动作、语言、行为等,将被用来研究他们的心理活动规律。随着现代科学技术的发展和数字化时代的到来,研究者可以借助一些专门的设备来观察顾客的行为,通过对相关数据的挖掘和分析,了解顾客的心理。例如,利用交通计数器记录来往车流量,对空间关系和地点进行观察;通过观察顾客进出商店以及在商店逗留的时间、顾客的行为和语言来测定品牌偏好和促销的效果;通过观察顾客对广告文字内容的反映、谈话时的面部表情等身体语言的表现,进行有针对性的产品推荐。

2. 优点

观察法能通过观察直接获得资料,不需其他中间环节,保持了资料的客观性和真实性。在自然状态下的观察,能获得生动的资料。观察具有及时性的优点,它能捕捉到正在发生的现象。观察还能搜集到一些无法言表的材料。

3. 缺点

观察者处在被动地位。观察结果难以重复。观察结果的记录与分析容易受到观察者的预期和偏见的影响。观察者只能观察到外部现象,无法观察到调查对象的动机、意向及态度等内在心理活动。另外,观察法的使用受时间的限制,因为某些事件的发生是有一定时间限制的,过了这段时间就不会再发生。因此,观察法不适用于大面积调查。

(二)调查法

1. 概念

调查法是通过各种途径,间接了解顾客心理活动的一种研究方法,是一种为了达到设想的目的,制订某一计划全面或比较全面地收集研究对象的某一方面情况的各种材料,并作出分析,得到某一结论的研究方法。调查法总体上易于进行,但在调查的过程中,被调查者记忆不够准确等原因往往会使调查结果的可靠性受到影响。调查的可能方法与途径是多种多样的,在心理学的研究中,最常用的调查方法主要有问卷调查法和访谈法。

1)问卷调查法

范围大一些的调查,常采用发放问卷的方式进行。问卷即一种书面提问。问卷调查先收集问卷等资料,然后作定量或定性的研究分析,归纳出调查结论。采用问卷调查方法时,最主要的当然是根据需要确定调查的主题,围绕它设立各种明确的问题,作全面摸底了解。常用的问卷调查法有选择法、是否法、计分法、等级排列法。问卷调查法可以同时收集许多人的同类问题的资料,比较节省人力、物力,但其潜在问题是问卷回收率可能会影响结果的准确性。被调查者有时可能不认真合作,从而使问卷的真实性受到影响。

2)访谈法

这是研究人员通过与被访谈者的直接交谈,探索被访谈者的心理状态的研究方法。访谈可以是个别访谈也可以是集体访谈,可以是正式访谈也可以是非正式访谈。访谈调查时,研究人员与被访谈对象面对面地交流,针对性强、灵活、真实、可靠,便于深入了解人或事件相关的多种因素及其内部原因,但访谈法比较花费人力和时间,调查范围比较窄。访谈法一般不需要特殊的条件和设备,比较容易掌握,但是由于访谈对象有限,加上他们可能受主观和客观因素的影响,资料的真实性可能会受到影响。

2. 优点

调查法是指通过书面或口头提问的方式,了解被调查者的心理活动的方法。其中,问卷调查法的优点是能在短时间同时调查很多对象,获取大量资料,并能对资料进行量化处理,经济省时;访谈法的优点是针对性强、灵活、真实、可靠,能深入了解相关人或事件。

3. 缺点

调查法的主要缺点是被调查者由于种种原因可能对问题作出虚假或错误的回答。

(三)实验法

1. 概念

实验法是指有目的地控制一定的条件或创设一定的情境,引起被试者的某些心理活动从而进行研究的一种方法,也就是在控制条件下操纵某种变量来考察它对其他变量影响的研究方法。

研究者可以利用仪器设备干预被试者的心理活动,人为地创设出一些条件,使得被试者做出某些行为,并且这些行为是可以重复出现的。例如,研究者在调查商品价格对销售量的影响程度时,就可以在试销中采用逐步变动价格的办法来判定价格变动对销售量的影响;在调查商品包装对销售量影响的程度时,可以选定几家商店,分为甲、乙两组,前几周将有包装的商品交甲组商店推销,无包装商品交乙组商店出售,几星期后交替互换,实验期一到,就可统计出带包装商品的销量与无包装商品的销量相比增加的程度。实验法分为自然实验法和实验室实验法。

1)自然实验法

自然实验法指在日常生活等自然条件下,有目的、有计划地创设和控制一定的条件来进行研究的一种方法。自然实验得到的资料比较切合实际,但是由于实验情境不易控制,在许多情况下,结论还需要由实验室实验来加以验证和补充。

2)实验室实验法

实验室实验法指在实验室内利用一定的设施,控制一定的条件,并借助专门的实验仪器进行研究的一种方法。这是一种常用的探索自变量和因变量之间的关系的方法。实验室实验能获得较准确的研究结果。运用这种方法有助于发现事件的因果关系,并可以对实验结果进行反复验证。但是,这种实验方法可能干扰实验结果的客观性,并影响实验结果应用于日常生活的可行性,因而有一定的局限性。

2. 优点

实验法最主要的优点是能明确区分自变量和因变量,明确变量间的因果关系。另外,与其他社会研究方法相比,实验法所需的研究对象较少,研究时间较短,成本相对较低。

3. 缺点

研究者人为地营造实验条件,使其远离现实情境中的"自然状态",会导致外部效度降低。效度通俗地讲就是指测量在多大程度上是有效的,测到了想要测量的因素。外部效度是指某次实验测量的结果,能在多大程度上推广到其他的情境。如果研究样本本身不具有代表性,即便在分组时做到了随机化分派,也会使内部效度和外部效度降低。实验室研究只能限于解答当前问题,在研究过去问题和将来问题方面,不太可行。当研究变量和水平数目增多时,实验法成本会急剧增加。另外,在管理领域的实验研究中,实验对象大多是人,人类行为变化相当大,较难控制。

（四）数据分析法

1. 概念

数据分析法是指用适当的统计分析方法对收集来的大量数据进行分析，将它们加以汇总和理解并消化，以求最大化地开发数据的功能、发挥数据的作用。数据分析是为了提取有用信息和形成结论而对数据加以详细研究和概括总结的过程。数据分析过程的主要活动由识别信息需求、收集数据、分析数据、评价并改进数据分析的有效性几个部分组成。

数据也称为观测值，是实验、测量、观察、调查等的结果。数据分析中所处理的数据分为定性数据和定量数据。只能归入某一类而不能用数值测度的数据称为定性数据。定性数据中能表现出类别，但不能区分顺序的，是定类数据，如性别、品牌等；定性数据中能表现出类别，且能区分顺序的，是定序数据，如学历、商品的质量等级等。

数据分析的目的是把隐藏在一大批看来杂乱无章的数据中的信息集中和提炼出来，从而找出研究对象的内在规律。在实际应用中，数据分析可帮助人们做出判断，以便采取适当行动。数据分析是有组织有目的地收集数据、分析数据，使之成为信息的过程。

知识拓展

目前，大数据在心理学领域主要被用来研究一般个体情绪变化规律、特大事件的社会情绪变化、整体社会幸福感等问题。可穿戴式设备记录、移动智能终端记录、互联网行为记录、社会活动行为记录等成为大数据分析的主要数据来源。

在数字化的时代，大数据的出现是技术发展的必然产物。心理学作为以外部行为数据为分析对象的学科，理应抓住这样的机遇。在当前心理学研究的多个层面上，大数据技术都能直接起到提高效率、增强效度的作用。研究者应打破传统心理学研究人的思想、情感和行为的狭窄范畴，利用大数据将研究对象所包含的一切事物数据化，进而实现高效、精准的转化。例如，利用数据分析实现数字化精准营销——通过深度分析顾客购买行为、消费习惯等，刻画用户画像，将数据分析结果转化为可操作的客户管理策略，以最佳的方式触及更多的客户，以帮助商家实现销售收入的增长。

2. 优点

数据分析可以将规模庞大、无法通过人工在合理时间内处理的信息，通过截取、管理、处理，整理成为人类所能解读的信息。这一方法普及后，研究者在研究方法上可以做到对整个总体的数据进行分析，即不依赖统计推断的逻辑进行分析解释，避免了传统心理学研究方法的弊端。在这一点上，数据分析法有着无法比拟的优势。同时，数据也便于保存和对比分析，更加直观。

3. 缺点

数据分析法在为心理学研究带来机遇的同时,也带来了诸多挑战。能被记录下来的东西大都是大数据,大数据的信息范围比较广,包括图文信息、语言文字、音频解说、各种网络信息等。采集和储存这些非结构化数据,难度较大,需要接待服务工作者,至少掌握一门计算机语言或一种相关软件,以便分析、评估数据,进而理解和分析顾客的行为。同时,在应用这种方法时还要注意保护客人的隐私,防止数据泄露。这对于接待服务工作者来说,要求较高。

同步案例

沃尔玛经典营销案例:啤酒与尿布

"啤酒与尿布"的故事产生于20世纪90年代的美国沃尔玛超市。沃尔玛的超市管理人员分析销售数据时,发现了一个令人难以理解的现象:在特定的情况下,啤酒与尿布这两件看上去毫无关系的商品经常会出现同一个购物篮中。这种独特的销售现象引起了管理人员的注意。经过后续调查,管理人员发现这种现象常出现年轻的父亲身上。

在美国有婴儿的家庭中,一般是母亲在家中照看婴儿,年轻的父亲去超市购买尿布。父亲在购买尿布的同时,往往会顺便为自己购买啤酒。这样,就会出现啤酒与尿布这两件看上去不相干的商品经常会出现在同一个购物篮的现象。如果这个年轻的父亲在卖场只能买到两件商品之一,则他很有可能会放弃在这里购物而去到另一家商店,直到可以同时买到啤酒与尿布为止。沃尔玛发现了这一独特的现象,开始尝试在卖场将啤酒与尿布摆放在相同的区域,让年轻的父亲可以同时找到这两件商品,并很快地完成购物;而沃尔玛超市也可以让这些客户一次购买两件商品,而不是一件,从而获得了很好的商品销售收入。这就是"啤酒与尿布"故事的由来。

当然,"啤酒与尿布"的故事必须具有技术方面的支持。1993年,美国学者艾格拉沃提出通过分析购物篮中的商品集合,找出商品之间关联关系的关联算法,并根据商品之间的关系,分析客户的购买行为。艾格拉沃从数学及计算机算法角度提出了商品关联关系的计算方法——Aprior算法。沃尔玛在20世纪90年代尝试将Aprior算法引入POS机数据分析中,并获得了成功,于是产生了"啤酒与尿布"的故事。

(案例来源:杨旭,汤海京,丁刚毅.数据科学导论[M].北京:北京理工大学出版社,2014.)

案例分析:本案例就是典型的通过数据分析法,提供更优质的服务的故事。案例中的商家沃尔玛首先大量收集消费者的消费行为的数据,运用Aprior算法,分析消费者的需求,然后完善自己卖场的服务,从而获得了更多的利润。

任务实施

活动目的：让学生了解接待服务心理学的研究方法。

活动要求：每个同学都参与活动，分工明确，团结合作。

活动步骤：1. 分组：每个小组4—5名同学。

2. 讨论：以小组为单位查阅资料，相互讨论，梳理出接待服务心理学的研究方法。

3. 展示：教师挑选部分小组展示，举例说明接待服务心理学的研究方法。

活动评价：小组展示评分表如表2-2所示。

表2-2 小组展示评分表

评价项目	评分标准			得分
内容(50分)	准确丰富 (41—50分)	一般 (31—40分)	明显错误 (0—30分)	
表述(25分)	清楚流利 (21—25分)	一般 (16—20分)	模糊生疏 (0—15分)	
团队合作(25分)	配合默契 (21—25分)	一般 (16—20分)	团队作用不明显 (0—15分)	
总分				

项目小结

接待服务心理学是研究接待服务中的人的心理和行为发生、发展及其变化规律的科学。其研究对象包括顾客心理和接待服务工作者的心理。将心理学应用到接待服务中，有利于提高接待服务质量、提高企业的管理水平、增强企业市场竞争力、合理建设接待设施。心理学的研究方法有很多，在接待服务中运用比较多的有观察法、调查法、实验法和数据分析法。

项目训练

知识训练：

1. 将心理学应用在接待服务工作中有何意义？
2. 在现实中，观察人可以从哪些方面入手？
3. 接待服务心理学的研究方法有哪些？

能力训练：

举例说明数据分析法在接待服务中是如何运用的。

模块二 顾客心理

项目三
顾客需要与动机

 项目描述

随着中国特色社会主义进入新时代,我国社会主要矛盾变成了人民日益增长的美好生活需要和不平衡不充分的发展之间的矛盾。人们的物质性需要不断得到满足,开始更多追求社会性需要和心理性需要,比如期盼更好的教育、更可靠的社会保障、更高水平的医疗卫生服务、更舒适的居住条件、更优美的环境、更丰富的精神文化生活等。我们应在继续推动发展的基础上大力提升发展质量和效益,更好地满足人民日益增长的美好生活需要。

本项目通过介绍需要和动机,能让学生更好地了解需要和动机的内在含义,将其应用于接待行业;可以让经营者更好地依据顾客的不同需求,巧妙激发顾客的消费动机。

 **项目目标**

知识目标
1. 了解需要的概念和特点。
2. 了解动机的概念和类型。
3. 掌握和需要相关的重要理论。
4. 掌握动机的功能。

能力目标
1. 能够分析顾客的需要和动机。
2. 能够激发顾客的消费动机。

素质目标
1. 培养岗位责任,树立个性化服务意识。
2. 培养接待岗位工作人员的营销理念。

接待服务心理学

 知识框架

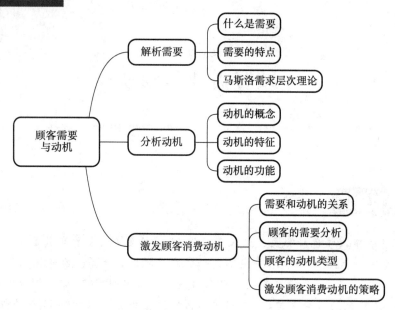

 教学重点

1. 需要相关的重要理论。
2. 动机的功能。
3. 需要和动机的关系。
4. 激发顾客消费动机。

 教学难点

1. 激发顾客消费动机。
2. 培养个性化服务意识。

 项目引入

　　旅游娱乐与旅游购物业岗位实习生代表小乐在返校实习生座谈会上提出:"现在客人都很喜欢外出旅游,旅游过程中也喜欢购买一些旅游商品,但是在我积极地推荐和讲解过后,客人并不买单,这让我很有挫败感。我该如何分辨客人的需求,在提高服务效率的同时又促使其消费呢?"带着疑问,小乐和伙伴们请教了服务心理学老师。在本项目中,心理学老师将仔细给他讲解关于需求与动机的相关知识,帮助他在今后的工作中更准确地辨别顾客的需要,恰当地激发顾客的消费动机。

任务一　解析需要

任务引入

小乐说,在岗位上曾经遇到一位客人。这位客人到店以后很兴奋,说在网上看到很多人戴一款商品觉得很好看,想试戴一下。客人试戴完以后又说另一款也好看,想试试,还有一款也好看,也想试试……如此循环往复,客人对每一款产品都表现出了很强烈的兴趣。小乐本以为这次的生意一定能够顺利成交,客人试戴每一款产品后,他都积极响应顾客,并表示"您戴这个真好看呢,很适合您"。没想到,客人把店里的所有款式试了一遍以后说:"所有款式都还挺好看的,但是预算不够不可能都买,真的纠结得不行。让我考虑一下吧,想好了再来购买。"说完就离开了。小乐很纳闷:"是我的服务让客人不满意了,还是有什么别的原因导致客户本来进门时表现得兴趣盎然,最后却空手离开。"

任务剖析

某一现象或者行为的出现都有其根源,而其根源必定与某方面的需求有关。从上面这个案例可以看出,旅游娱乐与旅游购物业岗位实习生代表小乐对客人的真实需求可能了解得还不够,只是顺着客人的想法和意见在提供服务,并没有洞察客人频繁试款的原因,导致客人试完以后直接离店,没有成交。

本次任务将带领大家认识需要、了解需要。

一、什么是需要

需要是指个体内部的一种缺乏或不平衡状态,表现为个体对内部环境或外部生活条件的一种稳定的渴望或要求。个人在生理或心理缺乏时,会产生生理或心理上的缺乏感。这种缺乏感会造成心理的紧张、不安或烦躁,形成一种不平衡状态,这就是需要产生的过程。例如,个体在缺乏食物时,就会产生饥饿感。这种饥饿感会使人产生紧张、不安或烦躁。人们基于现实条件,比如现有的食物、经济条件、个人喜好等决定进食行为。这整个过程就是人的进食需要的产生和满足的过程。

二、需要的特点

（一）指向性

需要总是表现为对一定事物的欲望或追求，没有对象的需要是不存在的。例如，人感到饥饿的时候会产生进食的需要，这种需要的对象是食物。

（二）发展性

需要是发展变化的。一般而言，人的需要总是从原始的基本需要到高级的社会需要，不断地发展变化。早期社会，由于生产力水平低下，人们的需要限于果腹、御寒等基本生理需要；随着社生活水平的提高，顾客对酒店的需要已经不仅仅是吃得美味、住得舒适，他们还会对消费环境、服务态度、服务方式等提出更高的要求。

（三）异同性

诸如生理需要、安全需要这样的基本需要是人类所共有的。但是受不同地域、不同文化背景、不同受教育程度、不同宗教信仰、不同个性甚至不同性别影响，人们呈现出来的需要会有所不同。

（四）社会性

人具体需要什么，如何满足自己的需要，受到社会经济发展水平、个人在社会关系中所处的地位、受教育程度以及生活实践经验制约。

（五）周期性

人的各种需要不会因为得到满足而终止，一般会周而复始地出现。人的生理需要就表现出极强的周期性，不会因为得到一次满足而终止，在一定的时间后这种需要会再次出现。

三、马斯洛需求层次理论

亚伯拉罕·马斯洛是美国著名社会心理学家。他强调人类的所有行为都是由需要引起的。他从个人生活的角度出发，提出了一种动机理论，也叫作马斯洛需求层次理论（Hierarchy of needs）（见图3-1）。马斯洛需求层次理论将人的需要分为以下五类。

图 3-1　马斯洛需求层次理论

1. 生理需要

生理需要（Physiological needs）指与生存、繁衍有关的需要，是人和动物共有的，例如对于食物、水、氧气等的需要。生理需要在所有需要中占据绝对优势，是人的需要中最基本、最重要的需要。例如，一个极度饥饿的人，当下只会对食物感兴趣，其他任何东西都会被他定义为不重要，自由、爱情、尊重等都是无用的，因为这些不能填饱肚子。

2. 安全需要

一旦生理需要得到满足，安全需要（Safety needs）就会出现。具体来说，安全需要是指生命对于稳定、安全感、依赖、秩序、法律、界限、避免痛苦和恐吓、受保护等的需要。

3. 爱和归属感需要

爱和归属感需要（Love and belonging needs）是指当生理需要和安全需要都得到满足后，人开始渴望能在生活圈子里与他人建立亲密的感情联系，渴望被别人接纳，能够给予爱并获得爱的需要。

4. 尊重需要

尊重需要（Esteem needs）主要由自尊需要和他人尊重需要两方面构成。自尊需要包括对自己有力量、有成就、有信心以及独立自由的渴望，即感觉到自己是有能力、有价值的。来自他人的尊重需要则指需要别人承认自己是有能力和有价值的，包括希望自己有名誉、威望、地位，得到他人的认可和赏识。如果自尊需要受到挫折，个体就会认为自己缺乏价值，即使拥有金钱、爱人和朋友，也会感到自卑、无能、沮丧，丧失信心。

5. 自我实现

自我实现需要（Self-actualization needs）是最高层次的需要，是人类所特有的需要。当所有较低层次的需要都得到满足以后，人们就开始问自己：我想要什么，我的生活要往哪里去，我想要达到一个什么样的目标。自我实现是实现生命价值的需要，其目的是扩展经验、充实生命。

以旅游服务举例,用马斯洛需求层次理论来考察顾客的行为动力来源就会发现:顾客的行为动力,一般会超越基本的生理需要和安全需要这两个层次。很多顾客希望通过旅游,获得某种归属和认同,赢得别人的尊重和认可。也就是说,旅游不仅是人们获得审美享受、增长见识的机会和途径,也是他们发现自我、变现自我和实现自我的一种方式。

如何才能使游客有一次难忘的旅游体验呢?最为重要的应该是引领游客进入"无我状态",即获得所谓的"高峰体验"。马斯洛认为,人在自我实现的创造性过程中,可能会获得一种"高峰体验"。这个时候,人处于最激荡人心的时刻,是人的存在的最高、最完美、最和谐的状态。这时的人具有一种欣喜若狂、如醉如痴的感觉。要达到这样的程度,旅游服务人员的引导和解说显得至关重要:

(1)旅游解说人员应该具有较为丰富的有关旅游景点的知识,包括最佳观赏位置、历史文化背景以及审美等方面的知识,从而引导游客在参观景点时获得优质审美享受。

(2)人们旅游的一个重要动机就是:获得知识,增长见闻,实现自我提升和自我实现。因此,旅游服务人员应在为游客提供优质体验时,注重使游客获得大量有关当地历史、文化、民俗等的知识。

(3)旅游服务人员要引导游客成为"思考性顾客",适当地增加旅途中的"挑战性"(这时人们表现得更加专注,并且能够全身心投入其中,容易获得"高峰体验"),让游客在思考中学习,从而提升其人生的境界,最终达到自我实现的目的。

任务实施

活动目的:让学生认识需要、了解需要。

活动要求:每个同学都参与进来,让学习目的更明确、学习内容更清晰。

活动步骤:1.分组:将学生进行两两分组,一人负责扮演接待人员,一人负责扮演顾客。

2.设计:教师在全班随机抽取5组同学以情景再现的方式进行角色扮演,演练任务引入中的小乐和顾客的交流互动模式,请大家一起找一找,小乐在对话过程中有哪些问题。

3.讨论:全班分小组讨论对应角色的注意事项。

4.反思与训练:全班同学两两自行进行训练后,重新请5组同学来就点评后的情景对话进行模拟,检验对顾客需求的掌握情况。

活动评价:对学生的参与率、表现力、处理问题的效果、团队合作的效果等进行评价,包括学生自评、互评和教师评价。任务评价表如表3-1所示。

表 3-1　任务评价表

评价	项目			
	课堂表现	参与情况	职业技能	团队合作
自我评价				
同学评价				
老师评价				

备注：评价等级有优、良、合格、不合格四等。

任务二　分析动机

任务引入

小乐在岗位上接待一位带团导游时，曾经听导游和他闲聊过一个故事：一对母女，女儿刚考上大学，母亲为奖励女儿特地陪女儿外出旅游一趟。一路上母亲在购物店都没买东西，说是家里什么都有，不缺。后来才知道她们家收入很低，所以一路上都很节俭。这位母亲在经济拮据的情况下，还挤出钱来带女儿出游，导游很感动。旅途中，在经过杭州丝绸厂时，导游意外发现一路节俭的母亲买了一床蚕丝被给女儿，问及这位母亲缘由，她说，原来做被子的厂叫作被服厂，"被服""辈福"，就是一辈子幸福的意思，虽然经济不宽裕，但是她希望女儿就算是离开家去上大学，每天晚上睡在被窝中也能感到蚕丝被的温暖，想到父母对她的爱，也希望女儿一辈子幸福。这位母亲的话让当时同团所有做父母的人都很感动。后来，很多人因为不想错过让自己孩子一辈子幸福的好意头，都在杭州丝绸厂买了蚕丝被。

小乐很为母爱的伟大而感动，并且领悟到了导游跟他说的"买东西一旦有了缘由，就特别有纪念意义"这句话的深刻内涵。

那么，大家如何理解"买东西一旦有了缘由，就特别有纪念意义"这句话呢？

同步思考
▼

敦煌壁画的数字化保护的意义

任务剖析

在产品推销岗位的工作人员，要把握好客人的购物心理，除了要从客人表面的需求出发进行推荐，还要分人、分情况进行推荐。从本案例中这位导游分享的故事可以看出，除了对爱和归属的需要，还有一些隐性的东西在激发这位母亲的购买动机。所以，产品推销岗位的工作人员在为顾客提供推销讲解服务时，除了要介绍商品的基本特征、产地、质量、使用价值和文化艺术价值等信息，针对不同的客人还应该有不同的介绍方法，以情动人，以挖掘其潜在需求。在这个案例中，当普通的一床蚕丝被被赋予了儿女幸福的寓意，就成了父母表达对儿女关爱的媒介，因此让做父母的顾客有了购买它的动机。

本次任务将带领大家认识动机，了解动机。

一、动机的概念

动机是指引起个人行为、维持该行为并将此行为导向某一目标（满足个人某种需要）的内部动力。动机的产生必须具备两个条件：一是人有需要。需要构成了动机产生的内在条件。二是外部出现诱因。诱因是指能够吸引个人采取行动，追求需要满足的外部刺激。

二、动机的特征

（一）主动性

消费者对于引起动机刺激物的接受往往是自觉和主动的。动机的形成可能源于消费者本人内在的因素，如需要、消费兴趣或消费习惯等；也可能源于外部因素的激发，如广告宣传、购物场所的提示等。当消费者对于需要有了明确清楚的认知和强烈的满足欲望之后，就会非常主动地接受外部刺激，自觉地搜集与商品有关的信息，有选择地加以利用。

（二）内隐性

消费者真实的动机有时并不能从外部直接观察到，是隐藏在其内心深处难以从外部直接观察到的。另外，动机的内隐性还可能是消费者对自己的真实动机缺乏明确的意识所致，即动机处于潜意识状态，消费者自己也没有很清晰的认识。

（三）冲突性

当消费者拥有两种及两种以上且共同起作用的动机时，动机之间就会产生矛盾和冲突。这种矛盾和冲突可能源于不同动机的指向相悖或相互抵触，也可能源于各种消费条件的限制。面对这种情况，人们往往会遵循趋利避害的原则来解决冲突。

（四）模糊性

由于动机是复杂的、多层次的，在多种动机同时存在的情况下，服务人员很难辨认其中哪种是主导动机。这个问题有时连消费者本人也无法回答。消费者的购买行为有时是在潜意识支配下进行，因此，动机具有一定的模糊性。

（五）可变性

可变性是指在消费者购买决策过程中，由于新的消费刺激出现，其原来处于从属地位的劣势动机可从潜在状态转入显现状态，上升为主导动机。现实中，时常出现消费者改变预定计划、临时决定购买某种商品的现象。这就是动机发生转变的结果。有时消费者动机转变，是由于原有主导动机在维持过程中受到了压制。例如，营业员恶劣的态度，使消费者的自尊心受到伤害。其购买商品的主导动机被压制，维护个人自尊的动机上升为新的主导动机，导致购买行为的终止。

三、动机的功能

（一）激活功能

动机能够激发出个体的某种行为。例如，人们会存在外出到饭店消费的需要，但是只有在这些需要在一定的条件下、达到一定的程度、让人产生进店用餐的动机后，人们才会做出实际的消费行为。比如某饭店今天开业，半价大酬宾，就会吸引很多对价格敏感的、本来没有计划在外吃饭的顾客到店尝鲜。

（二）指向功能

动机使个体进入活动状态之后，还能让个体的行为指向一定的方向。例如，在娱乐动机的支配下，个体活动指向的目标是某一具体的娱乐设施；在用餐动机的支配下，个体活动指向的目标是某一家特定的饭店。

（三）维持与调节功能

动机的维持功能体现在行为的坚持性上，当活动指向个体所追求的目标时，这种活动就会在相应的动机维持下继续；动机减弱，相应的活动就会减弱或停止。例如，学生一旦考上心仪的大学，坚持奋斗的状态就会随着目标达成有所减弱。

任务实施

活动目的：接待不同顾客时，能够根据他们的需求进行有针对性的讲解，从而使有需要的顾客洞察自己的消费动机并进行消费。

活动要求：每个同学都参与进来，让学习目的更明确、学习内容更清晰。

活动步骤：1. 分组：将学生分组，每组6人。

2. 设计：面对不同的顾客，考虑其地区、年龄和职业等，进行模拟购物推荐。

3. 讨论：各小组讨论对应角色的注意事项。

4. 展示：学生角色扮演。

活动评价：任务评价表如表3-2所示。

表3-2 任务评价表

评价	项目			
	课堂表现	参与情况	职业技能	团队合作
自我评价				
同学评价				
老师评价				

备注：评价等级有优、良、合格、不合格四等。

任务三　激发顾客消费动机

任务引入

王先生走入一家办理跨国出游业务的旅行社。天昊热情地接待了这位客人，得知王先生是听说了之前的宣传中的"八折欧洲游套餐"而前来的。但由于最近近期航班变化，该旅游套餐已经取消了。

在和王先生的交流中，天昊发现王先生总是主动谈及国外的事情，猜测其可能对国外旅游比较感兴趣。于是，他向王先生推荐了近期因为季节而降价的俄罗斯旅游套餐，并强调了俄罗斯美丽的雪景、著名的文化作品和历史底蕴。最后，王先生满意地买下了套餐。

同学们想一想，天昊是如何成功地激发了王先生的购买动机，让他主动选择了俄罗斯旅游套餐的？

任务剖析

案例中，天昊能够敏锐地洞察出王先生的心理需求，在交谈中捕捉到王先生想要境外出游的想法，并能够根据王先生的购买动机，合理地推荐俄罗斯旅游套餐。本次任务将学习需要与动机的关系，了解动机的类型，以及如何合理激发顾客的消费动机。

一、需要和动机的关系

动机和需要的关系极为密切。当个体产生需要且该需要未得到满足时，会产生一种紧张的心理状态。当这种需要指向某个具体的对象时，就转化成了需要的目标。为了实现这一目标,动机就产生了,它激发、引导并维持人们的某种行为,从而使目标得以实现。虽然动机产生于需要,却并不是所有的需要都能产生动机。需要只有达到一定强度并且指向满足这种需要的具体对象时,需要才能转化为动机。图3-2为需要、动机和行为具体的关系图。

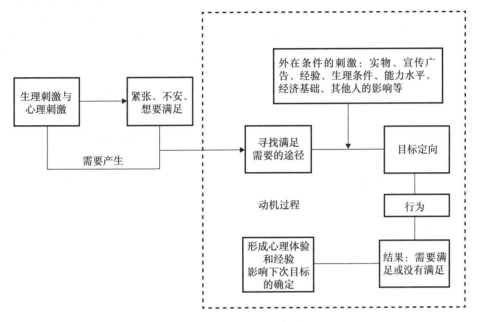

图3-2　需要、动机和行为的关系图

二、顾客的需要分析

(一)顾客需要被尊重

尊重客户绝不仅仅指的是"礼貌待客""微笑服务"。客户希望被重视,希望服务人员认真对待和仔细倾听他们的需求,向他们提供详细的信息并正确解答或解决问题。以酒店行业为例,服务人员应注意以下五点。

1. 不要说"不行"

客户不愿听到"不行"的字眼。当要求不能被满足时,他希望酒店能为他做出一些特殊安排,从而满足他的需求。很多时候,当酒店用"规定"来拒绝客人时,并不是因为规定真的如法律一般不可更改或没有人能够破例,只是酒店不想因为客人而去给自己找麻烦。殊不知,一个客人可能就此流失,他完全可以去找能够满足他要求的酒店。如果酒店为他满足了看似不可能的要求,他的被尊重感提升以后往往还会到亲朋好友那里宣传酒店,好名声便口口相传。即使最后结果并没有如客人所愿,只要他看到了酒店的努力,就会给予酒店长期的信任。

2. 一次性解决客户问题

当客人遇到难题时,一般希望能在一个地方一次性解决问题,而不是在各部门间跑来跑去或被各个责任人推来推去。即使问题的处理超出了酒店服务人员的业务能力范围，他也希望酒店能有人出面为他出谋划策，联系有关方面。

3. 遇到问题真诚地补救

客户希望服务中出现的错误能尽快得到有效的弥补和改正，这也说明了酒店对自己足够重视。一旦真犯了错，酒店服务人员应当立即采取措施让客户知道他们已发现了错误，并做了种种努力来补救。当客户对酒店的措施满意时，客户甚至会比以前更忠诚于酒店。大部分客户衡量一家酒店服务好坏的标准，不是其日常服务的优劣，恰恰是它对于错误的补救是否及时且有效。

4. 投诉快车道

也许酒店服务人员并不能在第一时间发现服务中出现的错误而快速采取补救措施，所以酒店应设置客户投诉快车道。投诉快车道配备的人员应能真正专注倾听客户的投诉，并能从他们的语音语调中听出情感线索，作出快速的反应，第一时间平息激动客户的情绪，随后通知相关人员在酒店内进行沟通协调，一次性解决客户投诉的问题。

5. 保持定期沟通

与现有客户保持定期沟通非常重要。沟通时，服务人员一方面可以检查客户是否对酒店产品和服务一直感到满意，帮助客户了解酒店产品的最新动态；另一方面可以多问问客户"我们还可以为您做什么"，以提升客户满意度。

（二）客户需要优质服务

目前的社会消费主流群体大部分都接受过很好的教育，关心自身修养，关注流行时尚。对于对客服务，他们更看重标准化、个性化的优质服务。这种优质服务通常包括以下八个部分。

1. 整洁服务

整洁服务指相关设备、设施、用具用品摆放整齐有序；提供的各种产品的清洁卫生到位；服务人员着装整洁、卫生。

2. 礼貌服务

礼貌服务指服务人员带有友好的微笑，真诚欢迎客户，愉快地提供服务，主动满足客户需要但不打扰客户，处处尊重客户并保护客户的隐私。

3. 快速服务

快速服务指接待人员遇到赶时间的客户时，应该急客户之所急，避免让客户在任何一件小事上等候。

4. 信任服务

信任服务指提供所有可能发生事故的安全保障，确保客户的绝对安全；所提供的服务与价格相符，杜绝任何欺骗行为，确保客户保持信赖感。

5. 特色服务

共性的东西往往只能够称作标准化的服务。在市场竞争中让商家取胜的一定是具有独一无二特性的服务项目。例如，在购物中心，带小孩的顾客有可能因为消费过程中孩子的不耐烦而放弃消费。有些商场提供了孩童游乐场，并配备专门的看护人员,让家长能够放心、安心购物消费。

6. 增值服务

增值服务指为了方便客户,为客人提供一些增值服务。例如,导游团在到达景区参观之前会为客户赠送矿泉水,酒店会为需要接送机服务的客人提供免费接机服务,餐厅会为顾客提供美甲服务等。

7. 重视服务

重视服务在酒店中往往容易被忽略,而客户对这些细微的服务又格外注重。比如,服务人员叫得出客户的名字,对客人的新发型、新服饰表示赞赏,对客户的某项成功表示祝贺等,都会让客户感到自己受到了重视。

8. 荣耀服务

荣耀服务指在对客提供服务过程中,按接待贵宾的规格和礼仪来为每一位客户服务,以体现出客户的地位和成就,满足客户被尊重的需求。

知识链接

72岁酒店"门童"乐当"微笑大使"

(三)客户需要性价比

打造性价比高的接待业产品、维护客户的忠诚度是这个行业始终要去研究和攻克的课题。比如各家酒店集团一直在直接预订方面大费心机,努力从OTA手里争夺市场份额。为了更好地引流客户到自己的平台,多家酒店集团在自己的平台针对相同的房型提供低于OTA的房价优惠政策以及增值服务,例如,万豪的三项专属优惠、喜达屋优先会员计划、凯悦金护照、希尔顿Stop Click Around等一系列促销活动。这些酒店集团都在努力为为客户提供高性价比服务搭建互惠互利的好平台。

(四)客户需要消费氛围(消费感觉和消费环境)

消费氛围指接待过程中提供的环境、情调、格局的总和。星巴克的成功给大家提供了一个鲜活的实例:除了提供优质的产品和服务外,它打造了独特的"星巴克体验氛围",让全球各地的星巴克门店成为人们在工作场所和生活居所之外,温馨舒适的"第三生活空间"。在高竞争性的今天,服务的过程很容易被复制,服务的设施设备很容易被拷贝,但独特的消费氛围很难被复制。

同步案例

航空公司的个性化服务

(五)客户需要个性化

随着生活品质的逐步提升,顾客已不满足于大众化的产品,希望能按照自己的喜好、意愿来享受服务。同时,他们又具有求新求奇的心理,喜欢购买体现个性的产品。因此,标准化的服务已经不能够满足顾客的个别需求。在服务时站在顾客的角度,随顾客的喜好并结合当时的情形做一些调整和改变,能够更有针对性地满足不同顾客的个性需求。

三、顾客的动机类型

（一）按动机的起源分类

1. 生理性动机

生理性动机又称本能动机，是指由个体的生理本能引起、希望通过获得一定的产品满足生理需要而形成的购买动机，例如饥饿需要用餐、疲惫需要休息等。生理性动机可以分为维持生命的动机、保护生命的动机、延续生命的动机以及发展生命的动机。

由生理性因素引起的购买动机是个体本能的、最能促成购买的内在驱动力，具有经常性、普遍性、重复性、习惯性等特点。例如外出旅游时，人们必须要寻找酒店入住休息，也必须选择餐厅用餐。

2. 心理性动机

心理性动机是指个体由于心理需要而产生的消费动机。心理性动机比生理性动机更为复杂多样，具有多样性与内隐性。

可以从两个方面对心理性动机进行划分。

1）按照引起顾客购买动机的主要因素划分

(1) 感情动机。

感情动机是指由外界环境因素的突然刺激而产生的好奇、兴奋、模仿等情感而激发的购买动机。消费者的需要的满足与否会引发其对事物的不同态度，令其产生肯定或否定的感情体验。这些不同的感情体验反映在不同消费者身上会产生不同的购买动机。因为爱美的追求而进行购买化妆品的消费行为就是感情动机在起作用。

(2) 理智动机。

理智动机驱动的消费者对某种商品有了清醒的了解和认知，在对这个商品比较熟悉的基础上进行理性抉择和做出购买行为。拥有理智动机的往往是那些具有比较丰富的生活阅历、有一定的文化修养、比较成熟的中年人。他们在生活实践中养成了爱思考、爱比较的习惯，并把这种习惯延续到商品的购买当中。

(3) 惠顾动机。

惠顾动机是指消费者基于感情和理智的经验，逐步建立起对特定商品或厂商或者商店的特殊的信任和爱好，重复地、习惯地前往购买的一种行为动机。它具有经常性、习惯性的特点。

2）按照需求的不同层次划分

(1) 放松动机。

放松动机以解除紧张感、压迫感、消除疲劳为目的。例如，紧张的工作、繁杂的家务、生活的压力使得人们感到身心疲惫。消费者离开家门外出旅游，到旅游目的地进行休闲娱乐、品尝美食等消费活动就是基于放松动机产生的。他们进行这些消费活动的目的是缓解压力、摆脱日常事务的干扰。

(2) 刺激动机。

刺激动机以寻求新的感觉、新的刺激为目的。例如，街边的小吃摊上，偶尔会有诸如炒冰等特色食品出售，出于对美食的新奇感，部分顾客就会购买尝鲜。

(3) 关系动机。

关系动机以建立友谊、情感、商务伙伴关系或解除人际烦忧为目的。例如，中国人逢年过节、升学结婚等会在酒店订宴席，款待亲朋好友。

(4) 发展动机。

发展动机以获取知识、增长技能、增加阅历、得到尊重、提高个人声望为目的。例如，工作以后，在商务写字楼里工作的白领们会利用休息时间报名参加英语培训班。这种消费的目的就是获取知识、提升个人能力。

3. 社会性动机

社会性动机是个体以人类的社会文化需要为基础，在社会生活环境中通过学习和经验而产生的动机。其主要受个体所处地理环境、风俗习惯、科学文化、经济状况、阶层群体的影响。

社会动机推动人们努力学习和工作、积极与他人交往、获得社会和他人的赞许性评价等。社会动机既可用来描述个体的社会行为，也可用来解释个体的社会行为。具体而言，社会动机对个体行为具有激发作用，它能引起并推动个体的活动。同时，社会动机对个体行为又具有维持和导向功能，可以使个体在一定时间内坚持某项活动，并促进个体活动向预定的目标前进，实现个体心理与行为的协调。

(二) 按常见的消费目的分类

1. 求实动机

求实动机是指消费者以追求商品或服务的使用价值为主导倾向的购买动机。此类动机影响下的消费者遵循"一分钱一分货"的原则，对商品的质量、功效、耐用性最为敏感，对商品的款式新颖程度、能否彰显个性、地位等则没有非常强烈的要求。在选购商品的过程中，消费者会花费较多的时间阅读产品说明，货比三家，于价格相仿的同类产品中选择最实用的一个。

2. 求新动机

求新动机是指消费者以追求商品或服务的时尚、新颖、奇特为主导倾向的购买动机。时下年轻人个性、独立、大胆，对新鲜事物、新知识充满好奇，接受度高。因此，求新的购买动机多出现在这些青年群体中。持有此种动机的消费者最注重商品的款式、花样、色泽、流行性、独特性和新颖性，产品的质量、价格等则变成了次要考虑因素。

3. 求美动机

求美动机是指消费者以追求商品欣赏价值和艺术价值为主要倾向的购买动机。换而言之，实用价值并不那么重要，好看是关键。求美动机下，消费者选购商品时最注重颜色、造型、外观、包装等因素，讲究商品的造型美、装潢美和艺术美。

4. 求名动机

求名动机是指消费者希望借名牌、高档商品显示或提高自己的身份、地位而形成的购买动机。这种动机源于社会性需要，可以结合马斯洛需求层次理论中的尊重需要理解它——个体希望获得荣誉、受到尊重和尊敬、博得好评、得到一定的社会地位。社会的发展和进步让求名动机变得越来越普遍,它通常出现在高收入层次人群以及大中学生群体中,并伴随着较强的攀比、虚荣心理。"人无我有,人有我优"是这部分人心理的真实写照。这类消费者十分注重商品的象征意义,希望借名牌产品,展示其尊贵、富有、成功、独特的人生。

5. 求廉动机

求廉动机指消费者以追求商品、服务的价格低廉为主导倾向的购买动机。在此动机作用下,价格成为消费者选购商品时的第一考虑因素。为获得相对便宜的产品,消费者愿意多花时间精力去"价比三家",对于产品的质量、花色、款式、包装、品牌等不甚关注,而降价、促销等信息最能引发此类消费者的兴趣。

6. 求便动机

求便动机是指消费者以追求商品购买和使用过程中的省时、便利为主导倾向的购买动机。求便动机影响下,消费者最重视的是时间和效率,对商品自身的质量、功能、外观、价格等不会特别在意。所以,时间观念较强或者时间成本较大的人,讨厌长时间的等待和过低的销售效率,想要快速方便地买到产品,并十分关注商品携带、使用、维修的便利程度。

7. 从众动机

从众动机是指消费者在购买商品时不自觉地模仿他人的购买行为而形成的购买动机。这种动机由来已久,几乎人皆有之。因此随着互联网的发展,在某些情况下,群体会被激发出大规模的从众行为。其产生的原因有三:第一是仰慕、钦羡和希望获得认同;第二是惧怕风险、保守;第三是缺乏主见、随波逐流。从众动机的表现是:个体的行为总是尽可能地与群体的总趋势保持一致,把群体影响产生的压力变为动力。

四、激发顾客消费动机的策略

要激发顾客的动机,首先就是要了解顾客的需求,然后满足需求。结合顾客的消费目的,可以采用的激发顾客消费的方法有以下七种。

1. 针对顾客的求实动机的方法

为了刺激并迎合顾客的求实动机,商家应该把研发、宣传的重点放在产品质量和功效上面,通过对比、举例、列数据等手段,突出其实用、耐用、优良的属性。最后,通过提供免费的试用、免费的保修、退换等服务,消除用户的顾虑,让顾客买得安心、买得放心。

2. 针对顾客的求新动机的方法

针对求新动机的顾客,商家可以从两个方面入手:首先,可以适时推出新产品或新玩法,通过增加新款式、新色彩,从视觉上保持产品的新鲜活力;通过开发新的功能、新的效用从性能上满足新需求;通过加入时尚流行元素,紧跟当下的热潮,在产品包装、款式上融入流行元素或品牌联合、跨界进入全新的领域,为顾客带来新鲜感。

3. 针对顾客的求美动机的方法

为迎合求美动机,商家需要在"表面"下足功夫,让产品更加赏心悦目,突出商品的美化作用和美化效果。比如,给产品换上精心设计的周年礼盒、定制瓶身,使用动漫、游戏、明星联动包装等,或者改变产品自身的形状(如巧克力被雕成各种卡通造型)。这些做法赋予了产品美感,令产品在视觉上具有吸引力,具有很强的观赏性乃至收藏性,进一步满足了顾客的求美动机。

4. 针对顾客的求名动机的方法

迎合求名动机最好的方式就是把产品理念上升到人生的高度,暗示产品的珍贵性、稀缺性、高档性,凸显其是身份、地位、财富的象征,以此满足顾客的需求。另外,顾客购买名牌,有时候是出于减少购买风险、简化决策程序和节省购买时间的考虑,并不都是为了显示身份地位,需要具体情况具体分析。

5. 针对顾客的求廉动机的方法

针对这类顾客最好的激发消费动机的方式就是把价格优惠落实到位,包括降价、打折、满减、包邮、秒杀、买×送×、加量不加价等措施,力度越大效果越好。

6. 针对顾客的求便动机的方法

为迎合顾客的求便动机,可以考虑为顾客提供便利的购物场所。例如,在线下进行销售,商家应尽可能地扩大线下门店覆盖率;店铺选址重点考虑交通因素;店内货物的摆放要便于顾客拿取和回放;在店内安装自主扫码付款设备,提高买单效率。在线上进行销售的商家可以为顾客提供必要的新手指南;简化付费程序;提高送货速度。

7. 针对顾客的从众动机的方法

在产品的广告、包装、造型等上利用明星或名人效应可以最大程度激发受众的模仿动机;而在文案上,用具体数据或者群体词语暗示"大多数人都在使用"该产品,也能引发顾客的从众心理,促进销售。

关于动机的分析就到这里,商家要想获得理想的效果,在制订和实施计划之前,必须把握好顾客的购买动机。只有这样,营销才能直指人心。

同步思考

游侠客的魅力在哪里

任务实施

活动目的:通过讨论为王先生推荐合理的旅游产品,让学生掌握如何激发顾客的消费动机。

活动要求:每个同学都参与进来,让学习目的更明确、学习内容更清晰。

活动步骤:1. 分组:将学生按学号分组或自动分组。

2. 讨论:小组讨论如何激发王先生的消费动机,满足王先生的消费需求。

3. 展示:小组代表阐述自己的观点。

4. 评价:对学生的参与率、表现力、处理问题的效果、团队合作的效果等进行评价,包括学生自评、互评和教师评价。任务评价表如表3-3所示。

表3-3 任务评价表

评价	项目			
	课堂表现	参与情况	职业技能	团队合作
自我评价				
同学评价				
老师评价				

备注：评价等级有优、良、合格、不合格四等。

项目小结

接待业从业人员只有充分了解顾客的需要与动机，掌握马斯洛需求层次理论，才能综合把握顾客的需要和动机，顺利激发顾客的消费动机，为顾客提供更好、更称心的服务，维持其消费行为。

项目训练

知识训练：

1. 怎样理解需要、动机的含义？
2. 需要分为哪些类型？
3. 心理学家们关于需要提出了哪些重要的理论？
4. 顾客的动机分为哪些类型？

能力训练：

小乐在结束了一天的工作后走在下班回家的路上，小区门口的火锅店旁硕大的几个字吸引了他的目光：冬季送温暖，全场5折，暖身更暖心！原来是火锅店正在开展促销活动，原本小乐是准备回家随便吃点就好好休息的。此刻闻着店内传来的阵阵香气，小乐想着之前开业这么久也一直没时间吃，趁着打折，今天进去吃一下吧，于是打电话叫上一同实习的室友开心地进了火锅店。

同学们想一想，小乐为什么突然改变了最开始的计划，选择进入火锅店就餐呢？

项目四
顾客认知

 项目描述

路漫漫其修远兮,吾将上下而求索。人究其一生都处于认识和探索世界的过程。人认识世界的过程是获取知识和运用知识的过程,包括感觉、知觉、记忆、思维及想象等一系列认知环节。本项目通过介绍认知的构成,探索认知规律。

 **项目目标**

知识目标
1. 了解认知的构成。
2. 掌握感觉的规律及其应用。
3. 掌握知觉的规律及社会知觉的"误区"。

能力目标
1. 能够结合感知觉的相关规律,分析顾客消费行为。
2. 能够运用所学知识熟练解决接待服务中的实际问题。

素质目标
1. 培养正确的世界观、人生观、价值观。
2. 培养职业道德、专业伦理、科学精神和工匠精神。

接待服务心理学

知识框架

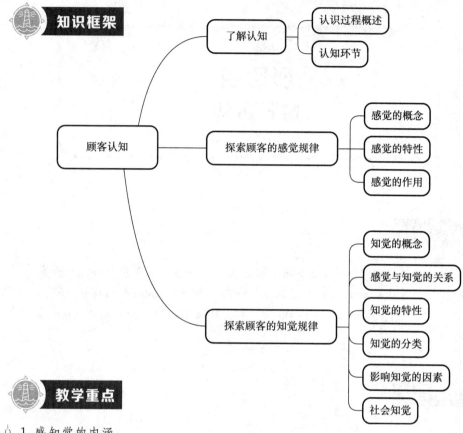

教学重点

1. 感知觉的内涵。
2. 感觉的规律。
3. 知觉的特性。

教学难点

1. 感知觉的区别与联系。
2. 感知觉规律的应用。
3. 知觉特性及社会知觉的"误区"。

项目引入

酒店接待岗位小组的实习代表露露同学分享了实习期间的见闻。经过观察,她发现了一个有趣的现象,酒店的硬件设施完善、服务全面,但不同的顾客关注的点是不一样的。有人在意康乐中心的专业化水平,有人侧重于关注酒店内的餐饮服务是否到位,有人则更加关注酒店内的网速和联网稳定性……同一个度假酒店,不同人的关注点不同,从而对酒店有不同的评价,是什么决定了顾客消费行为上的差异?以及在服务的过程中,服务人员应该如何有针对性地提供服务?带着疑问,露露听取了接待服务心理学老师从感知觉的角度给出的解释。

任务一　了解认知

任务引入

初夏的早晨,大自然的万物从沉睡中醒来。初升的太阳像一团火,从东方冉冉升起。凉爽的空气中,时时飘来一阵沁人心脾的花香,悦耳的鸟鸣声此起彼伏,多姿的百花争相吐艳。有人漫步于林间小道,有人晨读于石凳上。这是朋友们生活中的一幅写生画,就在这生活的画卷中,也画着人的认知活动。

任务剖析

本案例体现了人认识世界的过程,人的各种感觉器官积极地活动着,提供了丰富的外界信息,使人能如实地感受外界,从而欣赏这良辰美景。利用言语动觉读书,利用运动觉和平衡觉散步,利用嗅觉闻到花香,利用视觉欣赏大自然的美景,利用听觉倾听鸟鸣等,都是人认识世界的过程。

本次任务将带领大家走近认知,了解人的认知过程。

一、认知过程概述

认知过程是人的最基本的心理活动过程,可以分为认知形成阶段和认知发展阶段。认知过程就是人脑对客观事物的属性及其规律的反映过程,由感觉、知觉、记忆、思维、想象和注意等一系列认知环节所构成,如图4-1所示。

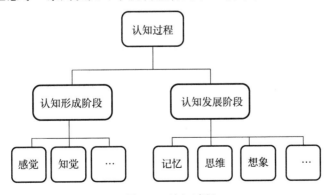

图4-1　认知过程

二、认知环节

(一)感觉

感觉是指客观事物的个别属性在人脑中的直接反映。客观事物直接作用于人的感官,引起神经冲动。神经冲动由感觉神经传导至脑的相应部位,便产生感觉。

感觉主要分为外部感觉和内部感觉。外部感觉,指接受外部刺激,反映外界事物属性的感觉,包括视觉、听觉、嗅觉、味觉、肤觉。内部感觉,指接受机体内部刺激,反映身体的位置、运动和内脏器官不同状态的感觉,包括运动觉、平衡觉、机体觉等。感觉不仅是人的心理活动的开端和来源,而且也是人从事各种实践活动的必要条件。

(二)知觉

知觉是指人脑对直接作用于感觉器官的客观事物的各种特性或各个部分的综合反映。感觉提供客观事物的个别属性、个别方面、个别部分的信息,而知觉则把这些分散的信息结合起来,形成关于事物的完整映象。一般说来,感觉的材料愈丰富和精确,知觉映象也愈完整和正确。知觉不是简单地堆砌感觉材料,而是按照一定关系将这些材料有机地统一起来。只要这些特性或部分的关系不变,知觉映象也不变;关系改变,知觉映象也改变。

知觉是多种感觉器官协同活动的结果。如对物体形状的知觉是视觉和触觉、动觉器官等协同活动的结果。知觉过程受到主体以往的知识经验和当前需要、情绪等多种因素的影响,有明显的主观性和个别差异。

(三)记忆

1. 记忆的定义

记忆是指人脑对过去经验的反映,包括对事物的认识、判断和推理、情绪体验、动作操作。它可以被储存和提取,是思维、想象等高级心理活动的基础。

2. 记忆的种类

(1)按照记忆的内容,可以分为形象记忆、情景记忆、情绪记忆、语义记忆、动作记忆。

形象记忆是指对感知过的事物形象的记忆,具有直观性。情景记忆是指对经历过的情景的记忆,包括时间、地点、人物和情节。情绪记忆是指对感受过的情绪、情感的记忆,情绪记忆往往比较持久,很难忘却。语义记忆是指对抽象事物的记忆,如思想、概念、数学公式等。动作记忆是指对过去做过的动作和运动状态的记忆。

(2)按能否意识到,可以分为外显记忆和内隐记忆。

外显记忆是指个体意识到的对过去经验的记忆。其对当下的影响,受意识的控制。

内隐记忆是指个体并没有意识到的对过去经验的记忆。其对当下依然具有影响,这种影响是自动的、无意识的。

(3)按记忆的时间分,可以分为瞬时记忆、短时记忆和长时记忆。

瞬时记忆(又称感觉记忆),是指感觉刺激呈现在大脑中,一般存在0.25 s—2 s。只有被注意到的内容才能进入短时记忆。

短时记忆是指可以存在1 min左右的记忆,不进行加工就会衰退遗忘。短时记忆的记忆容量有限,据米勒的研究,为7 ± 2个组块。一般情况下,人们说的记忆广度指的就是短时记忆的记忆容量。"组块"指记忆单位,可以是一个字、一个词、一个数字,也可以是一个短语、句子等。

长时记忆是指能够长时间保持的记忆。长时记忆的容量和种类都是无限的。它是以语义或形象的方式储存识记的。

3. 记忆的过程

记忆包括三个过程:识记、保持、回忆和再认。这三个部分组成一个完整的过程,密不可分,缺少一个都会导致记忆无法实现。

识记是指对事物的识别和认识,会产生一个形象,例如念书、听讲、经历等过程。保持则是对识记到的内容进行巩固和强化的过程。而回忆和再认是提取过去经验的两种形式。个体对某个事物有一种熟悉感,将其确认为自己经验的过程叫再认。

从信息加工的观点来看,记忆是人脑对外界输入的信息进行编码、储存和提取的过程。对信息的编码相当于识记过程,对信息的提取相当于回忆或再认过程。存在于人脑中的信息在应用时不能提取或提取发生错误则为遗忘现象。记忆不仅在人的心理活动中具有基石的作用,在人的各种实践活动中也具有积累和借鉴经验的作用。

4. 遗忘

遗忘是指对识记过的材料无法回忆或再认,或者是进行了错误的回忆和再认。遗忘是一种保护机制,因为很多东西都没有记忆的必要。

心理学史上第一个对记忆进行系统实验的是德国著名心理学家艾宾浩斯。他对记忆研究有两个主要贡献:一是对记忆进行了严格数量化的测定,二是对记忆的保持规律做了重要研究并绘制出了著名的艾宾浩斯遗忘曲线(见图4-2)。

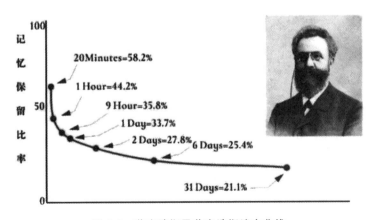

图4-2 艾宾浩斯及艾宾浩斯遗忘曲线

艾宾浩斯研究发现，遗忘在学习之后立即开始。他认为，"保持和遗忘是时间的函数"，而且遗忘的进程并不是均匀的，最初速度很快，以后逐渐减慢。这条曲线表明在学习过程中学生的遗忘是有规律的，不是呈直线下降，而是最初阶段遗忘得速度很快，而到了一段时间后几乎就不再遗忘了。

艾宾浩斯的这一曲线是针对无意义的音节在记忆中的遗忘规律而绘制的。在记忆实验中，艾宾浩斯还发现，其他可理解的材料有着不同的记忆曲线，它们更容易被记住，且记忆更持久、不易遗忘。不过，对这些可理解材料的记忆与对无意义音节的记忆遵循大体一致的遗忘规律。因此，人们学习时应该经常复习，这样可以保持记忆的最大效果。

（四）思维

1. 思维的定义

思维是人脑以已有的知识为中介，对客观事物的简介和概括反映。思维具有两个典型特性：间接性和概括性。

2. 思维的特性

思维的间接性是指思维活动不直接反映作用于感觉器官的事物，而是借助一定的媒介和一定的知识经验对客观事物进行间接的认识。

人们可以通过思维，得到对没有直接作用于感觉器官的事物的认识。比如看到天空中的一道白色轨迹云，个体就可以判断可能是有飞机飞过了。个体并没有看到飞机飞过，但根据眼前的景象和过去的知识经验推断出了未知。这就是思维的间接性的体现。除了对没有直接作用在感官上的事物进行推理，思维也能帮助个体对无法感觉到的事物进行推理，还能进行预知，如人们对天气进行预告。

思维的概括性是指思维在大量感性材料的基础上，把一类事物共同的特征和规律抽取出来，加以概括。思维可以将一类事物的共同属性抽出来，用词标示，进行概括性的认识。这个标示词就是概念。借助概念，我们就可以去认识那些我们还不认识的事物。

3. 解决问题的一般思维过程

思维往往体现在解决问题的活动之中。无论解决什么问题都需要思维的参与。思维的过程包括发现问题、分析问题、提出假设、检验假设。

（五）想象

1. 想象的定义

想象是指在外界现实刺激物影响下，个体在头脑中对过去已经形成的若干表象进行加工改造，形成新形象的过程。它是一种特殊的思维形式。想象与思维有着密切的联系，都属于高级的认知过程。它们都产生于问题的情景，由个体的需要所推动，并能预见未来。

2. 想象的特点

想象具有形象性和新颖性的特点。形象性是指，想象是在感知的基础上，改造旧表象、创造新形象的心理过程。它以直观的形象呈现在人的大脑中,而不是词或者符号。新颖性是指,想象中出现的形象是新的,它不是简单再现的表象,而是将已有表象加工改造的结果。

3. 想象的作用

想象具有预见、补充、代替和调节机体的作用。

预见作用是指想象是一种超前反映现实的形式,具有预见性。补充作用是指个体借助言语描述,通过想象能补充感知上的不足,扩大认知范围。代替作用是指,个体利用想象的方式满足某些需要。想象对机体的调节作用体现在,人在想象时,有机体常出现心理的乃至病理的变化,它表明了想象对有机体本身的反作用。

任务实施

活动目的:让学生掌握认知过程的构成。

活动要求:每个同学都参与进来,让学习目的更明确、学习内容更清晰。

活动步骤:1. 分组:将学生按学号分组或自动分组。

2. 设计:从日常生活的自身体验出发,结合上课内容,深化对认知过程的认识。每个小组成员合作完善认知过程的思维导图。

3. 展示:各组制作完成后,进行展示。

任务二　探索顾客的感觉规律

任务引入

暑假即将来临,美美和娟娟想趁长假结伴去旅游。一起商量旅游目的地的时候,露露听到讨论话题,便说道:"喜欢爬山吗?上个假期我去了安徽黄山,自然风景很不错,空气很清新。"娟娟回应道:"黄山确实值得一去。爬山不仅能锻炼身体,听着导游的讲解还能学到很多历史和地理知识。导游对怪石和迎客松的讲解也很形象。"而美美却认为山体旅游景点都差不多,而且少了一些趣味性。

任务剖析

本案例中,对于黄山景区,不同的人有自己不同的评价。这说明,若人们对同一事物的感知觉、经验等不同,就会产生不同的评价。每一个人要进行认知活动必须要有感知觉的能力,否则一切活动都无法进行。近年来,随着社会的发展和生活水平的提高,顾客的需求逐渐个性化。因此,从顾客的感觉和知觉着手，了解不同顾客的心理活动，从而提高接待服务质量是接待服务心理学要解决的一个重要问题。

本次任务将从感知觉的角度入手，打开接待服务心理学的大门。

一、感觉的概念

感知觉是人认识世界的第一步。其中，感觉是指人脑对当前直接作用于感觉器官的客观事物的个别属性的反映。通常感觉可以分为两大类：外部感觉和内部感觉。外部感觉主要包括视觉、听觉、嗅觉、味觉等。内部感觉的感觉器官位于肌体内部，主要接受肌体内部的适宜刺激，反映自身的位置、运动和内脏器官的不同状态，包括运动觉（动觉）、平衡觉（静觉）和肌体觉，如表4-1所示。

表4-1　感觉分类一览表

感觉类型		感觉器官	感觉刺激	功能
外部感觉	视觉	眼睛	光波	看东西
	听觉	耳朵	声波	听声音
	嗅觉	鼻子	气味	识别气味
	味觉	舌头	味道	感觉物质味道
	触觉	皮肤	物理压力	感觉硬度、形状等
	痛觉	神经	疼痛	保障生命安全
	温度觉	皮肤	温度	保障生命安全
内部感觉	饥渴觉	内脏器官与大脑	食物、水及体内平衡	吃、喝
	运动觉	所有感官与大脑	身体运动	进行日常行动
	平衡觉	内耳中的前庭	身体重心	维持身体平衡

在这些感觉中，视觉对人认识事物的作用最大。在人接受的外部信息中，80%—90%都是通过视觉获得的，人们用视觉看尽天下美景，品阅天下万物。其次为听觉。

二、感觉的特性

客观世界的各种事物总是在不断变化，所以人感觉客观事物的能力也要随之产生变化。而这些变化是遵循一定规律的，感觉的特性或者感觉的规律，主要体现在以下几个方面。

1. 感受性

对刺激强度及其变化的感觉能力叫感受性。它说明引起感觉需要一定的刺激强度。"阈限"是建立感受性的门槛。在日常生活中，并非所有来自外界的适合的刺激都能引起人的感觉。例如，落在皮肤上的灰尘、遥远处微弱的灯光、来自手腕上手表的滴答声，都是感觉器官的适合刺激。但人通常情况下却无法感觉到这些刺激，原因就在于这些刺激的刺激量太小。要产生感觉,刺激物必须达到一定的强度并且要持续一定的时间。那种刚刚能引起感觉的最小刺激量,叫**绝对感觉阈限**。例如,人的视觉的绝对感觉阈限是晴朗夜空下 30 英尺(1 英尺＝0.30 米)的一支烛光,听觉的绝对感觉阈限是在安静环境下 20 英尺外钟表的滴答声,味觉的绝对感觉阈限是两加仑(1 加仑＝3.79 升)水中加入一勺糖的甜味。这些情况说明,一定适宜刺激强度和范围内的刺激,才能让人产生感觉;达不到一定的强度,或者强度超过感觉器官所能承受的强度的刺激,都不能让人产生感觉。

能识别的两个刺激之间的最小差别量,称为差别感觉阈限。差别感觉阈限是人们辨别两种刺激强度不同时所需要的最小差别值,也叫最小可觉差。其数值是一个常数。例如,在原来声音响度的基础上增加十分之一,人才能听到声音的变化;要感受到亮度的变化,亮度需要增加 1/100;而要感受到音高的变化,音高只需提高 1/330。

绝对感觉阈限的研究对市场营销工作有一定意义。根据绝对感觉阈限原理,商店的软硬件建设首先要立足于对消费者构成适宜强度和范围的适宜刺激,使消费者能感觉到。如果消费者感觉不到,则无异于"穿新衣,走夜路",劳而无功。差别感觉阈限原理则给我们以更多的启示。比如商店重新改造装修后,如何让消费者感到焕然一新;商品的搭配、摆放怎样做到错落有致;不同档次的同类的商品的价格怎样制定有利于消费者感知等。

2. 适应性

刺激物对感觉器官持续作用,使感觉器官的敏感性发生变化的现象,叫作感觉的适应。一般情况下,在微弱刺激物的持续作用下,人对这种刺激的感觉能力会提高;而在强烈刺激物的持续作用下,人对这种刺激的感觉能力会降低。在适应作用的调节下,人能够对一定的刺激物,维持适度的感觉能力。

比如我们都经历过视觉适应的两种情况——明适应和暗适应。从暗处来到明亮的地方的视觉适应叫明适应。例如,我们从一个黑屋子里来到外边阳光下的时候,刚开始觉得光线很刺眼,什么也看不见,过几分钟就好了。从明亮的地方来到暗处的视觉适应叫暗适应。比如,我们从室外的阳光下来到一个暗室里的时候,刚开始什么也看不见,经过较长时间的适应期后,才能渐渐恢复正常视力。

此外,嗅觉、听觉等也有适应性,例如,"入芝兰之室,久而不闻其香;入鲍鱼之肆,久而不闻其臭"。因此,长期工作在舞厅的人,并不觉得音乐刺激性非常强,而刚刚走进舞厅的人则会感到音乐的强烈刺激,觉得音乐声震耳欲聋;厨师对菜的各种气味和油烟味习以为常,但如果有少许气味飘进客房或大厅,却会引起顾客的强烈反应。这都是感觉的适应性的表现。

3. 对比性

感觉之间有相互的影响作用,一种感觉的强度,会受到其他感觉的影响。同一感觉器官在接收不同刺激时会产生感觉的对比现象。例如,白色的物体在黑色背景下会更加突出,红色物体在绿色的衬托下会显得更红。因此,在广告设计或商品陈列中,亮中取暗、浓中有淡、静中有动等手法更有助于吸引消费者的注意。

三、感觉的作用

感觉对其他复杂的心理的产生和发展具有重要的作用。如果没有感觉提供的各种信息,人将不能进行正常的心理活动,甚至可能产生幻觉。

知识拓展

1954年,加拿大麦克吉尔大学的心理学家首先进行了"感觉剥夺实验"。在实验中,主试给被试戴上半透明的护目镜,屏蔽视觉;用空气调节器发出的单调声音限制其听觉;在其手臂上戴纸筒套袖和手套,将其腿脚用夹板固定,限制其触觉。被试单独待在实验室里,几个小时后开始感到恐慌,进而产生幻觉……在实验室连续待了三四天后,被试会产生许多病理心理现象:对外界刺激敏感,出现错觉、幻觉;注意力涣散;思维迟钝;产生紧张、焦虑、恐惧等负面情绪;精神上感到难以忍受的痛苦,急切要求停止实验,实验后需数日才能恢复正常。

(资料来源:陈录生,马剑侠. 新编心理学[M]. 北京:北京师范大学出版社,2002.)

上述实验表明,丰富多彩的外界环境是智力和情绪等心理因素发展的必要条件,大脑的发育、人的成长成熟是建立在与外界环境广泛接触的基础之上的。因此,我们应当积极感受丰富多彩的外界环境、从环境中获得更多的知识和信息,发展自己的聪明才智。封闭的环境会限制人的智力和个性的发展。感觉对于维护人的正常心理、保证人与外界环境的平衡有极为重要的作用。

任务实施

活动目的:让学生掌握感觉的规律及其应用。

活动要求:每个同学都参与进来,让学习目的更明确、学习内容更清晰。

活动步骤:1. 分组:将学生按学号分组或自动分组。

2. 设计:参照任务引入中对景点旅游偏好的案例,每个小组成员合作,自选场景,设计在接待服务中体现感觉规律的案例,并进行情景模拟和角色扮演。

3. 展示:各组准备完成后,进行展示并给予评价。评价细则如表4-2所示。

表 4-2　评价细则表

项目	案例内容 (30分)	表演风格 (30分)	舞台效果 (20分)	思想意义 (20分)	总分 (100分)
分值	优秀:26—30分 良好:21—25分 一般:0—20分	优秀:26—30分 良好:21—25分 一般:0—20分	优秀:16—20分 良好:11—15分 一般:0—10分	优秀:16—20分 良好:11—15分 一般:0—10分	
评分标准	1. 案例内容：内容反映当事人的人格、人际关系、心理冲突、情绪、情感等大众化、生活化问题，以接待服务情景问题为主，并有合理的解决问题的方法。内容流畅、有情节感、富于戏剧化。案例有自己的创新、原创作品予以适当加分 2. 表演风格：有鲜明的人物形象，表演到位、自然、逼真，能充分投入到角色扮演中去，并体现一种成熟的舞台表演能力。表演形式新颖、不拘一格，呈现多元化的特点 3. 舞台效果：剧情曲折、引人入胜，富有强烈的感染力，能引起观众的共鸣。故事风格(情节、语言等)和舞台设计(配乐、独白、道具等)具有形象创新性 4. 思想意义：能将心理冲突和情绪等问题呈现在舞台上，特别是能反映出感觉的规律，增强当事人适应环境和克服危机的能力，给人以启迪、鼓舞，提高对个人心理规律的认识，促进心理健康成长				

任务三　探索顾客的知觉规律

任务引入

观察这幅图片(图4-3)，图中的岩石和树木有什么特别之处？在这幅图中你能看见几张脸呢？

图4-3　特别的岩石和树木

任务剖析

大脑可以对同一静止图像赋予不同的意义。你对每一种图像的知觉总是保持稳定，直到你的注意力转移到了别的区域或轮廓上去。图中的岩石和树木的局部轮廓彼此联系，大脑会将部分轮廓知觉成人脸的形象。视觉系统总是趋向于将类似的或相关的图形区域知觉为一个整体。在这幅知觉模糊图里，岩石和人脸之间并不存在任何中间图形，呈现在视网膜上的影像也没有变化，但大脑高级神经中枢赋予图像不同的意义。图形的暧昧程度越高，意义越不稳定。

本次任务将带领大家了解知觉。生活中，知觉无处不在。

一、知觉的概念

知觉是指人脑对直接作用于感觉器官的客观事物整体属性的反映。知觉在感觉的基础上把所有感觉到的信息加以综合整理，从而形成对事物的完整印象。

比如我们用视觉可以看到花的颜色和形状，用嗅觉可以闻到花的香味，用肤觉可以感觉到花瓣的质地，这些都是我们感觉到的花的个别属性。我们将这一系列的感觉，在脑中进行有机组合，得出结论：这是花中之王——牡丹。这就是知觉的体现。

二、感觉与知觉的关系

感觉和知觉都是当客观事物直接作用于人的感觉器官（如眼、鼻、舌等）时，大脑中产生的直观的、具体的事物反映。离开了客观事物对感觉器官的直接作用，人就不能产生感觉和知觉。感觉和知觉的区别与联系见表4-3。

表4-3 感觉和知觉的区别与联系

	相同	区别	联系
感觉	大脑对客观事物的反映	反映事物的个别属性	感觉是知觉的基础，知觉是各种感觉的有机结合
知觉		反映事物的整体属性	

感觉是知觉的基础。知觉不是感觉的简单相加，因为知觉还受到学习和过去经验的影响，是在知识经验的参与下，人脑的加工过程，即对感觉信息进行选择和组织，形成对事物正确解释的过程。从严格意义上来讲，感觉是天生的反应，而知觉则是后天学习的结果。

现实生活中，感觉和知觉很难截然分开。生活、工作、休闲和娱乐等活动中，感觉很少单独出现，通常融合在知觉之中，两者相互交错、相互融合。通过感觉，人只能认识事物的个别属性，还不能把握事物的整体。通过知觉，人可以认识事物的不同属性及其相互之间的关系，使人能够认识事物的整体、洞悉事物的意义。通常情况下，感觉越丰富、越细致，知觉就越完整、越准确。

三、知觉的特性

知觉的特性或者感觉的规律,主要体现在以下几个方面。

1. 选择性

人在知觉事物时,首先要从复杂的刺激环境中将一些内容抽出来组织成知觉对象,而其他部分则成为背景。根据当前需要,将外来刺激物有选择性地作为知觉对象进行组织加工的特征就是知觉的选择性。

选择的过程就是区分对象和背景的过程。对象和背景的分化是知觉最简单、最原始的形式。不同的人对对象和背景的知觉是不一样的,对象似乎在背景前面,轮廓分明、结构完整,背景可能没有确定的结构,在对象的后面衬托着,弥散地扩展开来。

对象和背景的关系不是一成不变的,而是可以依据一定的主客观条件,相互转换。知觉对象和背景的关系也可以用一些双关图(见图4-4)来说明。我们在知觉这些图形时,对象和背景可以迅速地转换,对象能变成背景,背景也可以变成对象。

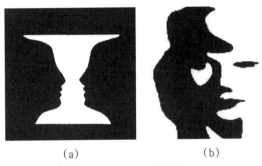

(a)　　　　　　(b)
图4-4　双关图

在生活中,知觉的选择性随处可见。比如在热闹的商场里,店铺的装修各有特色,每家的商品鳞次栉比,有商场广播的提示音,有各家店铺的背景音乐,还有顾客和店员的聊天声……对于这么多的信息,顾客不可能全部都能清楚地感知到,也不可能对所有的事物做出反应,而总是有选择地以少数事物作为知觉的对象,对他们感知得格外清晰,而对周围的事物则感知得比较模糊。这些模糊的事物就成了背景。

2. 理解性

知觉的理解性是指个体在知觉现实事物时,需以过去经验和知识为基础,以便对知觉的对象作出最佳解释和说明。人在知觉事物时,并不是像照相机那样详细而准确地反映出刺激物的全部细节,它并不是一个被动的呈现过程,而是一个具备主观能动性的过程。人要根据已有知识经验,对感知的刺激物进行加工处理,并用概念的形式把它们标示出来。

理解在知觉事物的过程中起着重要作用。首先,理解可以使得人的知觉更为深刻。在知觉一个事物的时候,与这个事物有关的知识经验越丰富,对该事物的知觉就越富有内容,对事物的认识也就越深刻。比如对于某名胜古迹,一个有经验的历史学家要比一般的游客有更深刻的认识。其次,理解可以使得人的知觉更为精准。比如一个不懂乐理的人听音乐会，并不能准确分辨旋律的构成，而精通乐理的人不仅能分辨音乐是由哪些乐器演奏而成的，甚至能判断出演奏中是否有小的失误。另外，理解还能提高知觉的速度。例如，人们在阅读报纸或杂志时，如果内容简单而又熟悉，通常可以以浏览的方式，一目十行。

知觉的理解性也受到很多因素的影响。主要包括以下几个方面：

第一，言语的指导作用。当知觉对象不太明显时，言语指导有助于加深对知觉对象的理解。例如，在旅游中，言语指导是导游工作的重要内容之一。如在游览黄山时，如果没有导游的讲解，大多数观光客只是走马观花，但经过导游的讲解，奇形怪状的岩石、身姿挺拔的松树、雾气弥漫的云海，会显得更加生动。

第二，实践活动的任务。每个人活动的目的和任务不同，对同一对象的理解可能不同，产生的知觉效果也就不同。比如在看一棵树时，植物学家侧重于了解其种类及生长情况，木匠侧重于评定木材的品质和适用场景，画家可能会从审美角度思考构图等。

第三，情绪状态。同一种事物，情绪状态不同，人们对它的理解也会不一样。比如李白观看洞庭湖的景色，心情好的时候写下"淡扫明湖开玉镜，丹青画出是君山"，失落时则写下"划却君山好，平铺湘水流"。旅游者在旅途中，心情好的时候会觉得景色美，导游讲解的内容生动有趣，心情不好的时候，可能会有完全相反的感受。

3. 整体性

知觉的整体性（也称组织性），是指个人在过去知识经验的基础上，能够把由多个部分和多种属性构成的客观事物知觉为一个统一的整体。也就是说，人通常并不把客观事物感知为许多个别的、孤立的部分，而是知觉为一个统一的整体，常常会无意识地填满缺少的部分，从而将物体知觉为一个完整的形象。格式塔学派的心理学家指出，对整体的知觉不等于并且大于个别感觉的总和。格式塔学派提出的这一知觉组织原则被普遍接受，也被称为格式塔原则，主要包括以下几条规律：

第一，接近性。

距离上相近的物体容易被知觉组织在一起，如图4-5所示。

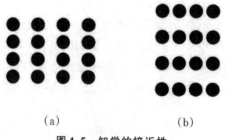

(a)　　　　　　(b)

图4-5　知觉的接近性

第二，相似性。

物理属性相近的物体容易被组织在一起，如图4-6所示。

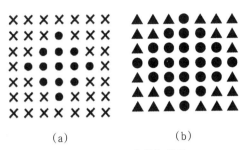
图4-6 知觉的相似性

图4-7 知觉的连续性

第三，连续性。

具有连续性或共同运动方向的刺激容易被看成一个整体，如图4-7所示。

第四，封闭性。

人们倾向于将缺损的轮廓加以补充，将其知觉为一个完整的封闭图形，如图4-8所示。

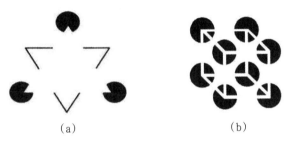
图4-8 知觉的封闭性

知觉的整体性还体现在感知过某个对象后，在只有对象的个别属性发生作用的情况下，也能够对其形成完整的映像。比如个体如果曾经知觉过的一个酸的青苹果，只要看到苹果的颜色是青色的，就容易产生这是一个酸苹果的认知。知觉对象关键的、最具有代表性的、强的部分往往决定对整体的知觉，其弱小部分常常被忽视。

在接待服务的过程中，人的知觉体现出非常典型的整体性特点，比如：顾客总是将食、住、行、游、购、娱等旅游活动所包含的各个方面综合起来进行认识，进而评价某次旅游活动的好坏；在游览的过程中，人们总是把景点所有的自然因素和人文因素联系起来，进而对旅游目的地进行认识和评价；顾客到酒店消费时，总是把酒店的基本设施、卫生条件、服务水平、服务态度等综合起来，对酒店进行认识和评价。

正因为人们的知觉呈现出整体性的规律，接待服务方的各个部门、各个环节、各个要素都要符合公司给人的整体观念。

4. 恒常性

知觉的恒常性是指人在刺激变化的情况下，把事物知觉成稳定不变的整体的现象。在视知觉中，知觉的恒常性表现得特别明显，对象的大小、形状、亮度、颜色等映像与客观刺激的关系并不完全服从物理学规律。

第一，大小恒常性。

对物体大小的知觉不因视象大小的变化而变化，称为大小恒常性。大小知觉是由视象大小与知觉距离二者共同决定的。对于视象大、距离近与视象小、距离远两种组合，人们可以根据经验做出物体大小相等的知觉解释。

第二，形状恒常性。

对物体形状的知觉，不因它在视网膜上投影的变化而变化，称为形状恒常性，如图4-9所示。

图4-9　形状恒常性

第三，颜色恒常性。

在不同照明条件下，同一件物品反射到你眼中的光有很大变化，但它们的颜色看起来好像没有变，这是颜色的恒常性。比如，无论是在强光下还是黑暗处，我们总是认为煤炭是黑色的，雪是白色的，即使在强光下煤的反射亮度远远大于暗光下雪的反射亮度。

四、知觉的分类

1. 根据知觉对象的不同分类

根据知觉对象的不同，知觉包括物体知觉和社会知觉。其中，物体知觉可以分为空间知觉、时间知觉、运动知觉三类。

1）空间知觉

空间知觉是人脑对物体的形状、大小、远近、方位等空间特性的知觉。

第一，形状知觉。

形状知觉是靠视觉、触觉和动觉获得的。知觉物体形状时，物体在视网膜上的成像起着巨大的作用；同时，在观察物体时，眼球随着物体轮廓运动所产生的动觉刺激，为识别物体形状提供了另一种信号；用手触摸物体时，肌肉活动产生的连续的动觉刺激也传到大脑。大脑皮层对这些信号进行分析综合，人们才能形成对物体的形状知觉。

第二，大小知觉。

对象的大小知觉也是靠视觉、触觉和动觉获得的。大的物体在视网膜上的成像大，物体就被知觉得较大；小的物体在视网膜上的成像小，物体就被知觉得较小。另一个因素是物体的距离。视像是按光学的几何投影原理形成的，与物体的距离成反比。同一物体，处于远处，视像就小；处于近处，视像就大。大小不同的物体，由于远近不同,视像的大小可能相同,甚至相反。因此,距离知觉总是与大小知觉紧密联系的,只有两者相互配合,才能保证物体大小知觉的正确性。

第三,距离知觉。

距离知觉是对物体离我们远近的知觉。人是依据很多条件来估计物体的远近的。这些条件既有外部的,也有内部的。对判断物体远近距离起作用的条件有以下三个。

(1)对象的重叠。如果观察的对象有重叠,那么就容易辨别出远近——未被遮挡的物体近些,部分被遮挡的物体远些。当我们眺望远处时,就是通过重叠来判断远近的——被遮挡的物体比未被遮挡的物体距离我们远。

(2)空气透视。由于空气中尘埃、烟气等的影响,远处的物体看起来不容易分辨细节,模糊不清;而近处物体则很清晰,细节分明。因此,空气透视结果可作为判断距离的依据。

(3)运动时差。运动着的物体,由于距离我们的远近不同,引起的视角变化也不同,从而表现出运动速度的差异。距离近的物体视角变化大,显得速度快;距离远的物体视角变化小,显得运动速度慢。

第四,方位知觉。

方位知觉是对物体在空间所处的方向、位置的知觉,如对东西南北、前后左右、上下等的知觉。方位总是相比较而言的,必须有其他条件作为参考标志。东西南北是以太阳升落的位置和地球磁场为参考的,上下是以天地为参考的,而左右前后是以人的身体为依据的。离开了参考标志是无法辨认方位的。

方位知觉是靠视觉、动觉、平衡觉、触觉等来实现的。用眼睛观察客观的事物,用耳朵辨别声音的方向,用触觉、动觉、前庭觉去感知自己身体与客体之间的空间关系,甚至嗅觉在方位的确定上也起着辅助的作用。许多分析器官的协同配合,相互补充,提高了人的空间定向的能力。

2)时间知觉

时间知觉是对客观现象的延续性和顺序性的反映,即对事物运动过程的先后和长短的知觉。

人总是通过某种衡量时间的媒介来反映时间。这些媒介可能是自然界的周期性现象和其他客观标志,也可能是机体内部的一些生理状态。自古以来,人们经常利用自然界的周期现象衡量时间。一天的时间是以太阳起落为标准的,日出而作,日落而息。月亮的盈亏代表了一个月的时间。经历了四季变化就是经过了一年。后来人们发明了计时工具,制定了日历,使人们对时间的知觉更为准确。另外,生理过程的节律性活动也是估计时间的重要依据。人的许多生理活动都是节律性运动,如呼吸、心跳、消化等。当活动的节律性与客观事物时间形成一定联系之后,它就可以被用来感知时间的长短。

时间知觉也是人对客观世界的主观映象,它必然也受到主客观因素的影响。影响人对时间估计的因素主要有以下几个。

第一,活动的内容。

在一段时间里,如果做的是内容有趣充实或重要的事情,人们会觉得时间过得快,倾向于把这段时间估计得短些;反之,如果做的是内容枯燥乏味或无关紧要的事情,人们就觉得时间过得慢,就会把这段时间估计得长些。而在人们事后回忆时,情况则恰好相反,对前者感到时间长,对后者感到时间短。

第二,情绪和态度。

在情绪愉快时,人们觉得时间过得快,时间被估计得短些;在烦躁和厌倦时,人们觉得时间过得慢,时间被估计得长些。正所谓"欢娱嫌夜短,寂寞恨更长"。对事物保持期待的态度时,人们会觉得事情来得慢,感到时间长;而不希望某事来临时,人们会觉得事情来得快,感到时间短。

第三,时间标尺的利用。

是否会利用时间标尺直接影响着时间估计的准确度。例如,用数数、数脉搏作为时间标尺,时间估计的准确性就高,特别是在长时间估计中,准确性的提高更为明显;反之,不会利用时间标尺,时间感知的误差就大得多。

因此,在接待服务的过程中,根据影响人的时间知觉的因素,安排好活动内容和节奏,带动顾客积极的情绪,对提高顾客满意度至关重要。

同步案例

时间知觉的相对主观性

时间知觉最大的特点就是相对主观性。有这样一个例子:小明和梅梅两人约定时间于瘦西湖售票处见面,一同游览瘦西湖。小明按时到达,梅梅在准备出门前接到了公司的电话,处理好工作、赶到约定的地点时,已经迟到了半个小时。接下来两人便有了以下的对话。

梅梅:迟到了一会儿。

小明:我等了老半天了,腿都麻了。"一会儿","一会儿"有多久?

梅梅:最多不到十分钟吧。

小明:起码一个小时。

客观时间是半小时,梅梅估计最多不到十分钟,小明估计起码有一个小时,其实小明和梅梅表达的都是自己内心对时间长短的体验。这就是时间知觉的特点——相对主观性。

3)运动知觉

运动知觉是指对物体的空间位移和移动速度的知觉。通过运动知觉,人们可以分辨事物的静止和运动状态以及运动速度的快慢。影响运动知觉的因素有以下几个:

第一,物体运动的速度。非常缓慢的运动和非常快速的运动,都很难直接察觉出来。例如,钟表上时针的移动速度太慢,我们看不出它在移动;而光的速度太快,我们有时候也察觉不到。

第二,运动物体与观察者的距离。以同样的速度移动着的物体,如果离我们距离近,看起来移动速度快;如果离我们距离远,看起来移动速度慢,例如飞机飞行。

第三,运动知觉的参考标志。运动是相对的,在没有更多参照标志的情况下,两个物体中有一个在运动,人们可能会把静止的一个看成是运动的。例如"两岸猿声啼不住,轻舟已过万重山",在没有其他参照物的情况下,轻舟和山的相对运动状态可以替换。在日常生活中,这种相对运动现象不断发生,因为对象一般都是在更大范围的静止环境中运动的,周围环境的所有静止物体都是参照标志。

第四,观察者自身的静止或运动状态。观察者自身往往也是运动知觉的参照物,因此,其运动或静止状态以及对这种状态的自我意识,是运动知觉的重要条件。比如,在火车上看相邻火车的开动,往往分不清是自己乘坐的火车在开动还是相邻火车在开动。这时候,个体需要以身边其他的固定景物作为参照,或通过身体平衡器官的感知,先判定自身的运动状态,而后才能分辨出是哪一辆列车在运动。

2. 根据知觉的正确与否分类

根据知觉正确与否,可以把知觉分成正确的知觉和错觉。正确的知觉是指对人或客观事物正确的知觉。错觉是指在特定情况下对人或客观事物不正确的知觉,也就是对人或客观事物产生扭曲的、与实际事物完全不相符的感知的情况。

通常情况下,对事物的错觉包括以下几种类型。

1) 几何图形错觉

几何图形错觉是视错觉的一种。这种错觉的种类很多,具体包括以下几种。

(1) 垂直水平错觉。

垂直水平错觉是指垂直线与水平线长度相等,但多数人把垂直线看得比水平线要长,如图4-10(a)所示。

(2) 穆勒莱尔错觉。

穆勒莱尔错觉是指两条线段是等长的,由于附加在线段两端的箭头的方向不同,箭头向外的线段看起来要比箭头向内的线段要长,如图4-10(b)所示。

(3) 冯特错觉。

冯特错觉是指受附近线段的影响,两条平行线的距离中间显得短而两端显得长,直线好像是弯曲的,如图4-10(c)所示。

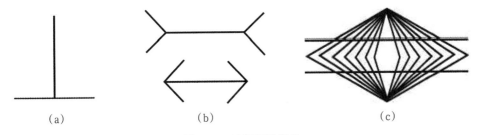

图4-10 几何图形错觉

2) 大小错觉

图4-11中,(a)(b)中心的圆哪个更大一些呢?在周围圆圈的对比和衬托下,(a)中心圆看起来比(b)的小,而其实两者的大小是一样。

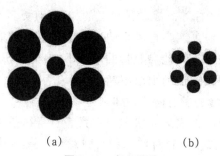

图4-11 大小错觉

生活中这样的情况也经常出现,比如,日出和日落时的太阳,看起来好像总比正午的时候要大些,一部分原因是日出和日落时太阳和月亮是和树木、房屋相比较的,而正午的太阳是和辽阔的天空比较的。

3)形重错觉

一斤铁和一斤棉花的物理重量是相等的,但人们潜意识里,甚至在实际比较时,总会产生铁比棉花重的错觉。

4)方位错觉

在海上飞行时,由于水天一线,飞行员失去了自然环境的视觉参照标志,很容易产生"倒飞视觉"——虽然飞机实际上是正飞的,但是飞行员感觉是倒飞的。这时飞行员要靠仪表来判定飞机的状态,否则,会造成倒飞入海的事故。

5)运动错觉

第一次乘坐火车长途旅行,下车后一段时间内,如果躺在床上,还会感觉房间像火车车厢一样在运动。人在桥上俯视桥下的流水,看的时间久了,就会产生身体和桥在晃动的错觉。

在接待服务过程中,工作人员也常常利用错觉,提高顾客满意度。比如在旅游景区,特别是中国园林景区,园林的高山、流水,通过缩短视觉距离,将游客的视线限制在很近的距离,眼前只有假山和流水,没有其他参照物,自然显得山高水长了,从而起到突出精致、增加游兴的作用。另外在商品陈列和产品设计及定价等方面,商家也通常利用人的错觉,既增加了销售量,也满足了顾客的心理需求,提升了顾客消费体验。

3. 根据对新媒体认知的分类

新媒体是一种以互联网为基础的媒体形式,它包括所有通过互联网传播的媒体内容,比如文字、图片、音频、视频等。随着时代的快速发展,人们的工作与生活节奏加快,休闲时间呈现出碎片化倾向,新媒体正是迎合了这种需求。

传统媒体和新媒体显著的差异表现在两个方面:一是传播载体不同。传统媒体的传播载体包括报纸、杂志、广播、电视、电影、图书等。新媒体的传播载体则以互联网载体为主,包括抖音、快手、小红书、知乎等多种有表达功能App或网站。二是传播时间不同,新媒体不受人工、时间、地域限制。而传统媒体需要在固定时间制作内容,再在固定时间发布,传播的内容往往已经滞后,用户也不会为早已知晓的内容再次买单。因此,新媒体与传统媒体相比,具有交互性强、传播速度快、传播范围广泛等特点。

新媒体的不同平台也呈现出差异化特点,顾客对其感知也有所不同。抖音是一个集音乐、创意和短视频于一体的社区平台,内容形式以短视频为主,内容领域覆盖全面,支持多种特效、贴纸和互动工具,内容娱乐性和互动性强;快手是记录和分享生活的社交平台,内容形式以短视频为主,以生活场景化的内容连接顾客,引发顾客情感共鸣,"老铁文化"带来浓厚社区互动氛围;小红书是高黏性、高互动性年轻女性内容与社交平台,是以素人创作者为主的年轻人的笔记和视频分享社区,它强调真实经历分享,内容有高颜值、精致化的特征;知乎的内容形式则以图文为主,是中文互联网高质量的问答社区和创作者聚集的原创内容平台,易让顾客产生信任感。

新媒体日益成为当今社会发展的催化剂,为世界带来了新的变革,对社会和行业也产生了深远的影响。对接待服务业来讲,了解顾客对各种新媒体的感知,有利于线上线下相结合,更快地了解顾客需求,更好地为顾客提供服务,从而满足不同顾客的需求,提升顾客满意度。

五、影响知觉的因素

影响知觉的因素主要包括客观因素和主观因素两个方面。

1. 客观因素

在接待服务的活动中,在以下方面有突出表现的对象,通常更容易引起顾客的知觉。

第一,对象的刺激强度。具有较强特性的对象,更容易引起人们的知觉,如城市中高大的建筑、群山中高耸入云的峰峦、辽阔苍茫的大漠等。

第二,对象出现的次数。重复出现次数越多就越容易被人知觉。如在城市的地铁站、公交站台等人流量大的地方,一些产品的广告、宣传资料反复出现,或经常听到某产品的宣传信息。在对象信息的多次作用下,人们会对其产生较为深刻的印象。

第三,对象的运动状态。通常情况下,在相对静止的背景上运动变化着的事物,容易成为知觉的对象。比如李白笔下的"飞流直下三千尺,疑是银河落九天",或是城市夜晚闪烁的霓虹灯,都容易成为知觉的对象。

第四,对象的新颖性。越是新颖独特的事物,越易被人们知觉。比如世界屋脊珠穆朗玛峰,世界八大奇迹之一的秦始皇陵兵马俑,或者是城市中身穿奇装异服的人或装修风格独特的店铺等都更易成为知觉对象。

2. 主观因素

知觉不仅受客观因素的影响,也受到人自身主观因素的影响。这些主观因素是指人的心理因素。不同的人感知相同的事物时,由于各自的心理特征不同,知觉的过程和印象也是不同的。通常影响人知觉的主观因素包括以下几点:

第一,兴趣爱好。人的不同的兴趣爱好常常导致知觉选择的差异。通常最感兴趣的事物最先被感知到,而毫无兴趣的事物则往往被排除在知觉之外。比如,喜欢大自然的游客,往往会对高山、河流、大海、森林等特别感兴趣;喜欢冒险刺激的游客,通常会关注探险活动和极限项目等;爱好历史文化的游客,通常会选择游览文化名城、名人故居等历史古迹。

第二,需要和动机。人的需要和动机在很大程度上决定着人们知觉选择。凡是能够满足人们的某些需要和符合其动机的事物,就容易成为人们的知觉对象和注意中心。相反,凡是不能满足其需要和不符合其动机的事物,就不容易被知觉。比如,有人消费的目的是满足自己的社会地位和虚荣心,那么他们对能象征社会地位和身份的产品会特别关注。

第三,个性特征。个性是影响知觉选择的因素之一。比如不同气质类型的人,知觉的广度和深度是不一样的。多血质的人知觉速度快、范围广,但不够细致;黏液质的人知觉速度慢、范围较窄,但比较深入细致。此外,有调查表明,胆大自信的人远行时更愿意选择乘坐飞机外出,而胆小谨慎的人更倾向于选择火车出行。

第四,情绪和情感。情绪是人对那些与自己需要有关的事物和情境的一种特殊的反映,对人知觉选择的影响很大。比如当顾客处于积极愉悦的情绪状态时,更愿意参与各项活动,会主动地知觉周围的事物。而当情绪消极落寞时,会对周围的事物不感兴趣。因此,接待服务的工作人员应该努力使顾客的情绪处于最佳状态,尽量让顾客乘兴而来、满意而归。

六、社会知觉

社会知觉就是对人的知觉。它是影响人际关系的建立和活动效果的重要因素,主要包括自我知觉、对他人的知觉和人际知觉。

1. 自我知觉

自我知觉是指一个人通过观察自己的行为,认识自己的心理状态,是个体社会化的结果。人不仅在知觉别人时要通过其外部特征来认识内在的心理状态,同样也要这样来认识自己的行为动机、意图等。

自我知觉是自我意识的重要组成部分。随着个人自我意识的发展,自我知觉经历着不同的发展阶段。

1)生理自我阶段

个体会对自己的身体、衣着、家庭和父母对他的态度,以及自己的所有物做出判断,从而表现出自豪或自卑的自我感情。

2)社会自我阶段

个体对自己在社会上的荣誉、地位、社会中其他人对自己的态度以及自己对周围人的态度等方面进行判断和评价,从而获得自尊或自卑的自我体验。

3)心理自我阶段

这一阶段的个体主要对自己的智慧、能力、道德水平等进行判断和评价,从而获得自我优越感等自我体验。

随着自我意识的发展,在社会化进程的影响下,个体的自我知觉水平一般遵循着生理自我阶段—社会自我阶段—心理自我阶段这一进程。当然,由于每个人的社会化程度以及各种主客观因素不同,自我知觉水平也不完全一样。比如,有人过分注重自己的身材容貌及物质欲望的满足,有人则偏重追求社会地位、名誉等,也有人在自我评价的基础上,追求高尚的情操、自我实现等。

有了正确的自我知觉,才知道需要怎样去做,能够做到哪些,并对自己的行为不断地进行调节,这对每个人来说都是非常重要的。否则,就会造成行为上的盲目性。比如,如果由于期望过高而采取不适当的行为,或者不能正确判断自己的行为而不能进行自我调节,不仅会造成与社会环境的不协调,还会给自身带来不良的心理后果。顾客如果缺乏正确的自我知觉,就会选择不适合自己的产品或服务,或者在消费过程中提出不适当的要求,如果达不到自己的目的,就有可能产生消极心理。如果接待服务工作者缺乏正确的自我知觉,就不能正确知觉接待服务过程中主客双方的关系,不能准确对自己进行定位,因而无法很好地规范自己的行为。所以,接待服务工作者正确的自我知觉对做好接待服务工作是十分必要的。

2. 对他人的知觉

对他人的知觉主要是指对他人的外表、言语、动机、性格等的知觉。对他人的正确知觉,是建立正常的人际关系的依据,是有效地开展人际活动的首要条件。社会知觉中,人对人的知觉主要包括以下几个方面。

1) 对他人表情的知觉

表情是个体情绪状态的外显事物,是个体身心状态的一种客观指标,也是向他人传达信息的一种工具。

面部表情包含着十分丰富的内容。比如,人生气时,会拉长脸,肌肉下沉;人高兴时,会眉开眼笑,肌肉松弛。另外,在人们的交往中,要想达到最佳的交际效果,还要学会巧妙地运用目光。例如,要想给对方一种亲切感,就应让眼睛闪现热情而诚恳的光芒;要想给对方一种稳重感,就应送出诚恳而冷静的目光。在日常交往过程中,自然得体的眼神是语言表达的得力助手。

2) 对他人性格的知觉

性格是一个人对待现实的稳定的态度和与之相应的习惯化了的行为方式,是人的个性心理特征的重要组成部分。当我们对一个人的性格有了深切的了解,我们就可以预测这个人在一定的情境中会有什么样的反应。比如,我们知道某人热心、讲义气,那么我们就可以预测在紧急情况下他会挺身而出、见义勇为;相反,我们知道另一个人自私、冷漠,那么我们也可以预测在紧急情况下他会退避三舍甚至逃之夭夭。

3) 角色知觉

角色指人在社会上所处的地位、从事的职业、承担的责任以及与此有关的一套行为模式。医生、律师、顾客、接待服务工作者、教师等都属于社会角色。角色知觉主要包括两个方面:一是根据某人的行为判定他的职业,如教师、学生、艺术家等;二是对有关角色行为的社会标准的认识,如针对律师这一角色,我们认为其行为标准应该是认真严谨、能言善辩、善于应变等。对角色的知觉一般从以下几个方面着眼:

(1) 感情或情绪。如认为一个政府官员应该情绪稳定、讲话慎重、喜怒不形于色。

(2) 目的与动机。如接待服务工作者以热忱服务为宗旨,医生以救死扶伤为目标。

(3) 对社会的贡献。如工人为国家多制造产品,农民为国家多种植粮食。

(4) 在社会上的地位。如教师是人类灵魂的工程师,公职人员是人民的公仆等。

每个人在社会上都同时扮演着各种角色,每种角色都有一定的行为标准。每个人都应当正确地知觉这些标准,并根据自己扮演的不同角色实现角色行为的转变,从而与环境相适应。

3. 人际知觉

人际知觉就是对人与人之间相互关系的知觉。

任何一个人在与他人产生联系时,会形成人与人之间的不同关系,表现为接纳、拒绝、喜欢、讨厌等各种亲疏远近的状态。对这种关系的正确知觉是顺利进行人际交往的依据。接待服务工作者在进行服务时,一方面要尽快了解顾客之间的人际关系状况,另一方面也要洞悉接待服务工作者自己与顾客之间的人际关系状况,以便利用这种关系做好接待服务工作。

人和人之间在情感上的亲疏和远近的关系是有差别的,它有不同的层次。比如,同一团体中的人,有的只是点头之交,有的来往密切,也有的势不两立,这就是人与人之间心理上的距离。心理上的距离越近,说明人们越相互吸引;心理上的距离越疏远,则反映双方越缺乏相互吸引力。

4. 社会知觉"误区"

对人的知觉依赖于多种因素,如认知主体、认知客体以及环境等。人不是外部世界被动的、简单的知觉者。更重要的是,顾客在知觉世界的同时,会选择知觉对象建构自己的主观世界,在选择和建构过程中,无疑就产生了偏差和意愿性。因此,知觉者不是照相机一样的反映者,他还是选择者、参与者、建造者。那么,人所知觉的世界就有了许多不确定性。

从认知主体心理方面看,存在一些社会知觉"规律",它们的存在容易给社会认知带来偏差。因此,学者也将这些社会知觉"规律"称为社会知觉"误区"。

1)第一印象

第一印象是指人首次接触陌生人或事物时,后者给人留下的印象。第一次进入一个新环境,第一次和某个人接触,第一次外出旅游,第一次到商场购物,第一次到酒店住宿等,人总有一种新鲜感,与他人交往时都很注意对方的外表言语、动作、气质等。因此,人在建立第一印象时,主要是感知对方的容貌、表情等外在的东西。

在人际交往中,第一印象起着十分重要的作用,并常常成为以后是否继续交往的依据。无论是招聘面谈,还是客我交往或是初次到一个新的环境,给人留下的第一印象往往会成为以后他对你的基本印象。虽然人们都知道仅靠第一印象来判断人常常会出现偏差,可实际上每个人都不可避免地受第一印象的影响。

随着社会变动性的增大,以及城市化进程的加快,人与人之间的直接接触越来越少,第一印象就显得愈加重要。另外,我们所处的这个时代是视觉的时代,所以来自眼睛的视觉形象的影响越来越大,而来自内心的感受却影响式微。

顾客的不断变换是接待服务工作的一个显著特点。在与顾客的短暂接触中,双方都来不及进行更多的了解,无法达到"路遥知马力,日久见人心"的境地。因此,对于接待服务工作者来说,给游客留下良好的第一印象是非常重要的。

2）近因效应

近因效应是指当人们识记一系列事物时对末尾部分项目的记忆效果优于中间部分项目的现象。用通俗的话来讲，近因效应就是在总体印象形成过程中，新近获得的信息比原来获得的信息影响更大的现象。

在学习和人际交往过程中，近因效应也很常见，我们对他人最新的认识占了主体地位，掩盖了以往形成的对他人的评价，因此，近因效应也称"新颖效应"。例如，多年不见的朋友，在自己的脑海中的最深的印象，其实就是临别时的样子；一个朋友总是让你生气，可是谈起生气的原因，大概只能说上两三条，这也是一种近因效应的表现。

研究发现，近因效应一般不如第一印象明显和普遍。在印象形成过程中，如果不断有足够引人注意的新信息，或者原来的印象已经淡忘，新近获得的信息的作用就会较大，就会发生近因效应。个性特点也影响近因效应。一般内心开放、灵活的人容易受近因效应的影响；而认知始终高度一致，具有稳定倾向的人，容易受第一印象的影响。

有这样一个经典的案例：面试过程中，主考官告诉应聘者可以走了。可当应聘者要离开考场时，主考官又叫住他，对他说，你已回答了我们所提出的问题，评委觉得不怎么样，你对此怎么看？其实，这是应聘者的最后一道考题，考官做出这么一种设置，是想借此考查应聘者的心理素质和临场应变能力。如果这一道题回答得精彩，大可弥补此前面试中的不足；如果回答得不好，可能会由于这最后的关键性试题而使应聘者前功尽弃。可见，近因效应可以影响甚至推翻之前对人或事物的印象。

因此，从接待服务的角度讲，为了优化顾客对产品和服务的印象和体验，打造良好口碑，工作人员在提供产品和服务时，不仅要做好迎客待客服务，还要做好送客后续服务，不仅要注重树立良好的第一印象，也要注重营造良好的近因效应，从而提高顾客满意度，并且培养顾客的忠诚度。

3）晕轮效应

晕轮效应是指由对象的某种典型特征推及对象的其他特征现象。这种心理容易产生忽视客观证据而定格对象的现象。

晕轮效应与第一印象一样普遍。它们的主要区别在于：第一印象是从时间上来说的，由于前面的印象深刻，后面的印象往往成为前面印象的补充；而晕轮效应则是从内容上来说的，由于对对象的部分特征印象深刻，这部分印象泛化为全部印象。所以，晕轮效应的主要特点是以点概面、以偏概全。

在人际交往中，晕轮现象既有美化对象的作用，也有丑化对象的作用。由于一个人被标明是好的，他就被一种积极肯定的光环笼罩，并被赋予一切好的品质，这就是光环作用。反之，如果一个人被标明是坏的，他就被认为具有所有的坏品质，亦称"扫帚星作用"。因此，晕轮效应会产生美化或丑化对象的现象，就像月晕一样，周围虚幻的光环，使人看不清对方的真实面目。

生活中的晕轮效应非常普遍。比如，有的商品由于其包装精美、价格偏高，人们往往会认为该产品的质量也会像精美的包装一样好，质量会和偏高的价格相一致。又如，某演员演技高超，表演效果好，人们就会以为该演员的一切都是美好的，即使有点缺点，也可以忽略不计，即"名人效应"。

知识活页

奇妙的第一印象

在接待服务过程中,晕轮效应也很常见。比如,客人第一次到某饭店就餐时,碰到了一个态度傲慢的服务员,他就会认为这个饭店整体的服务都不好。再比如,有的中国人第一次到国外旅游,碰巧遇上了交通事故,他就会认为在国外旅游很不安全。可见,晕轮效应一旦泛化,会产生很大的消极作用。因此,从接待服务的角度讲,为了使顾客产生好的印象,在提供产品和服务时,一定要防止由于晕轮效应而使得顾客把对个别劣质产品和劣质服务的印象扩大为对整个企业甚至行业的服务的印象。

4)心理定势

心理定势是指人在认识特定对象时心理上的准备状态。也就是说,知觉者产生认知之前,就已经将特定对象的某些特征先入为主地存在于自己的意识中,使自己在认识特定对象时不自主地处于一种有准备的心理状态。这就是我们通常说的先入之见。即使支持性的证据被否定了,这种先入之见仍难以改变。我们越是想极力证明自己的理论和解释是正确的,就对挑战我们信念的信息越封闭。我们的信念和期待在很大程度上影响着我们对事件的心理构建。我国"智子疑邻"的典故中,就存在典型的心理定势思想。

心理定势的产生,首先和知觉的理解性有关。在知觉当前事物时,人们总是根据以往的经验来理解它,并为随后要知觉的对象做好准备。比如,在日常生活中,当你觉得某人是个好人,一旦发生了一件好事,你就会把这件事和这个人联系起来;同样,如果你不喜欢某人,觉得他是个坏人,那么一旦出现一件不好的事,你就又会把这个人和这件事联系起来。

纠正这种心理偏失的一个可行的办法是解释相反的观点的正确性。通过寻找反方观点的正确之处,可以降低甚至消除心理定势的所带来的负面影响。当然,对各种可能的结果的解释(不仅仅是反方观点)会促使人仔细考虑各种不同的可能。

同步案例

智子疑邻

一位老者丢失了一把斧头,他怀疑是邻居小伙子偷去了,在以后几天的观察中,越看越觉得邻居小伙子是窃贼。一次偶然,老者找到了斧头,他再看邻居小伙子,就怎么都觉得不像窃贼了。

案例分析:这是典型的心理定势现象。不知道出于什么原因,老者怀疑邻居小伙子偷了他的斧头,所以就有了随后的对小伙子的观察,并且越看越觉得小伙子像小偷。

5)刻板印象

刻板印象指的是社会上部分人对某类事物或人物所持的共同的、笼统的、固定的看法和印象。这种印象不是一种个体印象,而是一种群体现象。例如,人们一般认为青年人有热情、敢于创新而易冒进,老年人深沉稳重倾向于保守;东方人内敛谦虚,西方人热情开放等。

刻板印象,有助于人们对众多群体的特征做概括了解,因为每一类人都会有一些共同特征,运用这些特征去观察每一类人中的个别人,有时确实是知觉他人的有效途径之一。但是,刻板印象具有明显的局限性,能使人对人的知觉产生偏差。因为每类群体中的个体的具体情况各不相同,而且每类群体的情况也会随着社会条件的变化而变化。

因此,接待服务工作者在知觉来自不同国家和地区的顾客时,除了应用他们的共同特征的知识点之外,还应当注意避免受到刻板印象的制约,对个体进行具体的观察和了解,从而更好地为顾客服务,提升顾客满意度。

6)期望效应

期望效应也称为"皮格马利翁效应"。皮格马利翁是希腊神话中塞浦路斯王,精于雕刻。他强烈地爱上了自己所雕刻的大理石少女雕像。爱神阿佛洛狄忒见他感情真挚,就赋予雕像以生命。两人最终结为夫妻。期望效应是指在生活中人们的真心期望会变成现实的现象。

1968年,美国心理学家罗森塔尔和L.雅各布森来到一所小学,说要进行7项实验。他们从一至六年级各选了3个班,对这18个班的学生进行了"未来发展趋势测验"。之后,罗森塔尔以赞许的口吻将一份"最有发展前途者"的名单交给了校长和相关老师,并叮嘱他们务必要保密,以免影响实验的正确性。其实,罗森塔尔撒了一个"权威性谎言",因为名单上的学生是随机挑选出来的。8个月后,罗森塔尔和助手们对那18个班级的学生进行复试,奇迹出现了:凡是上了名单的学生,个个成绩有了较大的进步,且性格活泼开朗、自信心强、求知欲旺盛、更乐于和别人打交道。

实验者认为,教师因受到实验者的暗示,不仅对名单上的学生抱有更高期望,而且有意无意地通过态度、表情、体谅和给予更多提问、辅导、赞许等行为方式,将隐含的期望传递给这些学生,学生则给老师以积极的反馈;这种反馈又激起老师更大的教育热情,维持其原有期望,并对这些学生给予更多关照。如此循环复往,以致这些学生的智力、学业成绩以及社会行为朝着教师期望的方向靠拢,使期望成为现实。由此,期望效应也被称为"罗森塔尔效应"。

期望效应对人际交往有借鉴意义。在与人交往过程中要从心底里尊重、喜欢对方,只有这样,才能把人际交往纳入良性循环轨道,向着自己所期望的方向发展。相反,有些人从心底里既不尊重他人,也不喜欢他人,尽管他们强制自己不表现出来,但真情难抑,会在有意无意之间流露出来,一旦被对方感觉到,结果是可想而知的。生活中,形式是为内容服务的,一时的表里不一能够伪装,长期下去则很难做到。认知和行为的长期不一致会产生严重的心理冲突,给人带来极大的痛苦。心理学研究证明,人的认知、情感和行为三者在多数情况下是统一的,如果长期不协调,会导致心理疾病。只有真心喜欢他人、尊重他人的人才能赢得大家的喜欢。

任务实施

活动目的:让学生掌握知觉的规律及其应用。

活动要求:每个同学都参与进来,让学习目的更明确、学习内容更清晰。

活动步骤:1. 分组:将学生按学号分组或自动分组。

2. 设计:每个小组成员合作自选场景,设计在接待服务中体现社会知觉"误区"的案例,并进行情景模拟和角色扮演。

3. 展示:各组准备完成后,进行展示。

项目小结

本项目讲授了认知过程的主要构成,认知过程包括感觉、知觉、记忆、思维、想象等,重点介绍了感觉的概念、规律及其应用,知觉的概念、规律以及对顾客行为的影响。希望通过学习,学生能够结合感知觉的相关规律,分析顾客消费行为,并能够运用所学知识熟练解决接待服务中的实际问题。

项目训练

知识训练:

1. 什么是感觉和知觉?两者之间的区别和联系体现在哪些方面?
2. 感觉和知觉的规律特点有哪些?
3. 影响知觉的因素有哪些?
4. 社会知觉的"误区"有哪些方面?

能力训练:

请阅读以下案例,对案例中所体现的感知觉现象进行讨论。

肯德基的"疯狂星期四"

肯德基1987年在北京前门开了中国第一家餐厅。2022年,肯德基进入中国已35年,经历了"立足中国、融入生活"的35年。35年来,肯德基一直都在努力探索,把贴心的服务回馈给广大中国消费者。如今,中国肯德基已在1000多个城市和乡镇开设了8000余家连锁餐厅,遍及中国大陆的所有省份。

在2018年8月的一次特价活动中,肯德基第一次提出"疯狂星期四"这个概念。当时,肯德基主推的产品是售价为9.9元的鸡块、薯条、汉堡等,宣传的广告语是"疯狂星期四,单品九块九"。活动初期,肯德基也请了明星来拍摄宣传广告,并将其投放在电梯、快递柜等处。但是广告的效果并不出彩,甚至因广告歌曲太"魔性"和投放量过大而引起了部分消费者的不满。

直到2021年5月,网上出现了第一代"疯狂星期四"文案:"看看你那垂头丧气的样,知道今天是什么日子吗?今天是肯德基疯狂星期四。"自此之后,

"疯四文学"开始发展。

"疯四文学"通常以悬疑推理故事开头,也可能是狗血纠缠的爱情故事。这些故事结合时事热点,将明星八卦编入其中。但不管怎样,最后的结尾一定会回到那一句:"今天是肯德基疯狂星期四,谁请我吃?V我50。"("V我50"为网络用语,意为"用微信给我转账50元")也正因为"疯四文学"经常结合时事使用,即使其他热点段子不再流行,创作者依旧可以找到下一个热点与文案相关联。网友们也因此戏称:"流水的段子,铁打的疯四"。

肯德基"疯狂星期四"的流行和爆火具有鲜明的时间限定。百度指数数据显示:"疯狂星期四"的搜索指数(互联网用户对关键词搜索关注程度及持续变化情况)在每周四呈现规律的峰值,发展趋势是数值愈来愈高,整体同比增长高达1469%。除去搜索量在周四暴增,疯狂星期四的讨论热度也持续居于高位,微博话题"#肯德基疯狂星期四#"累计产生了18.7亿阅读与408.4万讨论,"#疯狂星期四#"话题还曾多次在周四冲上热搜,其热度可见一斑。

问题: 1.本案例中,肯德基营销的成功之处有哪些?这些成功之处涉及本章哪些知识点?

2.本案例中,出现了哪些现象与知觉的规律?它们对顾客行为有什么影响?

项目五
顾客情绪与情感

 项目描述

　　顾客美好的消费经历,通常伴随着愉悦的情绪及情感体验,而这也与消费环境、消费价格、消费服务人员等有极大关系。作为接待服务业的从业人员,带给顾客良好的情绪及情感体验,是衡量自身服务质量的重要标准。

 项目目标

知识目标
1. 了解情绪与情感的概念和特性。
2. 了解情绪与情感的功能。
3. 掌握情绪与情感的外部表现及其作用。

能力目标
1. 能够识别顾客的情绪及情感,并提供相应的服务策略。
2. 能够运用所学知识熟练解决接待服务中的实际问题。

素质目标
1. 培养主动服务意识和良好的服务态度。
2. 培养积极向上的情绪和良好的心境。

项目五　顾客情绪与情感

知识框架

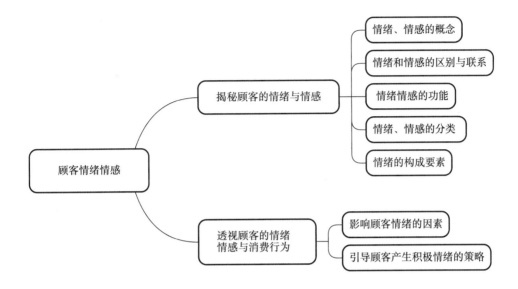

教学重点

1. 识别顾客情绪。
2. 保持积极向上的服务情绪策略。

教学难点

1. 情绪与情感的区别。
2. 情绪的功能。
3. 影响顾客情绪的因素。

项目引入

　　酒店接待组的学生代表露露在座谈会上谈到了自己的另外一个困惑："服务业以微笑作为优质服务的表现之一，但是有时候我发现微笑也会给我带来麻烦。有一次，我微笑着给客人提供服务，反而受到了客人的投诉，原因是他心情很不好，却看到我在笑。老师，请问这是为什么呢？我做错了什么吗？而且，自己的情绪也因此变得很糟糕呢。"其他组的学生代表也纷纷表示遇到过此类情况。针对露露及同学们的困惑，老师在本项目中，给大家分析了人的情绪与情感，以及顾客的情绪、情感与消费行为的关系，逐渐解开了露露及同学们的困惑，大家都释然了。

接待服务心理学

任务一　揭秘顾客的情绪与情感

任务引入

车小姐是一位非常受欢迎的导游,只要是她接的团,都会充满欢声笑语。她接待一个东北团,在机场,她就用东北话跟客人打招呼,一下子拉近了自己与游客的距离。车小姐清新的笑容、热情而又周到的服务很快赢得游客的好感。在核实行李数和团队人数后,车小姐让司机开车前往旅游团队下榻的酒店。途中,车小姐用东北话先自我介绍,再用本地话又介绍了一遍,诙谐的语调、富有感染力的欢迎词、生动清晰的沿途讲解,让车内不断响起东北人特有的爽朗笑声。在这轻松的氛围中,游客旅途的疲倦也消失得无影无踪。

任务剖析

顾客在旅途生活中,历经"吃、住、行、游、购、娱"各个环节,要接触自然界和人类社会中的各种对象和现象,参与各种不同的旅游活动。这些对象和现象,不仅使人产生深浅不同的认识,还使人产生不同的心理体验。有的使人愉悦、兴奋,有的使人惊奇、赞叹,还有的使人恐惧、忧愁。这些心理体验就是顾客的情绪和情感。

那什么是情感?情绪与情感的联系与区别是什么?情绪又具有什么功能呢?

一、情绪、情感的概念

情绪和情感人皆有之,是人类心理中最丰富、最复杂也是最重要的内容。若一个人没有情绪生活、没有情感,这个世界对他而言将失去意义。他将无法体验这个丰富多彩的世界,无悲无喜,孑然一人独立于世间,感受不到亲人的温暖,不需要友谊的慰藉,也体验不到爱情的温馨,当然也没有对世间琐事的烦恼忧愁,如同植物人一般。在正常人的生活中,情绪的起伏和变化随时随地都有可能发生,是人正常的行为表现。

情绪和情感,简而言之,是人对客观世界的一种特殊的反映形式,是人对客观事物是否符合自己需要的态度的体验。

由此可知,人的情绪、情感与人的需要有直接关系。凡能满足人们需要的事物,就会引起愉快、满意等积极的情绪和情感体验;凡不能满足人们需要的事物,则会引起愤怒、恐惧等消极情绪和情感体验。情绪、情感通过体验来反映客观事物与人的需要之间的关系。"体验"被认为是情绪、情感的基本特征。人的需要因人、因时、因事、因地而异,因此,态度不一,情绪和情感也会对应发生变化。

二、情绪与情感的区别与联系

情绪和情感都是人对需要满足状况的心理反应,属于同一类型不同层次的心理体验,既有区别又联系紧密。

(一)情绪与情感的区别

1. 情绪的生理性和情感的社会性

情绪是与生理需要是否满足相联系的心理活动,体现出生理性特点;而情感则是与社会性需要满足与否相联系的心理活动,体现出社会性特点。生理需要是人和动物所共有的,因此,情绪是原始的,在动物的身上也能得以体现。例如,人在饥饿时得到食物就会很高兴,动物也会如此,这是一种情绪体验。情感则是人类所特有的心理活动,具有一定的社会性,如集体荣誉感是人对集体组织有责任、尊重、自豪等需要而产生的社会性情感。

2. 情绪的易变性与情感的稳定性

情绪会随着情境的改变以及需要满足情况的变化而发生变化,如在旅游的过程中,吃、住、行、游、购、娱各个环节都牵动着游客的情绪变化。吃的需要被满足会让人心情愉悦,但是住得糟心又让人心情跌入谷底。飞机晚点或者取消也会引起游客消极情绪,导游或空乘人员的贴心服务常常能让游客的消极情绪得到缓解。情绪常由身旁的事物所引起,又常随着场合的改变、人和事的转换而变化。因此人的情绪易变,喜怒无常,难以持久。

而情感具有较强的稳定性、深刻性和持久性,是人对事物态度的反映,是构成个性心理品质中稳定的成分。如某位顾客经常下榻某酒店,每次的入住体验都让他心情愉悦,从而产生了顾客忠诚,该顾客遂将自己的婚宴也设在该酒店。虽然偶尔一次入住体验不太满意,但是偶然的情况不影响他对该酒店优质服务的整体评价,他决定继续入住该酒店。

3. 情绪的外显性和情感的内隐性

"喜形于色""手舞足蹈"等说的都是人的情绪表现。正常情况下,人的情绪往往不可自控,高兴时微笑,忧伤时两眼无神,愤怒时咬牙切齿。这些都是情绪的外部表现,体现情绪的外显性。而情感是一种内心体验,深沉而久远,且不轻易表露,难以在短时间内察觉,但对人的行为有重要的调节作用。例如,大多数人不论遇到什么挫折,其民族自尊心不会轻易改变。父辈对下一代殷切的期望、深沉的爱都体现了情感的深刻性和内隐性。

（二）情绪和情感的联系

情绪和情感虽然不尽相同，却是不可分割的。

情绪是情感的基础，情感通过情绪表现出来。情感是在多次情绪体验的基础上形成的。当人们从事某项工作的时候，总是体验到轻松、愉快，时间长了，就会爱上本职工作；反过来，在他们对工作建立起深厚的感情之后，会因工作的出色完成而欣喜，也会因为工作中的疏漏而伤心。因此，情绪是情感的基础和外部表现，情感是情绪的深化和本质内容。情绪与情感相互转化，又相互依存。

同步案例

湖南某高职院校毕业生小英来广东找工作，一连奔波了好几个月都没有落实工作单位，导致她身心疲惫。偶然的机会，她得到某五星级酒店正在招聘服务员的消息，不禁喜出望外，前往应聘并非常顺利地进入到前厅岗位。优美的工作环境、良好的福利待遇、和谐的同事关系、高素质的客人，都让小英充满温暖及期待。她在工作上积极精进业务，对待客人满腔热情，表现优秀，赢得了上司以及顾客的表扬。小英很庆幸，自己能在酒店业工作。在短短的3个月时间里，小英爱上了酒店行业，并立志要将酒店行业作为自己终生从事的事业。

案例分析：本案例中，小英爱上酒店行业与她的愉快的情绪体验紧密相连。就业需求得到满足，使她愉悦情绪。在就业岗位上，她愉悦的情绪得到进一步延续，由此升华成对酒店行业的喜爱之情。

三、情绪与情感的功能

（一）传递信号

表情具有信号传递作用，属于一种非言语性交际。情绪的这种功能是通过表情来实现的。在社会交往的许多场合，人们之间的思想、愿望、态度、观点，仅靠言语无法充分表达，有时甚至不能言传，只能意会，这时表情就起到了信息交流的作用。

当一个人产生比较强烈的情绪与情感的时候，其身体机能会发生对应的变化，而这种变化通常会通过其身体的外部表现来呈现。学者们通常将这些与情绪、情感相联系的特征称为"表情动作"。旅游者在大剧院欣赏歌剧或者话剧的时候，通过观察舞台演员的肢体动作以及表情，常常更能理解剧情所要表达的内容。如在默剧表演中，演员只能用表情动作向观众传递信息。

表情作为情感交流的一种方式，被视为人际关系的纽带。接待业的从业人员，每天与不同的人打交道，应善于观察，根据其手势、眼神、脸色、语音、语调等信息，推测其情绪、情感所处的状态,由此判定顾客对待某项服务或者事务的态度,从而提供更加有针对性的服务。

同步案例

某酒店的中餐厅里,坐在正中央的一张小方桌的4位客人正蹙眉纳闷儿,一脸意外。服务员小李看在眼里,猜测可能是客人对刚刚递过去的账单有疑惑。于是,她满脸笑容走向看起来最像今晚请客的客人,亲切、有礼貌地问道:"先生,请问需要我为您服务吗?"

客人见状便吐出了不快的理由:他们坐下点菜的时候估算这顿晚餐的价格在400元上下,可是结账的账单的金额达到600元。他们弄不清楚是什么原因,按道理这家酒店不会挥刀宰客……小英听完之后,先安慰客人,然后便去查核,原来问题出在那个大份的醋溜黄鱼上。菜单写明"每50克22元",客人以为是一份菜才22元。那条黄鱼重600克,计价264元。

小英想,尽管账单上已经写明该菜价格按照重量计算,但是接受点菜的服务人员应是未提醒客人该道菜的价格按照重量而定。现在,客人桌上剩余了半条鱼,还要支付超出预计的钱,客人肯定会不满意。

于是小英回到餐厅,向客人检讨了服务工作上的不足,随后走进办公室请示经理对这桌客人给予晚餐8折优惠。当小英告诉客人时,客人脸上愁云顿消。小英又把吃剩的鱼打包好,并再三向客人致歉,原先满腹怨言的客人露出了微笑。

案例分析:在本案例中,小英通过识别顾客表情的变化判断顾客的心理状态,提供主动服务,及时了解到顾客的需求以及疑惑,并迅速跟进服务项目,正面解决顾客的问题,让顾客的情绪逐渐转化,最终面带微笑,满意离开。小英用自己敏锐的情绪观察、良好的服务解决了一个潜在的顾客投诉。

(二)调控行为

情绪、情感对人的行为具有调控作用,它具有增力或者减力的效能。在快乐、热爱、自信等增力的情绪、情感状态下,人们的热情会高涨,做到克服困难,全力以赴,力求达到预定目标;在恐惧、痛苦、自卑等减力的情绪、情感状态下,人们活动的积极性会降低,缺乏冲劲,稍遇阻力,便畏缩不前,轻易放弃,半途而废。有些情绪同时兼具增力和减力两种动力性质,如悲痛可以使人消沉,也可以使人充满力量。

积极的情绪、情感和消极的情绪、情感都有强化作用。如在旅游过程中,情绪高涨的游客通常会忽略旅途过程中的小问题,保持良好的情绪坚持到旅途的最后;而心情低落的游客面对旅途中的一点点不如意就容易情绪激动,甚至产生愤怒情绪,并且倾向于将该情绪转嫁到工作人员的身上。

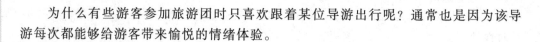

为什么有些游客参加旅游团时只喜欢跟着某位导游出行呢？通常也是因为该导游每次都能够给游客带来愉悦的情绪体验。

（三）影响健康

众所周知，情绪对健康的影响非常大。情绪调控的好坏能直接影响身心健康。已有研究表明，情绪对人体的免疫系统、内分泌系统以及神经系统等都有影响。良好的情绪会有效提高人体免疫力，改善内分泌失调及缓解神经系统紧张状态。舒畅的情绪有利于帮助治愈疾病。而消极的情绪容易造成内分泌失调、神经衰弱、免疫力下降等。我国古代医书《内经》中就有"怒伤肝,喜伤心,思伤脾,忧伤肺,恐伤肾"的记载。一项关于情绪与健康关系的追踪研究发现，年轻时性情压抑、焦虑和愤怒的人患有结核病、心脏病和癌症的比例是性情沉稳的人的4倍。

由此可知，良好的情绪状态能够保持或者提升个体的身心健康。接待服务业属于情绪劳动行业，工作人员面对复杂的工作及各种类型的客人，均要微笑以对，情绪、情感付出较大，应及时调整自身的情绪状态，保持良好的精神面貌。

四、情绪、情感的分类

情绪、情感是人们对客观事物的反应形式，人们的生活也因为有了多种多样的情绪和情感而变得丰富多彩。

（一）情绪的分类

1. 按照性质分类

根据情绪的性质将其分为四种基本情绪类型：快乐、愤怒、恐惧、悲哀。

1) 快乐

快乐是期望的目标或者愿望达成后情绪。快乐的程度取决于目标达成或者愿望满足的强度。快乐有强度的差异，从弱到强依次可分为愉快、兴奋、狂喜等。这种差异与愿望实现的难易程度、意外程度和个人所追求的目标对自身的意义等有关。顾客外出旅游通常就是为了寻找快乐的情绪。因此，在服务接待的过程中，工作人员应在合情、合理、合规的范围内，尽量满足顾客的需求，让其感受到愉悦及欢乐。因为快乐也有强度之分，让顾客满意是快乐的起点，想要让顾客体验到意外的惊喜，创造"满意＋惊喜"服务效果，就需要服务人员提供更多的超常服务和有针对性的个性化的心理服务。

同步思考

请同学们思考一下，在接待服务过程中，你是否可以举例说明，怎样的服务会让顾客产生快乐的情绪体验？在这基础上，如何让顾客体验意外之喜，让其快乐的程度更上一层楼？

提示：根据本专业所学知识或者网络搜索典型案例进行分析总结。

2）愤怒

愤怒是四种基本情绪中最容易让人产生攻击性行为的情绪。愤怒是指在行为过程中，个体由于受到干扰而不能达到目标时所产生的体验。当人们意识到某些不合理的或充满恶意的因素存在时，愤怒也会骤然发生。愤怒的程度依次是：生气、愠怒、激愤、大怒、暴怒。

例如，顾客在客房如厕时，若冲水设施出现故障，顾客可能会生气；若顾客致电前台但维修人员迟迟不来，顾客在等待的过程中愤怒情绪逐渐累积上升，可能会感到激愤；若多次打电话交涉无果，顾客则会大怒、暴怒。

同步思考

你能意识到自己的愤怒情绪吗？日常生活中，你愤怒的时候，是如何管理的？如果在服务接待的过程中，某些人或者事情让你愤怒了，你会怎么处理？

3）恐惧

恐惧是企图摆脱、逃避某种危险情景时所产生的情绪。恐惧往往是缺乏处理、摆脱可怕情景的力量和能力造成的。例如，当酒店发生火灾时，如果顾客认为自己无法及时逃离危险区域，就会产生恐惧情绪且这种情绪会愈演愈烈。顾客最后可能做出危及生命的失控行为。人需要镇定和勇敢，消除恐惧情绪，才能沉重冷静地思考，努力克服困难，脱离险境。

知识拓展

易怒商数

4）悲哀

悲哀与失去所盼望、所追求的东西和目的有关，是在失去心爱的对象或愿望破灭、理想不能实现时所产生的情绪。悲哀的程度取决于对象、愿望、理想的重要性与价值。悲哀的程度依次是：遗憾、失望、难过、悲伤、哀痛。人释放悲哀所带来的紧张时会哭泣。

酒店顾客一般较少出现悲哀情绪，但突然接到令人伤心的消息、工作或感情上遇到挫折等也会使顾客产生悲哀情绪。顾客则有可能会因为一时疏忽或者设备故障等，丢失旅途中储存的照片而产生悲哀的情绪。面对这类情况，接待服务人员应适度开导或化解，让顾客尽快走出悲哀情绪。

以上四种情绪是人类的基本情绪，多种基本情绪的不同组合可以派生出许多更复杂的情绪，如羞愧、悔恨、忧惧、厌烦、羡慕、嫉妒、怜悯、恼羞成怒等。

知识拓展

普鲁契克情感色轮

罗伯特·普鲁契克开发了情绪的心理进化理论，这有助于将情绪进行分类，并讨论个体对它们的反应。他认为，人共有8种基本情绪，而其他的情绪只是这8种基本情绪的简单组合,或者是从这些基本情绪中的一种(或多种)衍生出来的,然后以不同程度的强度存在。

普鲁契克设计的8种基本情绪是:生气(Anger)、厌恶(Disgust)、恐惧(Fear)、悲伤(Sadness)、期待(Anticipation)、快乐(Joy)、惊讶(Surprise)、信任(Trust),如图5-1所示。

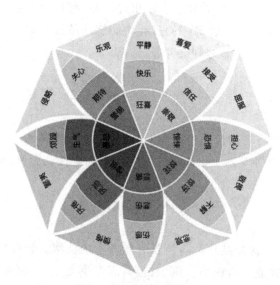

图5-1　普鲁契克情感色轮

2. 按照情绪的状态分类

情绪状态是指在某种事件或情境的影响下,人在一段时间内所产生的某种情绪,根据情绪发生的强度、速度、持续时间进行分类,可分为心境、激情、应激。

1) 心境

心境是指一种微弱但是较持久的、平静的一种情绪状态。心境缓和而微弱,有"忧者见之则忧,喜者见之则喜"的弥漫性。当人处于某种心境时,会以同样的情绪体验看待周围事物。如"感时花溅泪,恨别鸟惊心"说的就是诗人在伤心的时候,看到花也觉得花在掉眼泪一样,所有的事物都会弥漫着个体当下的情绪体验。一般情况下,个体心境的持续时间从几小时、几天、几周、几个月到更长时间不等。

因此,我们一方面必须注意调整顾客的心境,以利开展旅游活动,另一方面要善于把握和调节自己的心境,带着良好的心态为游客提供高品质的服务。

同步案例

一直以来,微笑服务都是服务行业中都被当成最好的服务。服务人员见到客人要主动问好,无论客人满意或者不满意,都要微笑以对。

某天,一对夫妻带着沉重的表情,迈着缓慢的步伐,拎着行李走到酒店前台:"服务员,麻烦你定一个标准房,我们入住三个晚上就离店。"

"好的,请您稍等,请问您是需要海景房还是山景房,高楼层还是低楼层的?"服务员一如既往地微笑问询。

"差不多就可以了,舒服就好,快点,我们很累。"客人很不耐烦。

"好的,我们提供的房间是8009房,两位请走这边。"办完入住手续后,服务人员依然微笑指引。

当这对夫妻回到房间后,服务员端着点心敲门:"先生、太太,下午好,旅途劳累,先吃些点心吧。"服务人员微笑着说。

"好,你放这里,没事不要老是来打扰我们。"顾客很不高兴,说完"砰"地把门关上。

第二天,服务员依然微笑地对这对夫妻打招呼:"您好,请问有什么需要效劳的吗?"

"我们只想安静一下。"

接下来的例行服务均被这对夫妻拒绝。服务人员莫名其妙,不知道自己的服务到底哪里出错了,是笑容不够甜美和灿烂吗?

于是,打扫客房的时候,服务人员对夫妻俩笑得更加亲切。这对夫妻终于忍不住了:"你们怎么回事?没看到我们心情不好吗?你们还好意思笑得那么灿烂。我要投诉你们。"服务员觉得很委屈,自己笑也错了?

原来,这对夫妻刚刚参加完母亲的丧礼,一直沉浸在悲伤中不能自拔,看到服务员的笑容倍觉碍眼。经过服务员的反复道歉,顾客终于不再计较,但还是很不高兴。

(案例来源:徐栖玲.酒店服务案例心理解析[M].广州:广东旅游出版社,2003.)

案例分析:服务人员应针对不同顾客情境需求的特点,提供不同的服务。微笑是服务的宗旨,但是顾客会有不同的心理,这要求服务人员提供不同的服务。服务人员要学会"察言观色",而不是完全按照酒店的标准去执行完全一样的服务。只有这样,顾客才能感到酒店服务正合自己的心意。

2) 激情

激情是一种强烈而短暂的情绪体验,如暴怒、狂喜、绝望等。激情具有激动性和冲动性,发作一般比较短促,冲动一过,立即减弱或消失。激情的外部表现非常明显,如怒发冲冠、咬牙切齿、眉开眼笑、哭泣、晕倒等。

一般情况下,顾客激情的爆发几率与其气质、性格、生活习惯等有关系。如胆汁质的客人,爆发激情情绪状态的几率要高于黏液质的客人。完美主义的顾客也易于产生激情,给服务工作带来较高的挑战。如有洁癖的顾客在入住酒店、乘坐交通工具、在餐厅进食的时候,会因为某个方面的卫生未达预期而导致激情爆发。激情的爆发与服务是否达到预期质量也有关系,如服务人员的服务质量一直让顾客颇有微词,而服务人员未加以重视,愤怒就会由此不断累积,最后让顾客在某一时刻爆发,严重时引发投诉。

激情同时具有积极和消极的作用。积极的激情的发生有利于服务的开展以及顾客满意度的提升。消极的激情发生时,服务人员应安抚顾客并尽快了解其激情的爆发点,消除爆发点的影响,转移其注意力,消除顾客不满。服务人员处于激情状态下的时候,要唤醒自身的理智和意志,调控自己的情绪,避免因冲动性行为而破坏接待服务工作。

3)应激

应激是指由出乎意料的紧张与危险情境所引起的情绪状态,是个体在危险状态下的一种适应性反应。应激状态改变了机体的激活水平,生理系统会发生明显的变化,如肌肉紧张、心率加快、呼吸变快、血压升高、血糖增高等,从而增加机体活动的能量,以应付紧急情形。它具有积极和消极两方面的作用。人在应激时一般有两种表现:一种是目瞪口呆,手足失措,头脑一片混乱;另一种是急中生智、头脑清醒、判断准确、行动迅速,及时摆脱困境。人长期处于应激状态,会对身心健康造成损害,导致适应性疾病的发生。

在接待服务过程中,顾客的应激状态通常出现于生命或财产安全受到威胁的时候,如地震、海啸、泥石流、毒蛇咬伤、火灾、飞机颠簸、遇袭、感染未知病毒等意外事件发生时。如果顾客有过类似的经历或者自身的调控能力足够强大,则能够做出积极行为,及时摆脱困境;如果顾客不具备前者的情况,则容易做出消极行为,陷入险境。接待服务人员(如导游、领队、司机、酒店服务员、景区工作人员、空乘人员、保安等)应保持冷静思考,安抚顾客并争取多方配合,快速组织顾客脱离险境、解除困境。

3. 按照情绪表现的方向和强度分类

就情绪表现的方向和强度而言,顾客在购买过程中所形成的情绪,可以分成以下几种。

1)积极情绪

积极情绪有喜欢、满足、快乐等。积极情绪能增强顾客的购买欲望,促成购买行动。

2)消极情绪

消极情绪有厌烦、不满、焦虑、郁闷等。消极情绪会抑制顾客的购买欲望,阻碍购买行动的实现。

3)双重情绪

在许多情况下,顾客的情绪并不能简单地概括为积极或消极,而是既喜欢又怀疑,基本满意又不完全称心等。例如,顾客对所买商品非常喜爱,但因价格偏高又感到有些遗憾。双重情绪的产生,是由于顾客的情绪体验主要来自商品和服务两个方面。当二者引起的情绪反应不一致时,就会出现两种相反情绪并存的现象。

(二)情感的分类

如前所述,情感是与人的社会性需要相联系的一种态度体验。人的社会性情感主要有道德感、理智感和美感。

1. 道德感

道德感是用一定的道德标准去评价自己或他人的思想和言行时产生的情感体验。不同的时代、不同的国家、不同的地区有不同的道德标准。我们国家的社会主义核心价值观是"富强、民主、文明、和谐、自由、平等、公正、法治、爱国、敬业、诚信、友善"。作为个体也就是国家公民,"爱国、敬业、诚信、友善"是我们每个人都要遵守的基本道德规范。

顾客的道德感是指顾客运用一定的道德标准评价自身或他人的思想、意图和行为时所产生的一种情感体验。如果顾客自己的言行符合自己的道德标准,他们就会产生满意、愉快、自豪的情感;若其他顾客的言行符合顾客的道德标准,顾客则会对其产生赞赏、尊敬、爱慕、钦佩等情感。反之,顾客则会对自己感到不安、内疚,对其他顾客产生厌恶、反感、鄙视、憎恨等情感。在当下的中国,遵循社会主义核心价值观,为实现中国梦而努力奋斗,是每个公民的责任。

2. 理智感

理智感是人类在认识事物的过程中产生和发展起来的,是人们认识和评价事物时所产生的情感体验,是人们从事学习活动和探索活动的动力。理智感是由客观事物间的关系(由本人或者他人揭露出的)是否符合自己所相信的客观规律所引起的情感。例如,在科学研究中,面临新问题时的惊讶、怀疑、困惑和对真理的确信,问题得以解决并有新的发现时的喜悦感和幸福感等,都是人们在探索活动和求知过程中产生的理智感。

在旅游活动中,游客旅游的动机之一就是了解知识、开阔视野或者验证自己已有的理论知识,以获得较大收获,体验到强烈的理智感。"读万卷书,行万里路",强烈的理智感体验让人们更加积极地参与到旅游活动中来。作为旅游工作者,要做好文化的使者、文明的引导者,让游客充分体验充分实践,以此产生获得知识的乐趣以及追求真理的幸福感。

3. 美感

美感是用一定的审美标准来评价事物时所产生的情感体验。在客观世界中,凡是符合我们的审美标准的事物(包括自然界的事物和现象、社会生活和社会现象及艺术品等)都能引起美的体验。例如,九寨沟的神奇、大海的波澜壮阔、故宫的绚丽辉煌、长城的蜿蜒壮美,可以使人体验到大自然的美和人的创造之美;而人得体的言行举止、善良的性格、坚强的品质,以及乐于助人、精益求精的精神等都能体现人性之美。当人在感受美好的事物时都会产生一种愉快的体验。爱美、追逐美、创造美是人的一种天然的趋向,美感体验会成为人行为的推动力。

在接待服务过程中,顾客的审美对象有旅游景观、服务环境、服务人员。通常情况下,顾客面对优美、壮观的景观时,会情不自禁地为之赞叹;面对优美的服务环境时,特别是处在有艺术特色的美学空间时,会不自觉地产生宁静、心动及愉悦之感;面对热情、友好、专业的服务人员时,会由衷产生信任及亲切之感。

五、情绪的构成要素

情绪的构成要素主要有三部分,分别是生理唤醒、主观体验、外部表现。

(一)生理唤醒

人在产生情绪反应时,常常会伴随着一定的生理唤醒。人的呼吸系统、血液循环系统、腺体和脑电波等都会根据情绪的不同而产生变化。例如,瞳孔放大、血压升高、心跳加快、血流加速、血糖水平升高等。有研究发现,愤怒情况下人的呼吸可达40—50次/分钟(正常情况下是20次/分钟)。情绪状态伴随的生理变化当事人往往无法控制。

(二)主观体验

情绪的主观体验是人的一种自我觉察,即大脑的一种感受状态。针对不同的事物,每个人会产生不同的感受。面对发生的同一件事情,有些人高兴,有些人同情,有些人愤怒,有些人无动于衷,有些人伤心。这些主观体验只有个人内心才能真正感受到或意识到。

(三)外部表现

在情绪产生时,我们如何识别呢?个体情绪的变化我们可以通过外部行为表现来识别。如开心的时候微笑,嘴角及苹果肌上扬,双眼眯成一条线,处于眉开眼笑的状态。情绪强度越大,外部表现越明显,如开心的时候开怀大笑、哈哈大笑、笑得前仰后合、开心得跳起舞来等;伤心的时候则目光呆滞,双眼无神,声音低沉沙哑、沉默不语、动作迟缓、痛哭流涕等。情绪所伴随出现的这些相应的身体姿态和面部表情常常成为人们判断和推测情绪的外部指标。服务人员可以根据顾客的外部表情来判断顾客的情绪状态,并有针对性地提供服务。

但是,情绪的外部表现在某种情况下通过特殊的自我调整或者训练,会出现与主观体验不一致的情况,如明明心里恐慌,但是表面依然镇定自若;即使伤心难过,面对他人依然微笑以对。作为接待服务业的工作人员,为顾客提供的很重要的一项服务就是情绪服务,这里所指的情绪服务也就是情绪劳动。情绪劳动是指企业或者职业素养要求员工在工作时展现某种特定情绪以达到其所在职位工作目标的劳动形式。例如,服务人员即使被惹怒了,依然要以良好的精神面貌、微笑服务来迎合客人。

表情动作是我们了解顾客的情绪的客观指标之一,顾客的表情动作可以从其面部表情、姿态表情、语调表情这三个方面进行识别。

1. 面部表情

面部表情是通过眼部、面部和口部肌肉的变化来表现各种情绪,由眉、眼、鼻、嘴的不同动作组合而成。其中,喜悦、愤怒、哀伤、恐惧这四种面部表情是最容易识别的,如图5-2所示。

图 5-2　喜悦、愤怒、哀伤、恐惧四种面部表情

同步思考

每天我们都在接触网络,通过社交平台聊天。你在网上最常用的网络表情是什么？你认为图 5-3 中的六种卡通表情,分别表达了哪些情绪？

图 5-3　六种卡通表情

2. 姿态表情

姿态表情包含身体表情和手势表情两个方面,是人与人之间情感交流、信息传递的重要手段。身体表情表达情绪的作用明显,如高兴时拍手跳跃；恐惧时身体僵直；紧张时手脚发抖；悔恨时跺脚拍额等。

心理学家的研究显示,手势表情属于后天习得,因此手势表情的情绪表达不具有跨文化性,因地而异。如竖起大拇指在许多文化中是表示赞赏、夸奖的,在希腊却有侮辱他人的意思。作为服务接待工作人员,应在接待国际顾客的时候,注意手势的运用,切忌误用,以免引起麻烦及误会。表 5-1 是常见的姿态表情及其表达的情绪。

表 5-1　常见的姿态表情及其表达的情绪

姿态表情	表达的情绪	姿态表情	表达的情绪
手指关节作响	愤怒	踱步	不慌不忙
双手一摊	无可奈何	侧耳倾听	感兴趣
膝盖晃动	不耐烦	把玩胸口的领带或项链	心神不宁
身体战栗	恐惧	皱鼻子	厌恶

3. 语调表情

语调表情是顾客情绪发生时，言语的音调、节奏方面的表现。接待服务人员应该留意顾客的语调，学会从顾客的语调中辨别顾客的内在情绪以及言外之意。一般情况下，顾客愤怒时声音高而尖，伴有颤抖；喜悦时声音的音调高昂、节奏轻快。顾客的感叹、讥讽、同情等，都有特别的语音变化，要注意区别。

拓展阅读

客户服务：让你的声音微笑起来

在生活中，你会发现酒店分星级，饭店也分星级，其实我们的声音也是分星级的。你可以没有天使的面容、魔鬼的身材，但你如果有饱满、充满活力的声音，可以清晰自信地表达自己的观点，还可以调动他人的情绪，那么他人对你的印象和能力的信任会得到大幅提升。

国外学者的调查表明，人际沟通中各种因素所起的作用分别是：在面对面沟通中，身体语言55%、声音38%、用语7%；在电话沟通中，声音82%、用语18%。由此可见，声音在人际沟通中，尤其是在电话交流中，起着十分重要的作用。

一进入青岛移动10086客服大厅，映入眼帘最醒目的便是"让客户聆听我们的微笑"这十个大字。"微笑"是这样被诠释的：让客户聆听到、感受到的微笑，是一种把客户服务内化到声音中的微笑。

每天上班前，话务员们都要通过仪容镜整理仪容，尽管客户是"只闻其声、不见其人"，但话务员力求让自己精神饱满，以良好的工作状态投入到工作中。在每位话务员的台席前，都挂着一面画着笑脸的镜子，这面小小的镜子让话务员时刻都能看到自己的表情，它无时无刻不在提醒着每一位话务员：把用心的解答微笑着传递给每一位客户！

青岛10086的话务员，每天工作任务都很繁忙，如何保证她们始终保持愉悦的心情？10086热线班组提出"八点服务，轻轻松松做一天"，即精神饱满一点，认真倾听一点，反应灵敏一点，声音甜美一点，业务熟练一点，工作主动一点，效率提高一点，客户满意一点，以此让话务员摆正工作心态，把客户放在第一位，快速准确地为客户解决问题，追求客户满意。

对客服中心工作的人来说，把握好声音技巧十分关键，它可以使自己与客户之间的空间距离缩短许多。说话太正统，显得机械呆板；说话太随便，又仿佛没有诚意；声音太大，会让对方感到刺耳；声音太小，又会导致对方听不清楚。

青岛移动10086客服大厅服务中心副主任解颖告诉记者说："10086的工作不仅需要态度和热情，还须遵循一定技巧。我们希望话务员把接话时间控制在一定标准之内，最优接话时间在150秒以内。当接话在150秒到200秒之间时，话务员就应给客户一个准确、满意的答复了。我们不提倡接话时间超过250秒。因为科学分析,超过这一定时间后话务员有可能出现浮躁情绪,同时也反映出该话务员业务不熟。这也是提高接通率的一种技巧。"

任务实施

情景表演:李小姐的座位被占了

2023年3月某周末,某五星级酒店的自助餐厅生意火爆,来用餐的客人络绎不绝。李小姐来得比较早,选择了一个靠窗视野较好的位置坐下,正准备去拿餐的时候,突然觉得肚子不舒服,就放了一个小物品在桌子上,以示有人,然后匆匆去上厕所了。等她回来,发现自己的座位上坐着一位男士刘先生,并正在用餐。她很纳闷,于是告知这位男士这个位置是她先来的,她的物品还留在桌面呢。刘先生表示他来的时候就没有人,而且自己已经开始吃了,不会离开。李小姐很生气,转而去找服务员,生气地说座位被占了。

服务员小张正忙得不可开交,情绪本来就不太好,看着李小姐如此生气,还是耐心地说:"我另外给您找个位置吧?"环顾一下四周,发现窗边的位置已经没有了,李小姐表示其他位置她都不坐!小张只好走到刘先生跟前,解释说明刘小姐确实是先于他到达的,不知他是否可以让座。刘先生毫无让座之意。小张只好找来了主管。经调查,李小姐上厕所之后,另外一位服务员小杨在座位上已经放上此桌有人的提示,但是刘先生来了之后,将该牌子翻过来,直接忽略上面的提示就坐下了。面对这种情况,主管对李小姐耐心解释,并给予她餐费8折优惠。李小姐依然愤愤不已,但还是坐到了其他的座位上。

活动目的:考查学生能否察言观色,并根据顾客情绪,提供合适的情绪服务。

活动要求:根据"任务引入"中车小姐接待旅游团的服务表现,再根据任务里学到的情绪、情感的相关知识,请对以上案例进行分析:

1. 如果是你,如何避免上述事情的发生。

2. 问题已经发生了,请判定李小姐及服务员的情绪状态,讨论该如何提供相适应的接待服务,让顾客消除不满,提升服务效果呢?

活动步骤:1. 四人一组,进行情景表演。

2. 各小组回顾课程所学内容,围绕上述背景资料展开讨论,设计具体的情景细节,并将该情景表演出来。

3. 老师挑选两组学生进行表演,并对各小组的表演进行点评。

活动评价:顾客的情绪具有外显性,会通过表情、动作等表现出来。接待服务人员在接待服务过程中,应学会察言观色,了解顾客的情绪状态并预测顾客可能的行为表现,适时提供情绪服务,令顾客的情绪始终处于良好的、积极的状态,这样有利于提升顾客对服务企业的满意度。

对学生职业技能的规范度、角色扮演程度、团队合作参与度、解决问题策略等进行评价,包括学生自评、互评和教师评价。活动评价表如表5-2所示。

表5-2 活动评价表

评价	项目			
	职业技能规范度(高/低)	角色扮演程度(高/低)	团队合作参与度(高/低)	解决问题策略(合适/不合适)
自我评价				
同学评价				
老师评价				

任务二　透视顾客的情绪、情感与消费行为

任务引入

张先生初次入住某五星级酒店,入住期间,酒店的环境以及服务都让他身心愉悦。一天,他在电梯里碰到入住酒店时接待他的行李员小李,小李问他这几天对饭店的服务是否满意。客人直率地表示,饭店的服务都比较好,只是对中餐厅的某道菜不太满意。

当晚这位客人再来中餐厅时,中餐厅经理专门准备了这道菜请客人免费品尝。原来,客人说者无心,但行李员小李听者有意,为了让客人有更好的情绪体验,当客人离开后,他马上用电话将此事告知了中餐厅经理,经理表示一定要使客人满意。当客人明白了事情的原委后非常感动,真诚地说:"这件小事充分体现出贵饭店员工充分地把客人的话放在心上,体现了良好的服务素养及对客人负责的程度。"几天后,这位客人的秘书打来预订电话,将下半年该公司即将召开的三天研讨会及100多间客房的生意均放在了该饭店。

任务剖析

从这个案例中我们不难发现,酒店良好的环境及服务能让顾客保持比较久的愉快的服务情绪体验。顾客与行李生交谈的一句话被酒店服务人员记在心上,并改进了酒店的服务,满足了顾客的需要,让顾客有比较强烈的情感体验,让客人的情绪和情感得到了升华,对酒店的满意度达到最高值。持续的愉快的情绪体验激发了顾客的消费需求,从而将下半年该公司即将召开的

三天研讨会及100多间客房的生意均放在了该饭店,为酒店带来了较大的经济效益。

一、影响顾客情绪的因素

(一)顾客需要

影响顾客情绪的首要因素是顾客的需要是否得到满足。需要是情绪产生的重要基础,因此,顾客的需要是否获得满足,决定着顾客的情绪的性质是积极的还是消极的。

能满足顾客已激起的需要或能促进这种需要得到满足的景点、酒店及对应的服务,能引起顾客肯定的情绪,如满意、愉快、喜爱、赞叹等;相反,不能满足顾客的需要或可能妨碍其需要得到满足的事件,比如路上堵车、饮食不合口味、服务态度差等,会引起顾客否定的情绪,如不满意、愤怒、憎恨等。另外需要指出的是,顾客在服务体验的过程中往往有各种不同的情绪,它们常常不是彼此毫无联系地发生,而是相互影响的。其中有的起着主导作用,有的只具有从属的性质,有的短暂,有的持续时间很长。起主导作用的顾客情绪通常与其主导需要相联系。当顾客的主导需要获得满足或没有满足时,所产生的肯定或否定情绪往往会冲淡甚至抑制与此同时发生的其他情绪。

(二)服务环境

服务环境对情绪的影响是不可忽视的。服务现场的设施、温度、音乐、色彩以及服务人员的精神风貌和服务表现等因素都能直接刺激顾客感官并引起其情绪变化。服务场所宽敞、明亮、整洁、色彩搭配协调、整体环境优雅、服务人员周到热情,就能引起顾客愉快、舒畅、积极的情绪体验;反之,会引起顾客厌烦、郁闷、气愤的情绪体验。服务环境的构成还受天气以及人群密集度的影响,如与下雨天相比,晴朗的天气通常会让顾客感觉心情愉悦,内心充满阳光;下雨天容易使人感觉心理压抑、烦躁;在旅游旺季的时候,景区涌动的人潮、强烈的空间拥挤感会让顾客感到失望、紧张、厌烦等。

(三)顾客认知

影响顾客情绪的另一重要因素是顾客的认知。认知过程是产生不同情绪的核心。人的不同认知与思想会对情绪产生深远而持久的影响。所以说人的心理活动中,认知过程是基础,不同情绪过程往往是认知的反映。顾客的情绪总是伴随着一定的认知过程而产生的,因此,对于同一景点、同一旅游服务人员的行为,顾客由于在个体认知上存在差异,对其评估也可能不同:如果把它判断为符合自己的需要,就会产生积极的情绪;如果把它判断为不符合自己的需要,就会产生消极的情绪。同一个顾客在不同的时间、地点和条件下对同一旅游景点的认知、评估可能不同,因而产生的情绪也可能存在一些差异。

顾客的认知同时会对顾客归因方式产生影响,而归因方式的不一样又影响顾客的情绪。顾客不同的归因会引发顾客不同的情绪状态。例如在旅游服务过程中,由于环节过多,出现旅游服务缺陷往往无法完全避免。如果顾客认为造成服务缺陷的原因是不可控、客观的,相对来说更容易情绪平稳地接受;但如果顾客认为这种原因是可控的、主观的,则很容易产生愤怒、生气的情绪体验。

（四）他人影响

顾客的情绪还会受到自己所处组织及他人的影响。自己身处什么组织,与什么人在一起,都会直接或者间接地影响顾客自身的情绪,使其高兴、紧张、压抑或痛苦。顾客的情绪也会受到企业组织形象的影响,还会受到他人意见的影响。他人的意见既包括服务企业方面人员的意见,也包括其他顾客当时的意见。企业服务人员提供的服务、对他们的赞扬或者指责等都会影响顾客的情绪状态。

二、引导顾客产生积极情绪的策略

要引导顾客在消费过程中产生积极情绪,就要保证服务工作的顺利完成和顾客需要的满足,这涉及服务环境、员工的情绪状态、沟通氛围等多方面因素。具体来说,引导顾客产生积极情绪的策略主要包括以下几种。

（一）创造舒适的服务环境

服务环境亦称"服务场景",指企业向顾客提供服务的场所,不仅包括影响服务过程的各种设施,还包括许多无形的要素。企业应根据目标顾客群体的心理需要,营造舒适的服务环境。服务企业可以通过颜色、文本、声音、气味和空间设计加强顾客渴望的服务体验,同时提高顾客对某种商品、服务或体验的兴趣,让顾客产生积极的情绪体验。如酒店可在餐厅内播放轻柔的背景音乐,引导顾客放松身心,从而使顾客产生愉悦感;酒店应做好客房隔音工作,为顾客提供良好的休息环境,从而避免顾客产生焦躁情绪等。如在旅游途中遇到塞车,导游人员可以通过生动的讲解、适宜的趣味活动等转移顾客的注意力,从而产生愉悦的旅游体验。

（二）保持良好的工作情绪

情绪具有感染性,积极情绪可促成良性循环,消极情绪则会导致恶性循环。经常出现这样的情况:在酒店员工和顾客沟通的过程中,最开始双方都是心平气和的,一旦有一方出言不逊,另一方便会受到刺激,情绪变得激动,最终因为双方情绪的相互影响而爆发冲突。同理,如果导游人员的情绪是压抑的、愤怒的或者虚伪的,游客多数情况下会敏锐地觉察到,继而压抑情绪,而影响客我关系。因此,工作人员应本着从我做起的原则,主动用积极情绪去感染顾客,促成良性循环;同时,应学会及时排解自己的不良情绪,切忌将其带到工作中来,影响顾客的情绪。

（三）营造良好的沟通氛围

良好沟通氛围有利于顾客产生积极正面的情绪。营造良好的沟通氛围，需要服务人员做到以下几点：

（1）识别并理解顾客的情绪状态，与客共情；
（2）加强自身的礼仪修养，在服务岗位上严格遵守语言礼仪规范和形象礼仪规范；
（3）使用平缓、诚恳、和蔼的语气平等地与顾客对话，不激怒顾客；
（4）适当使用幽默语言，调节气氛；
（5）急顾客之所需，高效满足顾客的需求。

顾客不同的情绪体验会在顾客之间产生不一样的沟通氛围。例如在旅途中，导游和游客之间、游客和游客之间如果能够相互关心，彼此信任依赖，在感情上非常融洽，那么所有的人都会感受到温暖，形成良好的团队人际关系和心理氛围。反之，如果旅游团成员之间经常因为房间安排、车辆座位而发生矛盾和冲突，参观游览意见无法统一，就可能导致其心理距离变远，那么所有的游客都会产生不愉快的情绪体验，从而影响旅游活动的质量和心理体验。

知识拓展

踢猫效应

心理学中常说的"踢猫效应"，描述的是典型的坏情绪传染现象。某公司董事长为了重振公司士气，许诺自己将提前上班并推迟下班。有一次，他在家看网络新闻入了迷以致忘了时间，为了赶时间，他在路上超速驾驶，结果被开了罚单，最终还是迟到了。这位董事长恼怒至极，到达办公室后，他将部门经理叫到办公室训斥了一番。部门经理莫名其妙挨训之后，将销售主管叫到跟前对他挑剔了一番。销售主管一肚子气，正好看到某员工站在那里，就去责怪他上班不负责任。该员工垂头丧气地回到了家中，将他的妻子骂了一顿。妻子无法忍受，转身对着儿子大发雷霆。儿子无缘无故被母亲痛斥，回头狠狠地踢了家里的猫一脚。

从这个案例中我们可以知道，坏情绪一旦传染起来，影响很多人。如果要中断情绪的传染，当事人应正确分析，及时处理好自己的情绪，防止坏情绪的继续传染。在工作中，我们也要谨防自己进入"踢猫效应"状态，保持良好的情绪。

（四）妥善处理服务缺陷

在服务行业，难免因各种原因产生服务缺陷。不同顾客对于服务缺陷的认知不同导致情绪状态不一样，这就需要服务人员进行正确引导，妥善处理，让顾客一直处于较好的情绪状态。如服务缺陷是不可抗力因素导致的，应及时解释，并做好妥善的安排；如服务缺陷是可控因素导致的，应及时道歉，同时给予赔偿，安抚顾客的情绪。例如饭店的上菜出现了延误,服务员立即道歉并表示餐费可以适当减少,顾客很可能就会原谅该延误。

任务实施

活动目的:通过案例分析,让学生了解影响顾客情绪、情感的因素,分析接待服务人员的服务对顾客情绪、情感的影响。

活动要求:对任务引入案例进行分析,结合本任务所学的知识,讨论接待服务人员如何让顾客保持良好的情绪体验,顾客的情绪、情感与消费行为有什么联系,以及接待服务人员该怎样调整自己的情绪。

活动步骤:1.回顾项目引入的案例及所学内容。
2.将学生进行分组,开展情景模拟。随机抽选三组学生进行展示。
3.讨论三组学生情景表演的效果,开展学生自评及互评。
4.教师评价。

活动评价:顾客的需要、服务环境、顾客认知、他人影响都会对顾客的情绪产生影响,由此产生积极或者消极的情绪体验,积极的情绪体验有利于顾客产生持续的消费动力进而发生进一步的消费行为,消极的情绪体验则相反。活动评价表如表5-3所示。

表5-3 活动评价表

评价	项目			
	职业技能规范度(高/低)	角色扮演程度(高/低)	团队合作参与度(高/低)	解决问题策略(合适/不合适)
自我评价				
同学评价				
老师评价				

项目小结

本项目主要讲授了情绪与情感的概念、类型、功能及特性,并分析了情绪与情感的区别与联系,同时讲授了影响顾客消费情绪的因素,提出引导顾客产生积极情绪的策略,目的是让学生学会识别顾客情绪,并根据顾客情绪调整服务策略,让顾客保持良好的情绪状态。

项目训练

知识训练:
1.简述影响顾客情绪的因素。

2.为顾客提供服务时,如何引导顾客产生积极的情绪?

能力训练:

识别顾客情绪,并提供相应的服务策略。

对客模拟训练:

商务客人刘先生,在4月12日入住某大酒店,晚9:30左右致电前台要设置叫醒服务,据当班接待员反映,万先生当时称要一个明天12:50的叫醒,接待员还重复问了一句:"是明天吗?"客人答复:"是。"但4月13日一早,客人到前台称他要的是凌晨12:50的叫醒,且他称在讲完后补充了是凌晨叫醒。客人买了到武汉的火车票,票价460元,但由于没有叫醒,导致他们睡过了头,耽误了赶火车。

(1)当客人情绪紧张不安时,酒店服务人员应如何安抚?

(2)当客人情绪激动、怒容满面时,酒店服务人员如何应对?

项目六
顾客人格心理

 项目描述

播下一个行为,收获一个习惯;播下一个习惯,收获一种性格;播下一种性格,收获一种命运。这是西方的一个经典名言,说的是一个人的性格形成与命运的关系。这里的性格指的就是人格。本项目通过了解不同的人格分类方式,走近人格,认识人格,了解人格。

 项目目标

知识目标

1. 了解气质、性格、能力的概念与特性。
2. 掌握气质包含的分类。
3. 掌握两种性格分类。

能力目标

1. 能够熟练运用个性的相关内容,对顾客准确做出气质、性格上的判断。
2. 能够运用所学知识熟练解决接待服务中的实际问题。

素质目标

1. 增强个性化服务意识,树立以客为尊的服务理念。
2. 培养严谨细致的工匠精神。

项目六 顾客人格心理

知识框架

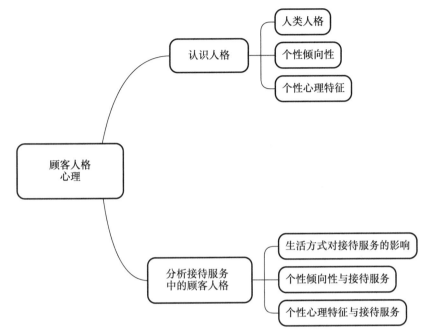

教学重点

1. 影响人格形成的因素。
2. 气质的分类。
3. 性格的类型。

教学难点

1. 个性倾向性。
2. 个性心理特征。
3. 气质的分类。
4. 性格的分类。

项目引入

酒店接待岗位小组的实习代表露露和旅游服务岗位小组的实习生代表天昊发现，自己在实习过程中会遇到形形色色的客人。不同的客人性格迥异，有的人直率简单，有的人固执拘谨，有的人孤僻胆怯，有的人热情好客……对待他们，同一件事也需要有不一样的处理方法，有的人需要好言相劝，有的人则需要留有一定的空间……那令他们性格大相径庭的因素有哪些？带着疑问，他们请教了服务心理学的老师。在本项目中，心理学的老师仔细给他们讲解了个性相关知识，以及各类接待技巧。

任务一 认识人格

任务引入

露露在一次接待工作中遇到了一对双胞胎客人。他们两兄弟个子一样高,相貌也极其相似,但是性情却大不相同。一位顾客易激动、性情豪爽、敢作敢为、行动迅速,当交流不畅时怒发冲冠。另外一位则性情温和、安静、稳定、行动迟缓,即使沟通出现问题仍心平气和、不动声色。露露对此感到十分困惑,请你为露露分析他们性格产生差异的原因。

任务剖析

本案例中的两位顾客虽然是双胞胎,但是两人的性情却完全不同。两人的基因决定了相似的外貌,但是两人所处的社会环境、接受的教育方式等有所不同,所以性格存在明显的差异。不同的性格影响着他们的行为方式与具体的行为,但是并没有好坏之分,也不影响人的智力高低和成就大小。

本次任务将带领大家走近人格,了解人类人格。

一、人类人格

(一)人格概述

心理学家发现,很多成年人在个人生活中所遇到的问题和困扰,都不是成年后的生存环境造成的,而是来源于童年时期在家庭或其他社会环境中所受的影响和限制。

人格也可以称为个性,是每个人所持有的心理、生理特征的有机结合,包括了遗传和后天获得的成分。个性使我们区别于他人,并可以通过一个人与环境和社会群体的关系表现出来。

(二)影响人格和个性形成与发展的原因

1. 先天遗传因素

遗传因素是人格形成和发展的基本前提。人的神经类型、感官特点、内分泌系统、体貌特征、血型等遗传因素都是人格形成与发展的基本影响因素。

2. 社会文化因素

文化、学校、家庭等社会文化都会对人格发展产生直接影响。社会文化塑造了社会成员的个性特征,但不同的民族、国家的人由于社会文化的不一样,在个性方面也呈现出一定的群体差异。

3. 自然环境因素

生态环境、气候条件、空间拥挤程度等物理因素会影响个性的形成和发展。自然环境虽然对个性的形成不起决定作用,但是在不同的自然环境中,人可以表现出不同的行为特点。

4. 教育学习因素

在个体的成长中,随着个体独立性的增强,在自我意识的支配下,人可以主动地选择和获取来自自然环境的信息,并带来自身行为的变化。

(三)主要人格理论

关于人格的分类理论五花八门,主要有类型理论、特质理论、心理动力理论等。

1. 类型理论

类型理论起源于二十世纪三四十年代的德国。类型理论的心理学家认为,人格类型是对人进行个体分类的依据,这些类型是独立的、不连续的,俗称人格类型。

类型理论主要有三种:单一类型论、对立类型论和内外向人格理论。单一类型论是根据一群人是否具有某一特殊人格来确定的。对立类型论是根据某一人格特性的两个相反方向确定的。内外向人格理论是由瑞士著名心理学家荣格依据心理倾向提出的人格类型划分理论。

2. 特质理论

特质是一种持久的品质或特征。特质理论学家热衷于探究连续的人格维度,如智力和友谊等。这些品质或特征使个体在各种情况下的行为具有一致性。比较著名的特质理论有阿尔伯特的特质理论、卡特尔的人格特质理论、艾森克的三因素模型以及五因素模型。

阿尔伯特认为人格结构是个体行为的关键决定因素,并不是环境在改变和决定个体行为。他将首要特质、核心特质以及次要特质作为人成为独立个体的因素。卡特尔提出了人格中的16种特质是根源特质,是表面行为的潜在根源。艾森克提出了人格的三因素模型,认为人在外倾性(表现为内外倾向上的差异)、神经质(表现为情绪稳定性上的差异)、精神质(表现为孤独、冷酷、有攻击性的等负面人格特征上的差异)三个方面的表现构成了千姿百态的人格特点。

3. 心理动力理论

支持心理动力理论的学者认为是强大的内在驱动力塑造了人格,并引发了行为,其中以弗洛伊德为代表。他们认为所有的行为都是动机所引发的,人的行为动机则来源于心理能量,而人的行为动机通常都是无意识的。他们提出,是本我、自我、超我组成了人格。

二、个性倾向性

个性倾向性是人的个性结构中最活跃的因素,也是核心因素,是决定社会个体发展的潜在力量。它决定着人对认知活动对象的趋向和选择,体现了人对社会环境的态度和行为的积极特征,对顾客心理的影响主要表现在心理活动的选择性、对消费对象的不同态度体验,以及消费行为模式上。个性倾向性主要包含需要、动机、兴趣、理想、信念与世界观等心理成分。

三、个性心理特征

个性心理特征是指一个人身上经常地、稳定地表现出来的心理特点,包括气质、性格、能力,比较稳定地反映了个体的特色风貌。

(一)气质

1. 气质概念

气质是指一个人稳定的心理活动和行为的动力特征。

日常生活中的"脾气""秉性"等都是气质通俗的说法。气质具有极大的稳定性,会影响个体活动的一切方面。具有某种气质特征的人,在内容完全不同的活动中也会显示出同类型的动力特征。

气质本身没有好坏之分,但对人的心理过程和个性人格品质的形成具有较大的作用。了解气质,有利于我们利用消费者气质特征的积极方面,控制其消极活动。

2. 气质分类

从古至今,人们为了揭示气质的实质,探明气质的生理机制,进行了大量的研究探讨,创立了许多不同的气质学说。

1)体液说

公元前五世纪,古希腊医生希波克拉底根据自己的医学实践,提出了"体液理论",这是最早的有关气质的学说。

他认为人体内有四种体液,即黄胆汁(产生于肝脏)、血液(产生于心脏)、黏液(产生于脑)和黑胆汁(产生于胃)。他根据人体内这四种体液的混合比例,把人的气质分为四种典型的气质类型:血液占优势的属于多血质;黄胆汁占优势的属于胆汁质;黏液占优势的属于黏液质;黑胆汁占优势的属于抑郁质。

2)体型说

德国心理学家、精神病学家克瑞奇米尔根据对精神病患者的临床观察,于1925年提出按体型划分人的气质类型的理论。他把人的体型分成三类:肥胖型、瘦长型和筋骨型,认为体型决定人的气质特点。

他认为,肥胖型体型产生狂躁气质,其行动倾向为善交际、表情活泼、热情、平易近人等;瘦长型体型产生分裂气质,其行动倾向为不善交际、孤僻、神经质、多思虑等;筋骨型体型产生黏着气质,其行动倾向为迷恋、认真、理解缓慢、行为较冲动等。美国心理学家谢尔顿在1942年也提出了体型与气质的理论。

3) 血型说

日本学者古川竹二认为血液类型决定气质类型,血液类型可分为A型、O型、B型、AB型。

A型气质的特点是老实稳妥、温顺、多疑虑、怕羞、孤僻、离群、依靠他人、易冲动;B型气质的特点是感觉灵敏、不怕羞、善于社交、好管闲事;O型气质的特点是志向坚强、好胜、霸道、不听从指挥、爱支使别人、有胆识;AB型气质的特点是以A型为主,含有B型的成分,外表是B型,内里是A型。

4) 高级神经活动类型学说

俄国心理学家巴甫洛夫通过动物实验研究发现,高级神经活动的兴奋和抑制过程特性的独特的、稳定的组合,构成高级神经活动类型。

高级神经活动的兴奋和抑制过程具有强度、平衡性、灵活性三个基本特性。这三种特性的不同组合,构成四种高级神经活动类型:强、不平衡型(兴奋型),强、平衡、灵活性(活泼型),强、平衡、不灵活型(安静型),弱型(抑制型)。

3. 不同气质类型的行为特点

根据希波克拉底的体液说和巴甫洛夫的神经活动类型说,气质的四种类型及其行为特征可归纳为表6-1。

表6-1 气质的四种类型及其行为特征

神经类型	气质类型	行为特征
强、不平衡型	胆汁质	直率、热情、精力充沛,情绪易激动,心境变化激烈,外倾
强、平衡、灵活型	多血质	活泼好动,敏感,反应迅速,爱与人交往,注意易转移、兴趣易改变,外倾
强、平衡、不灵活性	黏液质	安静、稳定,反应迟缓,沉默寡言,情绪不易外露,注意稳定,善于忍耐,内倾
弱型	抑郁质	孤僻,行动迟缓,情绪体验深刻,善于觉察细小事物,内倾

1) 胆汁质

(1) 特点。

感受性低,耐受性高,外倾性明显;情绪兴奋点高,控制力弱;反应快但不灵活。心理特点是直率热情、精力旺盛、容易冲动、情绪变化激烈、脾气暴躁、外向。

(2) 典型表现。

这种气质类型的人,行为表现是直率热情、精力旺盛、敏捷果断、反应迅速强烈,但性急暴躁、任性、容易冲动。这种类型的气质在男性身上更多地表现为敏捷、热情、坚毅,情绪反应强烈而难以自制;在女性身上则更多地表现为热情肯干、积极主动、思维敏捷、精力充沛,但易感情用事,对困难估计不足。

这类人适合做刺激而富有挑战性的工作,如节目主持人、产品推销员、演员等,但不适合整日坐在办公室不走动的工作。

2) 多血质

(1) 特点。

热情,适应性强,喜欢交际,精神愉快,机智灵活,外倾性明显。注意力不容易集中,兴趣容易发生改变。

(2) 典型表现。

这种气质类型的人,行为表现是活泼好动、反应迅速、思维敏锐、善于交际、适应性强、性格开朗、动作灵活,但往往粗心大意、情绪多变、兴趣易转移等。这种类型的男性尤为敏捷好动,适应能力强,工作效率高,但易表现轻率,不愿从事耐心细致和平凡的工作;女性则热情活泼、富有朝气,但情绪不稳定,容易感情用事且感情不深刻,兴趣多变,从事需要煞费苦心的工作时难以坚持到底。

这类人适合做多样化、要求反应迅速而灵活的工作,如导游人员、推销员、节目主持人、外事接待员、市场调查员、公关销售员等。

3) 黏液质

(1) 特点。

稳重,考虑问题全面,安静、沉默,善于克制自己,善于忍耐,固执,情绪兴奋点低。

(2) 典型表现。

这种气质类型的人,行为表现是安静稳重、耐心谨慎、自信心强、善于克制、沉默寡言、反应缓慢、情绪隐蔽,但往往固执、保守、精神怠惰、缺乏生气、动作迟缓。其显著特点是安静、内倾。这种类型的男性多沉着坚定、态度持重、善于忍耐、恪守纪律、行为刻板、有惰性;女性则冷静稳健、善于克制、喜欢埋头苦干、执拗、冷淡、因循守旧。

这类人适合做重复性强、有耐性、需要细心谨慎的工作,如客房服务、文秘、行政主管、收银员、审计、文字校对、话务员、调解员等。

4) 抑郁质

(1) 特点。

沉静,对问题感受和体验深刻而持久,情绪不容易外露,反应迟缓但深刻,准确性高。

(2) 典型表现。

这种气质类型的人,行为表现是孤僻、自卑、羞怯、动作迟缓、反应缓慢、敏感多疑、情绪隐蔽而体验深刻,但感受性高,善于观察到别人不易察觉的细节,富于同情心。其显著特点是敏感、孤僻、缺乏自信心、内倾。这种类型的男性多孤僻、迟缓,处事谨慎,情绪深刻持久,态度平稳坚定,遇到问题则易惊慌失措;女性多迟疑、怯懦、柔弱、腼腆、多愁善感,情绪体验细腻,耐受力差。

这类人不适合和各色人物打交道、大量消耗脑力和体力的活动,适合需要细心观察和感受的工作,如护士、心理咨询师、艺术工作者、哲学家等。

(二) 性格

1. 性格概念

性格是指一个人对待现实的稳定态度和与之相适应的习惯化的行为方式中具有

核心意义的个性心理特征。

性格是个体稳定的个性心理特征。在某种情况下,一时的、情境性的、偶然的表现,不能构成人的性格特征。一个人在一次偶然的场合表现出胆怯的行为,不能据此认为这个人具有怯懦的性格特征。一个人在某种特殊条件下,一反常态地发了脾气,也不能据此认为这个人具有暴躁的性格特征。只有那些经常的、一贯的表现才会被认为是个体的性格特征。

性格也是个性中具有核心意义的心理特征。人的性格是后天获得的一定思想意识及行为习惯的表现,是客观的社会关系在人脑中的反映。所以,性格有好坏之分,在性格特征中占主导地位的是思想道德品质。正因为如此,在各种个性特征中,性格最能表征个性的差异,它是个性中最具核心意义的部分,它直接影响着气质、能力的表现特点与发展方向。

2. 性格的分类

性格的类型是指在一类人身上所共有的性格特征的结合。由于性格现象的复杂性,目前还没有一个公认的、统一的性格分类标准,常见的性格分类有以下两种。

1) 向性说:按心理的倾向性划分

瑞士心理学家荣格根据人的心理活动倾向于外部还是内部,把性格分为外倾型(外向型)和内倾型(内向型)两种(见表6-2)。他认为,外倾型的人心理活动倾向于外部,经常对外部事物表示关心和兴趣,性情开朗活泼,情感外露,不拘小节,善于交际,热情、随和;内倾型的人心理活动倾向于内心,较少向别人显露自己的思想,沉静、谨慎、顾虑多,适应环境较困难,交往面窄。多数人并非典型的内倾和外倾,而是介于两者之间的中间型。

表6-2 荣格的心理的倾向理论

性格类型	重视世界	情绪特征	行为特征	神经活动	气质类型
外向型	外在世界	乐观,性情开朗活泼,情感外露	不拘小节,善于交际,热情随和	高级神经活动强型	多血质胆汁质
内向型	主观世界	沉静、稳定,能够控制自己的情绪	谨慎、顾虑多,适应环境较困难	高级神经活动弱型	黏液质抑郁质

2) 社会价值说:按人的社会生活方式划分

德国哲学家、教育家斯普兰格根据人类社会生活方式及由此而形成的价值观,把人的性格分为理论型、经济型、审美型、社会型、权力型和宗教型六种。理论型的人以探求事物本质为其最大价值,哲学家、理论家多属此类;经济型的人以谋求利益为最大价值,实业家多属此类;审美型的人以感受事物的美为人生最高价值,艺术家多属这种类型;社会型的人以善于与人交往、帮助别人为最大价值,社会活动家、慈善家多属这种类型;权力型的人以利用别人、掌握权力为最高价值,领袖人物多属此类;宗教型以追求宗教信仰为最高价值。

（三）能力

1. 能力概念

能力能直接影响活动效率，是个体保证活动顺利完成所必备的个性心理特征。例如，一位画家所具有的色彩鉴别力、形象记忆力等，都叫能力。这些能力是保证一位画家顺利完成绘画活动的心理条件。

能力和活动密切相关。一方面，能力在活动中发展并表现在活动之中。如我们只有在一部文艺作品中才能看出作者的观察力、思维能力、创造能力和写作能力，作者的创作能力也是在他的创作活动中不断形成和发展起来的。能力存在于活动之中，离开了活动也就无所谓能力。另一方面，从事某种活动必须以某种能力为前提。如进行学习研究活动，必须以记忆力、注意力、感知及抽象概括能力为前提。所以，能力是完成某一活动必备的心理条件。

人们要完成某种活动，往往不是依靠一种能力，而是依靠多种能力的结合。这些能力的高度发展和有机结合，能保证某种活动的顺利进行。这种结合在一起的能力叫才能。例如，教师要有观察力、言语表达能力、逻辑思维能力、组织管理能力以及处理教学中偶发事件的教育机智等。这些能力的结合就是教师的才能。

能将各种能力最完备地结合和发展到最高程度的人称天才。天才一般拥有能力的独特结合，它使人能顺利地、独立地、创造性地完成某些复杂的活动。天才往往结合着多种高度发展的能力。大部分天才不仅拥有天赋之才，还在先天良好遗传素质的基础上，经受过良好的教育，同时个人勤奋努力。正如爱迪生所说，"天才是百分之一的灵感加上百分之九十九的汗水"。

2. 能力的分类

人的能力是各种各样的，可以从不同的角度对能力进行分类。

1）按能力的活动领域不同可以划分为一般能力和特殊能力

一般能力也称认识能力，也就是平常我们所说的智力，它是指完成各种活动都必须具备的能力。它由注意力、观察力、记忆力、思考力、想象力五个因素构成。其中，思考力是一般能力的核心，它代表着智力发展的水平。其他任何能力的发展和提高都和这种能力的发展和提高分不开。

特殊能力也称专业能力，是指在某种专业活动中表现出来的能力。它是顺利完成某种专业活动的心理条件。例如，画家的色彩鉴别力、形象记忆力；音乐家区别旋律曲调特点的能力、音乐表象想象能力等。

一般能力和特殊能力紧密地联系着。在活动中，一般能力和特殊能力共同起作用。要成功地完成一项活动，既需要具有一般能力，又需要具有与该活动有关的特殊能力。

2）按照能力的创造性大小可以划为模仿能力和创造能力

模仿能力也称再造能力，是指人们通过观察别人的行为、活动来学习各种知识，然后以相同的方式做出反应的能力。如学习绘画时的临摹，从字帖上仿效前人的书法，儿童在家庭中模仿父母的说话、表情，按照学习的数学定理来解决同一类型题目等都是模仿。

创造能力是指在活动中创造出独特的、新颖的、有社会价值产品的能力。它是成功地完成某种创造性活动所必需的心理条件。一个具有创造力的人往往能挣脱具体的知觉情境、思维定势、传统观念和习惯势力的束缚，在习以为常的事物和现象中发现新的联系和关系，提出新的思想，产生新的产品，如进行科学发明、工具革新、小说创作及创造性地解决问题等。

模仿能力和创造能力是紧密联系的，创造能力是在模仿能力的基础上发展起来的，人们的活动一般都是先模仿，后创造。模仿是创造的前提和基础，创造是模仿的发展。

3）按照能力的功能可以划分为认知能力、操作能力和社交能力

认知能力是指人脑加工、储存和提取信息的能力。一般认为，观察力、记忆力、注意力、思维力和想象力等都是认知能力。人们认识客观世界、获得各种各样的知识，主要依赖于人的认知能力。

操作能力是指人们有意识地调节自己的外部动作以完成各种活动的能力，如艺术表演能力、劳动能力、体育运动能力、实验操作能力等。

社交能力是指在人们的社会交往活动中所表现出来的能力，如言语感染力、组织管理能力、决策能力、处理意外事故的能力等。这种能力对协调人际关系、促进人际交往和信息沟通有重要作用。

3. 性格、能力、气质的关系

性格、能力、气质都属于人的个性心理特征。它们既相互区别，又相互联系。

1）性格与能力

性格和能力是有区别的。能力反映一个人的智慧特征，是决定心理活动效率的心理因素，是顺利完成某种活动的基本条件。性格则表现为人的活动指向什么、采取什么态度、怎样进行活动。

性格与能力也是相互联系、相互影响的。首先，能力影响着性格的形成与发展，如良好的观察力对果断、勇敢等性格特征的形成与发展起着重要作用。因此在能力发展过程中，相应的性格特征也会发展起来。其次，性格也制约着能力的形成与发展。一方面，性格影响着能力的发展水平；另一方面，优良的性格特征往往能够补偿能力的某些缺陷。所谓"勤能补拙"，正说明了勤奋这种性格特征对某些能力缺陷的补偿作用。

2）性格与气质

性格与气质既有区别，又有联系。

二者的区别表现在：性格是指人在现实态度和行为方式中所表现出来的个性心理特征。它主要是在后天的生活环境中形成的。社会生活条件不同，人的性格特点亦有明显的区别。而气质主要是先天形成的。

性格与气质又密切联系、相互影响。其一，气质使性格带有某种独特的色彩。例如，一个胆汁质的人和一个黏液质的人均具有勤劳的性格特点，前者在活动中表现为精力充沛、动作迅速，后者则表现为踏实肯干、沉稳细致。其二，气质可以影响性格的形成和发展的速度。

测试题:你是哪种性格的人

任务实施

活动目的: 分小组活动,使学生熟悉性格形成的阶段及影响因素。

活动要求: 每位同学都参与进来,让学习目的更明确、学习内容更清晰。

活动步骤: 1. 分组:将学生4—5人分为一组,进行讨论交流。

2. 讨论:分小组分析案例中的两位顾客性格的形成和发展的原因,通过分析案例中影响两位顾客性格的形成和发展的原因,归纳和总结影响性格形成和发展的因素。

3. 展示:小组代表进行发言。

4. 点评:教师对小组讨论做出总结,点评每组的表现。

活动评价: 对学生的参与率、表现力、处理问题的方法、团队合作的效果等进行评价,包括学生自评、互评和教师评价。任务评价表如表6-3所示。

表6-3　任务评价表

评价	项目			
	课堂表现	语言表达	参与情况	团队合作
自我评价				
同学评价				
老师评价				

备注:评价等级为优、良、合格、不合格四等。

任务二　分析接待服务中的顾客人格

任务引入

天昊正在推行"线上揽客,线下陪伴式旅游"的活动,通过在抖音发布自己擅长的"心灵鸡汤",吸引了广大旅游发烧友来舟山群岛东部的"海天佛国"旅游。短时间内,天昊竟然拥有了超过万名粉丝。这本是天昊在行业寒冬期断臂求生的尝试,却意外戳中了当代网友的喜好。他组织的线下旅行团中,大部分都是全国各地慕名前来的粉丝。天昊说,游客选择普陀山的愿望是很明确的,他们中的大部分都带着某种情绪,希望在这里寻求心灵解压。

天昊根据游客不同的性格特点以及不同的旅游需求,采取了不一样的接待方式。本次接待服务获得了成功。

> **任务剖析**

导游人员首先是通过客人线上交流时透露的细节以及他们的头像等把客人与他们的气质对上号,然后进行有针对性的服务。

在接待服务中,研究个性的目的主要是了解接待服务工作者行为的差异,预测被服务者的行为,以及可能出现问题与矛盾的关键点,有的放矢地调节服务行为,并采取相应措施。研究个性理论还可以帮助服务企业根据被服务者的个性特征制定有针对性的营销策略。

一、生活方式对接待服务的影响

生活方式是指人们长期受一定社会文化、经济、风俗、家庭影响而形成的一系列的生活习惯、生活制度和生活意识。"生活方式是由个人和社会群体、整个社会的性质和经济条件以及自然地理条件所决定的个人社会群体和整个社会的行为方式和特点。"我们可以将生活方式理解为不同阶层的人群在其生活圈、文化圈内所表现出的行为方式。在接待服务中,我们会遇到不同类型的顾客。不同的生活方式,导致他们有不一样的行为表现。例如,在询问价格、如何购买产品、购买什么样的产品时,不同生活方式的顾客的表现是截然不同的。根据他们的特点,接待者应该采用的接待方法也不尽相同。了解顾客的生活方式的影响可以使接待服务工作更加高效。

我们可以将顾客的生活方式,从心理特征、价值取向、交往关系、个人与社会关系的角度,大致分为内向型生活方式与外向型生活方式,自利型生活方式与依附型生活方式等。

1. 内向型生活方式、外向型生活方式与接待服务

内向型生活方式的顾客一般比较内向,恪守传统,重视家庭,在日常的旅游或是酒店消费中,比较偏向于做出保守的决定。在接待这类顾客时,接待者可以首先保持一定的服务距离,给予他们足够的私密空间,再根据他们的具体需求做到有的放矢,可以提供一些安静舒适的场所,让他们感到放松和舒适。

外向型生活方式的顾客相对比较活跃开放,他们热衷与别人交往,愿意尝试一些新鲜的服务产品。在接待这类顾客时,接待者应当主动与其交流,为其做好服务。

总之,在接待服务中了解顾客的类型并针对其需求提供合适服务是非常重要的,这样才能获得高满意度并保持良好口碑。

2. 自利型生活方式、依附型生活方式与接待服务

自利型生活方式的顾客主要出于"过一种好生活"的动机进行消费,强调追求自身利益和满足个人需求。这是一种在具体的生活活动中不断为自己谋取利益的生活方式。它不同于利己主义,更强调活出自我。这种生活方式可能表现出希望得到更多的优惠、更好的服务或特殊待遇,并且可能会在投诉或不满意时采取更加强硬、要求权益的态度。在接待这类顾客时,接待服务人员需要注重满足其寻找自我价值的需求。

依附型生活方式的顾客在日常生活中倾向于依赖他人的支持,会更多地倾听、接

受别人的意见或建议。他们不太会有个人的想法和判断。在接待这类顾客时,接待服务人员需要主动提出观点,做好引导工作。

这两种生活方式都有可能影响顾客对接待服务质量的认知与评价,接待服务人员在实践中应当注意平衡不同类型顾客需求之间的差异,并通过不同方法提供针对不同需求类型的定制化服务。

二、个性倾向性与接待服务

个性倾向性主要包含人在消费时的需要、动机、兴趣、理想、信念与世界观等心理成分。个性倾向性对接待服务的影响是显著的。不同个体在人际交往中表现出不同的个性特点,如外向、开朗、友好等,这些特点会影响他们提供服务的方式和质量。具有外向、开朗、乐观等个性特点的接待者更容易与顾客建立良好的关系,提供优质服务;而内向、紧张、拘谨等个性特点则会限制接待者与顾客之间的沟通和交流,从而影响服务质量。

因此,在接待服务中,对接待者来说,重要的是了解顾客的个性倾向性,学习如何在工作环境中发挥出最佳能力,同时,也需要注意到顾客可能拥有不同类型的个性特征。为了提高服务效果,接待者应该根据顾客的需要和喜好适当调整工作方法。

希斯、纽曼和格罗斯曾提出,产品在被消费时的价值大致可以分为五种:功能性、社会性、情感性、知识性和认知性价值。根据此观点,在接待服务中,我们大致可以将顾客的类型分为需求型、理智型、感性型、思想型与新潮型。

1. 需求型顾客与接待服务

需求型顾客也许是忠实顾客,也许尝试过类似服务,但在全部顾客中所占比例较小。需求型顾客一般在与接待者的沟通中目光集中,指明要购买某种产品或需要某种服务,目标明确。

在接待这类顾客时,接待者首先要确认他们的具体需求,可以通过询问、观察等方式来了解他们的情况,从而确定具体需求;接下来根据顾客的需求,提供专业的服务,并给出专业建议,让顾客感受到接待者的经验;如果顾客需要特殊定制化服务,一定要满足他们的需求,例如为顾客提供个性化设计、量身定做等服务;在沟通过程中,如果遇到问题或疑虑,千万不可推脱或拖延,应及时处理并解决问题,尽可能增加顾客对自己的信任度和好评度。

2. 理智型顾客与接待服务

理智型顾客可能十分理性,对需要面对的产品或服务研究比较透彻;不会冲动消费,需求明确,目的性很强。他们更注重专业、高效的服务,但也需要得到热情的接待。他们非常有主见,喜欢自己做决策;当然也非常重视自己的利益。

面对这类顾客时,接待者首先要体现专业性,显示自己拥有扎实的知识基础,对自己的岗位以及行业有整体的了解,不能被顾客碾压下去,要尽可能多地提供信息供顾客参考;其次不要夸大其词,要擅长运用分析法,既讲优点,也说缺点,让善于做批判性思辨的顾客感受到接待者的真诚。

3. 感性型顾客与接待服务

感性型顾客在接待服务过程中更加注重情感的交流和体验,更加看重过程的沟通与交流。他们可能有很多朋友,并且对同伴的依赖感高,可能会比较喜欢模仿他人。

为了让感性型的顾客有良好的消费体验,接待者可以提供温馨舒适、充满人文气息的环境,例如可以布置一些美丽花卉或者音乐等元素,使用亲切友好、柔和温暖、尊重并理解对方心态的语言来进行沟通。接待者在提供服务的过程中需要耐心地倾听、了解这类顾客的需要。这类顾客具有较高的同理心,比较温柔,比较注重心理价值,让他们尽可能地保持放松、轻盈的状态,有助于让他们从内心接受、认可接待服务。

4. 思想型顾客与接待服务

思想型顾客通常比较注重个人价值、道德准则和社会责任等,一般具有思路清晰、逻辑严密的思考。他们的行动一般目标性较强,会直接挑选自己喜欢的服务或商品。

在接待这类顾客时,接待者要简明扼要,条理井然地说明对方所需要点,尊重他们的思想,避免涉及敏感话题或引起争议的问题,尽量保持中立态度,给予顾客充分关注和倾听,在短时间内引起与顾客的共鸣。接待者在接待服务过程中要耐心聆听并及时回应其问题与反馈,以求事半功倍。

5. 新潮型顾客与接待服务

这类顾客喜欢新事物,新奇、稀有的服务;通常注重个性化、多样化和高品质的消费体验;在日常生活中,可能以女性居多。他们会对自己的生活提出各种挑战。

在与这类顾客进行交流时,接待者应在了解顾客需求后,将新思想、新产品介绍给他们,做好个性化定制服务。接待者应尽可能提供丰富多彩的选择,满足不同顾客的需求。例如,在酒店中提供各种风格不同、价格区间大的房间;在购物场所中展示多样化且有创意的商品。接待者还可以通过增加互动活动来增进与顾客之间的互动关系。例如,在零售店内安排试穿区域或者为特殊节日设置主题活动等。接待者在交谈时可以适当地使用"独一无二""绝无仅有"等词语进行修饰。

三、个性心理特征与接待服务

(一)气质与接待服务

1. 胆汁质顾客与接待服务

这一类型的人性格外向、精力充沛,他们的情绪来得快去得也快。同样,他们的语言和行动也是果断迅速。在日常生活中,他们比较乐观开朗、率真坦然。他们常常能够克服生活和工作中的一些困难,并且坚持到底。

在与这一类人的接触过程中,接待者的一言一行都要慎重考虑,千万不能触动对方愤怒的情绪。由于他们的性格比较倔强,有时候更容易服软,接待者在相处过程中更应该顺着对方的想法进行思考。当出现困难的时候,接待者需要充分照顾他们的情绪。

2. 多血质顾客与接待服务

一般来说,多血质的人性格比较外向,活泼好动,经常保持轻松愉快的心态,在生活中保有热情、向上、开朗、豁达的状态。他们善于交际,拥有敏捷的观察力,比较健谈,有比较强的适应能力,工作有效率,面部表情也极为丰富,情绪激发迅速且丰富多变。他们对一些新鲜事物比较敏感但可能思维不够深刻。

面对这一类型的人,接待者在接待服务中要以真诚的态度来赢得对方的好感,进而较为快速地与其确立良好的人际关系。在交往过程中,接待者需要随时注意观察对方的面部表情,如果在交往中发现对方脸上有不悦的表情,就需要立刻反思自己的言行,并及时做出调整。对于这类性格的人,接待者需要花一些精力来建立起双方之间的信任感,并且善于在交往过程中引导对方的情感,进行更为有效的沟通。

3. 黏液质顾客与接待服务

这种性格类型的人比较内向、沉静、谨慎、稳重,他们在说话时会比较迟缓,不会轻易暴露出自己的内心活动。他们平时性情比较平和,办事比较认真,有条有理,很细心,有韧性。在日常的交往中,他们不善言辞,但是懂得忍让,是可以信赖的朋友。

面对这一类型的人,接待者需要付出很多耐心和精力,因为他们性格比较内向,不会轻易向他人吐露内心的想法和意见。但是,这种性格类型的人在相处过程中一旦对人产生一种信任感,就不会轻易改变。所以在日常接触过程中,接待者不要被他们冷漠的样子吓到,需要给对方留一个良好的外在形象,并且要通过自己的言行举止来使对方对自己产生依赖感与信任感,以利开展后续工作。

4. 抑郁质顾客与接待服务

这类性格的人与黏液质的人相比更为内向,他们很柔弱,容易敏感,腼腆。他们的情绪来得很慢,一般不轻易发脾气,但一旦发起脾气来就会十分强烈。在平时,他们比较严肃,不畏惧苦难,也很细心,容易发现别人不易发现的问题。

面对这一类型的人,接待者和他们说话一定要委婉,不能太过于直接,要照顾到对方的情绪;在细节处也需要以温和的态度对待他们;在交往过程中,需要不断给予对方眼神或是其他面部动作上的肯定,面带微笑;不论是说话还是做事,都要随时考虑到对方的心理。

(二)性格、网络头像与接待服务

1. 性格与接待服务

知己知彼,百战不殆。对不同性格类型的顾客,接待者需要选择不同的接待方式,做到看人知性,并能将与性格相关的理论合理地运用到工作中。为此,接待者应该站在顾客的立场来理解顾客,体会顾客的"感觉",以顾客的"感觉"为服务导向,来达到提供优质服务的目的。

1)内向型顾客与接待服务

这类人对外界事物的反应一般比较冷淡,在行动表现方面比较谨慎、安静,在日常生活与工作中会安静地观看、思考,在公共场合中可能会不安或局促,不一定会主动打招呼。

这类顾客在服务过程中大多讨厌接待者过于热情,更倾向于自己独来独往,需要更多的个人空间,需要接待者充分尊重他们的时间和节奏。如果有条件,接待者可以提供一些隔离性、私密性更强的环境,比如单独房间或小茶室等。接待者要以细心平和的态度来接待这类顾客,与顾客保持适当的距离,多赞美,多鼓励,注意投其所好。

2) 随和型顾客与接待服务

这类人性格开朗、和善、热情、大方、开朗,容易相处,对陌生人的戒备心理不强,易于说服,一般不喜欢当面拒绝别人,同时也比较幽默;在行动时更喜欢与接待者攀谈,但在购买时可能会举棋不定。此类顾客一般没有固定目标,行为较随意,常会在接待者的建议下做尝试性的选择,比较注重服务的体验性。

接待者在为这类顾客提供服务时,要保持积极沟通,让他们更加愉快地享受服务过程,并对服务留下良好印象;当完成服务后,不要忘记向随和型的顾客表示感谢并礼貌地告别,留下一个温馨而友善的印象;也可以尝试以朋友的身份与顾客建立长期关系,为未来建立更好关系奠定基础。

3) 刚强型顾客与接待服务

这类人一般性格坚定、表情严肃、态度明确、主观性强、不乐于接受接待者的意见,喜欢别人认同自己观点,喜欢有自己的追随者。在行动时,他们的目标性强,需要被认真对待,因此在接待服务中要充分尊重他们的意见和想法。

接待者需要认真听取这类顾客的喜好和要求,并要充分理解他们的需求与喜好;快速选择适当的内容对其进行服务,不要过多做介绍,不要过多推荐;提供清晰明确的信息以避免误解或造成不必要的沟通障碍;面对挑战或困难情况时,也必须保持冷静和专业性,以确保服务质量不受影响,千万不可以直接进行正面反驳。

4) 傲慢型顾客与接待服务

这类顾客常常显示出威风、傲慢的态度,神情高傲,不喜欢听别人劝说。他们对服务一般会比较挑剔,对自己不感兴趣的东西不屑一顾,在和别人沟通时往往会采用命令的方式。

接待者在接待这类顾客时要主动寻找对方熟悉并感兴趣的话题,给其提供发表高见的机会,不要轻易反驳或打断其谈话。在期望没有达到时,这类顾客经常会采用投诉等较为极端的方式来宣泄他们的情绪,作为接待者,我们需要及时与这类顾客进行有效的沟通,做好售后。

5) 好胜型顾客与接待服务

这类顾客好胜、固执,对事物的判断比较专横,往往会有强烈的需求感,需要得到他人的认可和欣赏,不愿被接待者引导,有时候又喜欢将自己的观点强加于人。他们在行动时比较冲动,说话较大声,爱挑剔别人的过错。

好胜型顾客通常希望自己获得最好的体验,接待者应顺着顾客的意见与情绪方向来为他们提供需要的服务,同时也不可与其正面争执,应耐心做好解释、推荐服务。由于这类顾客好胜,接待者在工作过程中也务必小心行事,防止其提出额外要求,给对方找到突破口,损害自身利益。

2. 网络头像与接待服务

在日常生活与交际中，人们经常在各种网络社交媒体中用到头像。头像，往往代表了一个人此时的心态。人们在不同年龄阶段，对头像的选择不同。那么，人们是根据什么来选择头像的呢？通过头像，可以判断出个体的个性类型吗？接待者可以根据不同的头像类型，大致判断出要提供何种合适的服务吗？

加拿大约克大学的一项研究显示，人们面对一个新头像的反应和真实中遇到一个陌生人的反应非常相似。我们下面将结合常出现的几种头像类型进行个性化的接待处理。

1）卡通人物头像与接待服务

用卡通人物做网络头像的人性格一般很阳光，会保持一颗童心，喜欢一些比较可爱的东西，个性特点中有幽默、可爱的部分。并非仅仅是青少年酷爱卡通人物，有的人活到一定年龄，仍然童心未泯。他们热爱生活，心态很好，不会因为挫折就陷入悲观、失落。

这类顾客通常很喜欢与开朗亲切的人交流，所以在提供接待服务时，接待者要充满笑容和热情，保持微笑和友好的态度，让其感受到友好和诚意。他们可能会对一些小细节比较敏感，容易因为它们而感到兴奋，所以接待者在接待时要注意细节，如装饰、音乐等。在接待过程中，接待者可以以较为轻松的状态来保持服务，保持热情开朗的状态，准备一些暖场、活跃的小活动等。

2）动漫人物头像与接待服务

网络头像使用动漫人物的人一般不在意被别人知道自己的宅属性或喜爱动漫的特征，想让周围人了解自己的喜好的欲望很强烈。这类型的人经常与兴趣相投的人交往很深，而不太与兴趣不同的人交往。另外，他们也会更容易对那些不理解他们价值观的人抱有敌意。

在为这类顾客提供服务时，接待者可以从他们的爱好入手，可以尝试通过与其建立良好关系，将他们发展成较为紧密的熟客。

3）家庭头像与接待服务

微信头像是家人的人，大多是把家庭放在第一位的。这类顾客可能会对家庭类型的服务产品抱有较浓厚的兴趣，接待者可以根据家庭成员的不同需求，为其提供个性化、定制化的接待服务。接待者对家庭中的每位成员都要进行精细管理，关注他们所需要解决的问题并积极解决；在接待时尤其需要注意是否有小孩同行，需要做好小孩情绪的安抚与需求的满足工作。

4）动物头像与接待服务

网络头像使用动物的人一般内心细腻，善良而富有爱心，把宠物当作自己的朋友和家人。他们内心柔软，性格往往比较细腻、体贴，懂得换位思考，并且同理心比较强。与人交往时，他们更愿意先站在对方的角度考虑问题，大多数情况下都会优先为对方考虑，而忽略自我的感受。

对于这类顾客来说，每一个小细节都很重要。因此，接待者在接待服务中需要注重各种小细节，如问候、微笑等。这些简单的举动会让他们感到受到了关注和尊重。

接待者可以根据这类顾客的个性化需求提供相应的服务,比如是否因为害怕或寂寞而需要陪伴者、是否喜欢接待方在阅读时提供音乐,等等。

5) 花草头像与接待服务

网络头像使用花草的人一般性格温和稳重,在现实生活中较为低调,但是自己的内心中自有一片世界。他们会用风景彰显自己的内涵,代表他们的生活态度。比如喜欢用兰花作为网络头像的,往往自己内在气质较为高雅;喜欢用向日葵作为头像的则性格较为乐观。这些人中很多人认为社会有一种天然的美感。他们追求的可能不再是个人的价值,而是一些更高远的目标,人与自然的一种和谐。

这类人通常喜欢被尊重。因此,接待者为这样的顾客提供服务时,应该以礼貌和友善的态度进行迎接,让他们感觉舒适和受到关注。但他们可能对过于热情或强行交际感到不适。因此,接待者在为其提供服务时,要给予足够的私人空间并避免出现高侵入性的行为。性格稳重的顾客,可能会更加注重自己的意见被尊重和听取。在与这类顾客沟通时,接待者要在他们说话时注意倾听,并且认真考虑他们所提出来的建议或问题。

如果顾客性格外向、善于交际,他选择的网络头像也会展示这一点;个性随和,比较大众化的人选择的头像往往会吸引别人来交朋友;避免面无表情的头像会更吸引人和自己交往。大多数时候,网络只是把我们在线下的各种社交动态进行复刻和加强。即便是到了不熟悉的网络环境里,我们还是希望寻求熟悉的感觉,寻求安心。

(三)能力与接待服务

顾客的能力主要有沟通能力、客观评价能力、信任能力等。这些能力因素在接待服务过程中会直接影响接待服务的结果。

1. 沟通能力

顾客的沟通能力会影响他们与服务人员之间的交流和理解。如果顾客无法清晰地表达自己的需求,服务人员可能会误解或提供错误的服务,或是无法提供令顾客满意的服务。良好的沟通技巧可以帮助顾客更好地了解服务,并且在遇到问题时可以及时得到有效帮助,这也会提高顾客满意度并促进口碑传播。

2. 客观评价能力

顾客客观评价能力对接待服务有很大影响。如果顾客具有较强的客观评价能力,他们会更加注重服务质量,更容易区分好的服务和劣质的服务,从而对商家提供更高质量的服务提出要求,并给予正面评价和推荐。

3. 信任能力

顾客信任能力可以在很大程度上影响接待服务的质量和效果。如果顾客对服务提供者缺乏信任,他们可能会对服务品质持怀疑态度,甚至拒绝使用该服务。相反,如果顾客对服务提供者有高度的信任感,他们通常更愿意使用该服务,并且更容易与服务提供者建立良好的关系。

顾客倾向于选择那些他们觉得可靠、值得信赖的服务提供者。因此,当顾客对某个接待场所或服务人员有不良印象时,他们可能会选择其他地方或其他人来获取相同的服务。当顾客对提供的服务感到不安全或不舒服时,他们通常会表现出较低的满意度和忠诚度。因此,在接待过程中建立起强烈的顾客信任关系是确保顾客较高满意度和回头率的关键。没有建立稳固信任关系的顾客,可能会把不满意的体验转化为投诉。为了确保良好的接待服务质量和效果,服务提供者应该努力建立起与顾客之间深厚而可靠的信任关系。

任务实施

活动目的:通过分小组进行角色扮演,进一步掌握不同人格顾客的服务方式。

活动要求:学生提前做好活动准备,每位同学都参与进来,让学习目的更明确、学习内容更清晰。

活动步骤:1.课前准备:6—7人为一组,确定一位导游,其余为游客。"游客"在课前通过微信、QQ等方式与"导游"进行沟通,说明自己的旅游目的。

2.课中展示:

(1)"导游"通过观察"游客"的线上联系方式,分析"游客"的人格可能属于哪一种类型,根据不同的人格类型,为其提供个性化的服务。

(2)分小组角色扮演。

(3)教师对小组展示做出总结,点评每组的表现。

活动评价:对学生的参与率、表现力、处理问题的方法、团队合作的效果等进行评价,包括学生自评、互评和教师评价。任务评价表如表6-4所示。

表6-4 任务评价表

评价	项目			
	课堂表现	语言表达	参与情况	团队合作
自我评价				
同学评价				
老师评价				

备注:评价等级为优、良、合格、不合格四等。

项目小结

本项目主要讲授了人格与个性的主要构成内容:气质、性格与能力;不同的个性是如何影响接待服务的;在对顾客做出气质、性格等上的判断后,如何根据个性特征,解决接待服务中的实际问题。

项目训练

知识训练：

1. 怎样理解气质、性格、能力的含义？
2. 气质分为哪些类型？
3. 性格分为哪些分类？
4. 面对不同个性的顾客,应该分别采取怎样的接待方式？

能力训练：

请阅读以下案例,分小组讨论：本案例中的店员在接待时犯了什么错误？如果你是店员,应该如何应对案例中的两位顾客？

A市新开了一家专营店,主要经营小礼品。某天,一名店员与一名熟客女青年聊得正起劲,内容涉及各种明星八卦和小道消息,门前一辆高级轿车中走出一名衣着华丽的中年女性。该店员见状,立刻满脸笑意迎上前去："李太太,好久不见,欢迎光临！"周围店员各种恭维之声不绝于耳,但刚刚还与店员聊得热火朝天的女青年则无人问津。

项目七
顾客态度

 项目描述

　　中国人的家国情怀与态度自古有之,有赤子之心、永生不灭的"王师北定中原日,家祭无忘告乃翁"态度,有一身正气、凌风傲骨的"生当作人杰,死亦为鬼雄"态度,有心境乐观、洒脱忘我的"醉卧沙场君莫笑,古来征战几人回"态度。不一样的态度背后有着不一样的感人的背景故事。本项目通过了解态度的形成过程,了解态度,走近态度。

 **项目目标**

知识目标
1. 掌握态度的概念及构成。
2. 了解态度的特性、形成过程。
3. 理解顾客态度与接待服务的关系。

能力目标
1. 能够熟练运用态度的相关内容,对顾客准确做出判断。
2. 能够运用所学知识改变被接待者在服务中的态度。

素质目标
1. 增强个性化服务意识,树立以客为尊的服务理念。
2. 培养严谨细致的工匠精神。

项目七 顾客态度

知识框架

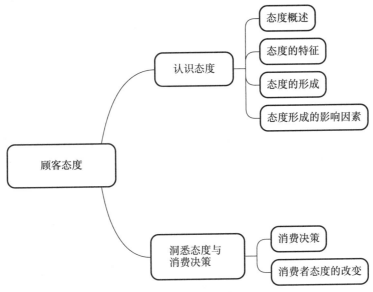

教学重点

1. 影响态度形成的因素。
2. 态度的形成过程。
3. 消费态度的改变。

教学难点

1. 态度的形成。
2. 消费偏好。
3. 消费态度的改变。

项目引入

　　酒店接待岗位小组的实习代表露露和旅游服务岗位小组的实习生代表天昊发现,现在客人选择酒店都喜欢看网络评价,但是怎样才能保证客人入住后给酒店写好评呢?有时,他们在退房时询问客人的入住体验,客人口头上说挺好挺好,过了两天却在网络上发了恶评;有的客人在多次沟通无果后甚至会拉黑服务人员的联系方式……自己该如何辨别客人的真实想法呢?带着疑问,他们请教了接待服务心理学的老师。在本项目中,心理学的老师仔细给他们分析了态度是如何形成的,以及有哪些改变消费态度的方法。

任务一 认识态度

任务引入

某地旅行社接待了一个台湾旅游团,由于天气原因导致误机、误餐,游客怨声载道。地接导游员看到游客们一个个怒气冲冲,就想办法寻找话题,给游客一点心理上的满足。他走到一个中年妇女面前,和气地说:"太太,您是从台湾什么地方来的?"女士说:"不是特别出名,说了你们也不知道。""你说说是哪里,也许我知道呢?"女士说出了她的家乡,果然大家都不熟悉。但是导游却十分了解这个地方,还能背诵当地著名亭子上的一副对联。游客很是惊讶,导游一脸自豪地说:"大陆和台湾本来就是血浓于水一家亲!"于是游客们纷纷与这位导游攀谈起来,主客之间的关系融洽了。在整个游览期间,这位导游尽职尽责,努力满足游客们的各种要求,不仅化解了大家的不满,还赢得了游客们的赞赏。

任务剖析

一开始由于误机、误餐,台湾旅游团的游客怨声载道。为了防止游客产生对旅游产品的不满态度,旅行社派了一位有经验的导游去接待。这名导游就想尽办法拉近与游客的关系,努力满足游客的各种要求,化解了游客的不满,赢得了游客的赞赏。让游客对旅游产品产生积极、肯定的态度,才能使游客产生消费和继续消费的欲望和行为。

本任务将从态度的基本概念入手,介绍态度形成的步骤、影响态度形成的因素。

一、态度概述

(一)态度的概念

态度是指一个人对某一对象所持有的评价与行为的倾向。人们对某一对象会做出赞成或反对、肯定或否定的评价,与此同时,还会表现出一种反应的倾向性。这种倾向性会为人们的心理活动提供行为的准备状态。所以,一个人的态度,会直接影响他的行为取向。

态度是人们的一种内在心理体验,它不能直接被观察到,而只能通过人们的语音、表情、动作等进行判断。

(二)态度的构成

弗里德曼(Freedman)在关于态度的定义中,着重强调了态度的构成。他认为,态度是个体对某一特定事物、观念或他人稳固的,由认知、情感和意向三个成分组成的心理倾向。

1. 认知因素

认知因素是指人对事物的认识、理解和评价,也就是平时所说的印象。认知因素是态度的基础,没有对这一事物的认知,人就不会对其产生相应的态度。

比如,某游客认为杭州的环境整洁优美,有秀丽的西湖、悠久的历史,气候温润宜人。

2. 情感因素

情感因素是指人对事物的情感判断。这种判断有好与不好两种,会直接影响个体对事物的行为倾向。情感因素是构成态度的核心,在态度中起着调节的作用。

在上述例子中,游客认为杭州是个美丽、可爱的城市以后,他对杭州的态度中就有了积极的情感成分。这种积极的情感因素会调节他的后续行为活动。

3. 意向因素

意向因素是指肯定或否定的反应倾向,具有较明显的外显性。它包括表达态度的语言、表情、行为等,会制约人们对某一事物的行为方向。意向因素并不是行为,而是行动前的思想倾向,是行为的心理准备状态。

一般来说,态度的三种成分是协调一致的。这种一致性对于服务过程中的营销是至关重要的,它是企业制定营销策略的基础。如果我们在接待服务的过程中影响了消费者态度的某一种成分,其余的成分也会发生相应的转变,从而会改变和形成消费者对接待行业的态度。

但是有时候,态度的三种成分也可能相互矛盾,态度与行为不一致的情况也是普遍存在的。在它们不协调时,情感因素占有更加重要的地位,往往决定了个体行为的倾向。

二、态度的特征

(一)对象性

态度是具体针对某一对象而产生的,具有主体和客体的相对关系。态度必须指向某一具体的对象,没有对象的态度是不存在的。一个人可以有多种不同的态度,例如喜欢、厌恶等。这些态度都是与某个具体的对象相关联的。例如,我们可能对某个人持友好和亲近的态度,但对另一个人则持冷漠和疏远的态度。在接待服务中,客人不会无缘无故地发脾气,同样也不会无缘无故赞扬。我们发现客人的态度倾向时,首先一定要认真辨识客人的态度对象是什么。

(二) 心理性

态度是个体的一种内在的心理过程,行为的倾向并不等于行为本身,而是行为的心理准备状态。态度的心理性也是指态度是不能被直接观察的,而只能从个体的思想表现、语言论述、行为举止来判断。在日常的接待服务中,我们只有从被服务者的言谈举止中,才能了解他对本次接待工作的态度,以及满意程度。

(三) 社会性

态度并不是生来就有的,是通过经验学习获得的。它并不是人的本能心理过程,而是人在后天与社会环境相互作用后逐渐形成的心理过程。例如,旅游者对某一景点的服务态度,有可能是他自己在旅游过程中亲身体察得来的,也有可能是他通过相关的广告宣传或别人的评价形成的。

(四) 内隐性

态度是一种内在结构。一个人对某种事物或现象的态度可能没有明显表现出来,却存在于个体所持有的心理状态中。这种内隐性不同于外显性,不容易被他人察觉到。一个人的态度,我们只能从他外显的行为加以推测和判断。例如,一个人最近一直和别人讨论某一城市的旅游景点,我们可以从他的行为中推测出他对该城市的出游可能抱有比较积极的态度。

(五) 稳定性与可变性

1. 稳定性

态度的稳定性是指针对某一对象的态度在形成后,会保持相当一段时间难以改变,并会逐渐成为个体人格的一部分,使个体在反应模式上表现出一定的习惯性。例如,客人在接受了某家旅行社良好的服务后,感觉很满意,就会形成对这家旅行社的肯定态度,以后当他再有旅游需要时,很有可能还会选择这家旅行社。

2. 可变性

态度的可变性是指在态度形成的过程中,会有很多外界的不确定因素对其产生影响。导致态度不稳定的态度有很多,在接待服务过程中最主要的影响因素有关系的冲突、环境影响,以及不愉快的经历。比如,服务人员在处理顾客的问题时会受到顾客情绪的影响。如果顾客非常生气或沮丧,服务人员也会感到挫败或不耐烦。工作环境也会改善或恶化服务人员的态度。例如,如果工作场所整洁、舒适和安静,服务人员可能会更愉快和乐于助人。

总之,态度既有相对稳定、延续时间较长等特点;也存在着灵活适应、可被影响改变等特性。理解态度的稳定性与可变性对于更好地解释和预测人类行为有着重要意义。

（六）价值性

态度的核心是价值。价值是指作为态度的对象对人所具有的含义。人们对于某个事物所持有的态度，取决于该事物对其意义的大小，也就是事物所具有的价值的大小。

接待服务对人价值的大小，一方面取决于事物本身，比如顾客对于某一酒店的态度，以及这个酒店能为客人提供什么样价值的服务，比如休憩（实用价值）、享受（身份或地位价值）等；另一方面，也会受人的需要、兴趣、爱好、动机、性格等因素的影响和制约，所以对待同一样的接待服务，不同的顾客会产生不一样的态度。接待服务人员在日常的接待服务中，需要提供与顾客个人兴趣爱好、身份和地位相符的服务。

三、态度的形成

态度并不是人天生具有的，而是在一定的社会环境中形成的，是受社会环境和教育的影响而产生的思想观念和对周围事物的认知与评价。个体经验，特别是直接经验对态度的形成尤为重要。态度的形成是一个复杂的心理过程，美国社会心理学家赫伯特·凯尔曼提出了态度的三个形成过程，即服从阶段、同化阶段、内化阶段。

（一）服从阶段

服从指个体为了获得奖励或逃避惩罚而采取的与他人表面上相一致的行为。服从不是个体自愿的，而是迫于外界的强制性压力采取的暂时性的行为。在态度形成的过程中，服从是很普遍的现象。在个体早期生活中，态度的形成很大程度上依赖于服从。

服从行为和态度，在日常生活中非常普遍。比如，学校老师每天都给学生布置课后作业，一开始学生并不想占用课外时间完成，他们更想将更多的课外时间用于和朋友一起玩耍。但是，为了服从学校老师的要求，他们必须抽出自己的课外时间完成作业。这种不得不完成作业的做法，就是早期的服从行为。

（二）同化阶段

这一阶段的特点是，个体不是被迫而是自愿地接受他人的观点、信念，使自己的态度与他人的要求愈发接近一致。同化阶段的态度不同于服从阶段的态度，它并不是在环境的压力下形成或者转变的，而是出于个体的自觉或者自愿。

在上述案例中，最初，学生可能是为了免受老师的批评或是家长的责骂选择了被动完成课后作业，但是在坚持了一段时间后，他发现主动完成课后作业既能巩固课堂所学知识，又能被老师和家长表扬。于是，他选择积极、主动完成课后作业。这就是逐渐被同化的阶段。

同步思考
▼

如何提高尤女士对酒店品牌的态度？

（三）内化阶段

内化阶段是指人们从内心深处真正相信并接受他人的观点，从而彻底转变自己原先的态度，并能自觉指导自己的思想和行动。在这一阶段中，个体会把那些新思想、新观点纳入自己的价值体系，用新的态度代替旧的态度。一个人的态度只有到了内化阶段才是稳固的，才能真正成为个人的内在心理特征。态度的形成经历了服从阶段、同化阶段和内化阶段，是一个复杂的心理过程。

当然，并不是所有的人对所有事物的态度都要完成这个过程。人们对一些事物的态度的形成可能完成了整个过程，但对另一些事物的态度可能只停留在服从或者同化阶段。在上述案例中，有的学生可能从一开始就会主动选择去完成老师布置的作业，所以他们并没有进入同化阶段；同理，有些学生可能一直都不会主动完成课外作业，他们的态度只停留在了服从或同化阶段。

四、态度形成的影响因素

（一）需要的满足

需要的满足是形成态度的重要因素。个体对凡是能满足自己的需要和有利于达到目标的对象，一般都能产生喜好的态度，而对影响满足需要和妨碍目标实现的对象，则会产生排斥甚至厌恶的态度。个体对某种需求非常强烈时，会更加积极地采取行动来满足这种需求，并且会持有更加积极和支持性的态度。个体认为某种需求与自己的价值观相符合时，往往会更加稳定地持有这种态度。

（二）团体与组织

态度的形成与改变与个体所在的团体有密切的关系。个体所属的家庭、学校、企业、社区等团体，都能调节所属成员所持有的原先态度。团体和组织内部存在特定的社会规范，其中一些可能与个人原来持有的观点相违背。个人加入这些团体或组织时，可能开始接受这些规范，并将其作为塑造自己态度的基础。

在团体或组织内部进行的交流，可能涉及某些话题或信息，这些信息可以改变我们原来所持有的看法。此外，在讨论中听取别人的经验及知识等也能够拓宽我们思路，从而影响我们对事物态度的转变。

（三）知识与经验

态度反映了态度主体对特定对象的看法或认识。知识或信息等认知因素是态度形成的基础。社会实践表明，个人掌握知识的范围、多少与深度，个人获得信息的广度和准确性，都会影响个人态度的形成。掌握知识和经验少的人往往缺乏判断力，容易被说服，也容易接受团体态度的压力，其态度的改变是比较被动的。

（四）个性的差异

人们的态度与个性特点都是在社会实践中逐渐形成的，二者是相辅相成、相互促进、相互影响的。每个人的态度都可以反映出来他的个性特征。不同的个性喜好和价值观念会导致人们对同一件事情有不同的看法和反应。例如，一个开放、乐观、冒险精神强烈的人可能会更愿意尝试新鲜事物和挑战自我，而一个保守、谨慎、内向的人则可能更倾向于遵循传统规则和稳定可靠的方法。每个人对社会、团体、他人、事业的态度不同，也反映了他们之间在个性方面的差异。

知识拓展

你是什么样的人

任务实施

活动目的：通过小组讨论，学生进一步掌握态度的构成与影响内容。

活动要求：每位同学都参与进来，让学习目的更明确、学习内容更清晰。

活动步骤：1.分组：将学生4—5人分为一组，进行讨论交流。

2.讨论：分小组分析案例中造成旅行团游客不满的原因是什么，通过分析案例中令游客们态度前后发生转变的原因，归纳和总结态度的形成过程，并讨论影响态度转变的因素有哪些。

3.展示：小组代表进行发言。

4.点评：教师对小组讨论做出总结，点评每组的表现。

活动评价：对学生的参与率、表现力、处理问题的方法、团队合作的效果等进行评价，包括学生自评、互评和教师评价。任务评价表如表7-1所示。

表7-1 任务评价表

评价	项目			
	课堂表现	语言表达	参与情况	团队合作
自我评价				
同学评价				
老师评价				

备注：评价等级为优、良、合格、不合格四等。

任务二　洞悉态度与消费决策

任务引入

一家三人决定外出旅游，来到旅行社向天昊咨询旅游商品。孩子提出想坐飞机去游览祖国大好河山,父亲有些犹豫,母亲则坚决反对,理由是价格太高,最后他们还是决定坐火车。到达目的地后,在入住宾馆选择房间时,母亲却变得大方起来,主动提出要条件好的房间。

如果你是天昊,请为他们制订一个合理的出行计划。

任务剖析

当一个人决定他们全家是否乘飞机去旅游目的地时,价格可能是一个决定其态度的非常突出的属性。然而,在选择一家旅馆时,价格就不一定是非常突出的决定个体态度的属性。

就让我们在本任务中分析,有哪些原因会影响个体对于消费决策的态度,以及接待者如何改善消费者的消费决策。通过本任务的学习,让我们从不同的角度来为这个家庭制订一个合理的旅游计划。

一、消费决策

(一)态度与消费决策的关系

态度是人的一种心理倾向,是行为的准备状态。行为是态度的外显,是在人的态度影响下表现出来的对特定对象的具体反应。态度与行为有着密切的关系。在一般情况下,一个人的态度决定着他的行为,态度和行为之间保持着比较高的一致性。

在接待服务心理学中,消费者对服务产品的态度会对其决策产生重大的影响。首先,人们在面对某些具体的产品,比如旅行或酒店产品时,会产生消费的兴趣(即认识倾向)。在消费兴趣的推动下,关于产品的认知、评价等,会构成其消费态度。消费态度在一定外界信息的作用下,会得到强化或者消退,会令消费者产生积极或消极的消费决策,即消费偏好(行为倾向)。有了这样的消费偏好,只要时机恰当,消费者就会做出消费决策。态度与决策的关系如图7-1所示。

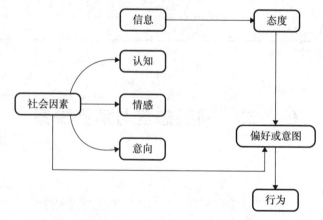

图7-1 态度与决策的关系模式图

（二）消费偏好概述

消费偏好是指消费者对特定的商品、商店或商标产生特殊的信任，重复、习惯地前往一定的商店，或反复、习惯地购买同一商标或品牌的商品。这种类型的消费者，常在潜意识的支配下采取行动。在接待服务中，消费偏好主要指消费者趋向于选择，或多次选择某一种服务产品的心理倾向。当然，消费偏好能否引起最后的消费，还取决于各种社会因素。

（三）消费偏好的影响因素

1. 态度的强度

态度的强度即态度的力量，它是指个体对象赞同或不赞同的程度。一般说来，态度的强度越大，态度就越稳定，改变起来就越困难。人们对于某一产品态度的强度与该态度对象的突出属性有关。在接待服务中，突出属性就是指接待服务的对象能够满足人们的基本利益。而在具体的接待服务过程中，具体服务对象突出属性的重要性因人而异。

例如，对于一些游客而言，旅游的突出属性并不是风景名胜、豪华饭店本身，而是在这些旅游景点所享受的愉快、舒适的服务。一般而言，某一服务对象属性越突出，越能被感知，被消费者感知的倾向性就越大。

2. 态度的复杂度

态度的复杂性是指人们对态度对象所掌握的信息量和信息种类的多少。它反映了人们对态度对象的认知水平。人们对态度对象所掌握的信息量和信息种类越多，对其态度就越复杂。

例如，消费者对于外卖服务的态度就比较简单，只有菜肴口味以及送餐时间等几个因素会直接影响这种态度。但是，如果是对一个大型的酒店而言，消费者对其态度的形成就会受到餐饮服务、菜肴口味、酒店地理位置等多方面因素的影响。一般来说，态度的复杂度越高，消费者的态度就越难以形成，后期也越难以改变。

（四）促进消费偏好形成的策略

1. 偏好的形成

偏好的形成过程大致分为四个阶段。首先获得相关信息，再权衡和评价此产品会令自己有多大收获。如果个体经过分析、评估，认为此产品属性皆满足自己的需求，就会对这个产品产生偏好。

2. 促进偏好的策略

1）全方位宣传

通过大规模的宣传、促销等手段，让消费者对旅行服务产品有足够充分的认识，是消费偏好形成的前提。产品服务提供者可以利用多种渠道进行宣传，如社交媒体、电视广告、报纸杂志、户外广告等，也可以考虑与相关优质平台合作进行推广。在使用各种媒介发布信息时,产品服务提供者应认真选择能够吸引目标受众注意力的关键词,并避免使用过于晦涩或难以理解的术语。提供互动服务可以大大增加用户对产品服务的黏着度,例如开通在线客服系统、售后评价等。总之,产品服务提供者应通过全方位宣传来塑造品牌形象,让消费者对产品产生好感并愿意购买其产品服务。

例如,某网红咖啡店在旅游淡季时仍客流不断,原因是它通过在网上投入大量宣传广告、邀请网红直播等方式提升热度,不断营造旅游氛围,越来越多的外地游客因此慕名前来。打卡完毕后,客人会在各个社交平台上留下自己的打卡记录,从而吸引更多消费者。

2) 针对性宣传

产品服务提供者还需要进行针对性的宣传,要针对不同的市场客户人群,制定符合他们文化背景、消费结构、消费习惯的促销方式。促销活动需要能够充分体现出服务产品对消费者的突出特征和利益回报。产品服务提供者应根据受众特点和宣传目标选择适合的媒介渠道,比如电视广告、网络营销、微信公众号等,找出产品或服务中最具有吸引力的亮点,并将其作为重点突出展示。针对不同人群精准定位,在广告语言表述上符合受众口味和心理需求,可以让消费者产生共鸣感。

例如,某家庭在假期选择旅游产品时,不一定会选择较为奢华享乐的商务型旅游产品,有可能会选择利于亲子互动的旅游活动,看中旅游活动的文化功能、知识功能与教育功能。相关旅游企业在做宣传时,应该针对性地宣传这类服务产品的这些功能,以此争取该家庭对旅游产品的偏好。

3) 侧重式宣传

侧重式宣传指在相关产品的宣传中,针对特定的目标受众,明确受众群体的特征、需求和心理,选好产品的侧重点进行介绍,根据目标受众的特点和行为习惯,选择合适的宣传媒介进行推广。要突出展示产品或服务的核心优势,在广告语和形象设计上让消费者直接感受到产品或服务的独特之处,是十分重要的。产品服务提供者应通过与竞争对手做比较,找到自己独有的卖点,并通过专业化、个性化等方式来实现品牌差异化竞争。

2022年9月22日开幕的第四届大运河文化旅游博览会,专门开辟有"数字文旅产业展区",邀请运河沿线城市及省内外企业共计40家,通过虚拟现实舞台,展示了虚实结合的《浮生六记》和《牡丹亭》;利用数字技术重现了《金陵图》,观众与"画中人"共同置身繁华街市,感受金陵生活百态……该届博览会利用各种沉浸式的场景呈现了数字文旅新体验,集中反映了近年来江苏省运河沿线城市文化发展的成果。

二、消费者态度的改变

(一) 影响态度的因素

1. 消费者自身的因素

接受服务的消费者自身的因素是直接引起其态度改变的因素之一。例如需要、个性特征、智力水平、受教育程度以及个体防御机制等,都能令个体改变态度。

其一,接受服务的消费者的态度与其需要密切相关,如果我们为其提供的服务能够最大限度地满足消费者当时的需求,则很容易让其改变态度。其二,个性特性也是直接影响态度的因素之一。自尊心强、性格较内向、不太爱与人交往的人不容易接受别人的劝告,不容易改变自己的态度;反之,心理活动较弱或者没有主见的人容易接受别人的劝告,改变自己的态度。

2. 态度的相关特点

1) 构成因素越复杂,态度越不容易改变

例如,某消费者在网络App上给某酒店评分时,打分项有口味、环境、服务三大项,但是在具体评分时,消费者又会考虑其他更多的因素。消费者的肯定态度如果建立在这些多个评分标准的基础上,那么他的态度就不容易改变,相反,如果消费者此时对该酒店某一因素持否定态度,他对这个酒店的综合评分就不容易形成了。

2) 三个成分(认知、情感、意向)的一致性越强,态度越不容易改变

态度的三个成分的一致性是构成消费者态度稳定的基础和保证,如果认知、情感、意向三者之间有矛盾,态度的稳定性就会受到影响,即态度容易改变。

例如,有人认为上海是一个充满魅力的国际化大都市,无论是去上海旅游,还是学习,都会长见识,开阔眼界,那么这个人就是对上海抱有积极的态度,一旦条件满足他就会前往上海。但是还有一些人认为,上海虽然是一个好地方,但是人口拥挤,生活压力大,也存在一些不好的方面,所以他们对上海的态度中认知、情感、意向三个成分的一致性是不一样的,即使他们以后有条件去上海,也不一定会前往。

3. 外界条件

外界条件可以通过多种方式引起态度的改变,以下是一些常见的方式。①社会认同压力。当周围的人都持有某种观点或态度时,个体可能会感受到社会认同压力,从而改变自己的态度以适应环境。②接收到新信息。个体接收到新的信息时,可能会重新评估自己的态度。例如,如果一个人一直认为某件事情是正确的,但后来得知了更多证明这件事是错误的的事实,他可能会改变自己对该事情的看法。③个体通过经历和学习不断形成新的想法和态度。在与拥有不同文化背景、教育程度、生活经验的人交往时,个体可能会受到启发并调整自己原来的看法。④个体在特定情绪状态下对事物有不同程度上偏见和倾向性。例如,在愤怒、悲伤等负面情绪下,个体可能更容易接受消极消息,并因此产生消极态度。

(二) 态度改变的方法

1. 改变产品

提高服务产品质量,赢得顾客信誉,是改变消费者态度的根本途径。服务产品是顾客在服务过程中所购买的各种物质产品和服务的总和。从某种意义上来讲,更新服务产品是改变顾客态度最基本、最有效的方法。只有不断更新服务产品、提高服务产品的质量,才能长期占用稳定的市场,保持源源不断的客源,促进相关产业的可持续发展。

除了提高、完善基础服务设施的建设，我们还可以运用科学的方法，完善服务的手段与策略，提高服务质量。运用高科技手段与技术完善服务行业，提高服务水平，简化人工服务流程，有利于顾客形成更加肯定的态度或将消极的态度转化为积极的态度。

2. 提高宣传

态度的形成首先来源于对服务产品的认知。通过对服务产品的宣传，向顾客传递更加丰富的信息，有助于顾客对服务产品产生良好的态度。在宣传时需要注意以下几点：

（1）要加大宣传力度，不断开拓新市场。

（2）要提高自身服务产品形象，赢得顾客信任，激发潜在消费动机。

3. 改变认知

对服务产品产生新的认知也能促使态度发生改变。以某种方式传递或追加新的认知信息，也可以促使消费者态度发生相应的转变。

2020年11月，习近平总书记沿着扬州运河三湾生态文化公园一路考察，指出"要把大运河文化遗产保护同生态环境保护提升、沿线名城名镇保护修复、文化旅游融合发展、运河航运转型提升统一起来，为大运河沿线区域经济社会发展、人民生活改善创造有利条件"。至此，越来越多的消费者对扬州这座千年文化古都的定义，从唐诗宋词中的烟花旖旎之地，转变成了具有丰富运河文化资源的现代化都市，扬州也揭开了新时代下的发展新篇章。

任务实施

活动目的： 通过为一家三口制订合理的出行计划，使学生掌握消费决策与态度的关系，熟练运用改变消费者对产品态度的技能。

活动要求： 每位同学都参与进来，让学习目的更明确、学习内容更清晰。

活动步骤： 1. 学生4—5人为一组，进行讨论交流。

2. 讨论：在充分考虑小孩、父母的需求后，分小组为案例中的家庭制订合理的出行计划。

3. 展示：小组代表进行发言，教师进行点评。

活动评价： 对学生的参与率、表现力、处理问题的方法、团队合作的效果等进行评价，包括学生自评、互评和教师评价。任务评价表如表7-2所示。

表7-2 任务评价表

评价	项目			
	课堂表现	语言表达	参与情况	团队合作
自我评价				
同学评价				
老师评价				

备注：评价等级为优、良、合格、不合格四等。

项目小结

本项目主要介绍了态度的概念、基本组成、特性、功能、形成过程,以及影响态度形成的因素,目的是让学生在学习和把握接待服务态度的基本概念后,理解态度与消费决策、消费偏好之间的关系,同时掌握改变消费者态度的方法以及态度改变的形式,以利提高接待服务质量。

项目训练

知识训练:

1. 态度包括了哪些组成部分?
2. 态度是如何形成的,影响态度形成的因素有哪些?
3. 改变消费者态度的策略有哪些?

能力训练:

调查身边朋友对某一五星级酒店服务态度的看法,分析此看法形成的原因,以及如何改变他们的看法。

模块三 接待岗位中的服务心理

项目八
酒店服务心理

 项目描述

"最能让你学习和进步的,是最不开心的客人。"这是美国微软公司创始人比尔·盖茨曾说过的一句名言,说的是比起接受表扬,最能让你进步和学习的,其实是最不满意你的客人;只有了解到不同客人的需求,才能为其提供相应的服务。本项目帮助学生通过了解酒店客人的心理需求,掌握酒店前厅、客房、餐饮、康乐服务的心理策略。

 项目目标

知识目标
1. 了解前厅、客房、餐饮、康乐服务的内容与特点,理解酒店服务的重要性。
2. 了解客人对前厅、客房、餐饮、康乐服务的心理需求。
3. 掌握如何根据客人的心理需求做好酒店前厅、客房、餐饮、康乐服务工作。

能力目标
1. 能够熟练运用酒店服务心理的相关内容,观察了解客人的个性化需求。
2. 能够根据客人的心理需求,做好酒店前厅、客房、餐饮、康乐服务工作。

素质目标
1. 培养观察问题、分析问题、解决问题的良好思维品质。
2. 树立以人为本、顾客至上的职业意识。

接待服务心理学

知识框架

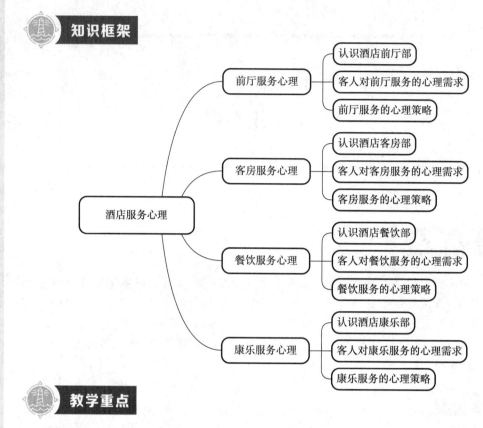

教学重点

1. 前厅、客房、餐饮、康乐服务的特点。
2. 客人对前厅、客房、餐饮、康乐服务的心理需求。
3. 前厅、客房、餐饮、康乐服务的心理策略。

教学难点

1. 客人的不同心理需求。
2. 满足客人心理需求的服务技巧。

项目引入

在实习交流会上,对于如何提高顾客满意度的问题,酒店接待岗位小组的代表露露提出了自己的困惑。酒店服务包括的内容繁多,不仅体现在硬件设施是否齐全和完善上,更体现在酒店服务人员对顾客的人文关怀上,一个环节出了差错,很有可能会使得顾客对酒店的满意度大打折扣。比如应对一个生气的顾客,酒店直接提出可以打折优惠,这一举措不但没有解决问题,反而令顾客更加生气,甚至提出要向有关部门投诉。针对这种情况,心理学的老师仔细给他们讲解了顾客对酒店前厅、客房、餐饮、康乐等服务的不同心理需求,以及酒店服务人员应该如何满足顾客对各类服务的不同心理需求,从而提高顾客满意度。

项目八　酒店服务心理

任务一　前厅服务心理

任务引入

5月的一天上午,扬州某酒店预订员莉莉接到一位来自北京周先生的预订电话,想预订每晚500元左右的标准双床房两间,入住3晚,本周五下午到店。莉莉查询了酒店信息系统,回答客人说本周五酒店要接待一个会议团队,双床房已全部预订完,莉莉讲到这里以商量的口吻继续说道:"周先生,您是否愿意体验一下我们酒店的豪华套房,套房是退台式花园客房,在房间可眺望扬州古护城河的优美景色;套房每晚收费1680元,我想您和您的朋友住了一定会满意"。

看到对方似乎犹豫不决,莉莉又讲道:"周先生,我想您不会计较房价的高低,而是在考虑豪华套房是否物有所值吧!请告诉我您和您的朋友的到店时间,到店后,我一定先陪你们参观套房,到时您再作决定如何?入住豪华套房,我们还可以赠送您自助早餐,同时可以为您和朋友们定制一份扬州本地的游玩线路。"周先生听莉莉这样讲,倒觉得还不错,想了想,欣然同意先预订3天豪华套房……

任务剖析

本案例中莉莉在接待周先生来电预订房间的整个销售过程中,做到了无"NO"服务,始终站在客人的角度,为客人着想,使客人感到自己受到重视,因而增加了客人对酒店的信任和好感。在销售客房时,莉莉积极主动,并没有强求周先生预订,而是巧妙而如实地介绍豪华套房情况及客人选择后可享受的服务,最后使得周先生欣然接受。莉莉语言亲切、善解人意、反应灵活,充分运用了心理学的知识,为客人提供了针对性服务,体现了她良好的思想素质和优秀的业务素养。

本次任务将带领大家走近前厅服务心理,了解客人对前厅服务的心理需求。

一、认识酒店前厅部

（一）前厅部的服务工作

前厅部是现代酒店的重要组成部分，在酒店经营管理中占有举足轻重的地位。前厅部运转和管理水平，直接影响整个酒店的经营状况和对外形象。前厅部为客人提供的服务工作主要包括：客房预订服务、礼宾服务、前台接待服务、问询服务、商务中心服务、总机话务服务以及客户关系服务七项服务。

（二）前厅部服务的特点

前厅部是一个提供综合性服务的经营部门，其服务具有以下特点：①接触面广。前厅在整个酒店的管理过程中负有协调功能，必然与各个相关部门发生联系。前厅服务人员不仅需要熟悉本身的业务，还要了解其他部门的情况，才能帮助顾客解决问题。②政策性强。前厅服务人员必须熟练掌握酒店在对客服务中的各项政策，如在客房销售、房价折扣、入住登记等方面的政策，并严格执行政策要求。③业务复杂。前厅部的工作范围较广，在业务上承担了客人预订、住店、离店的各种相关服务。④综合性强。由于前厅部是一个集业务活动中心、信息中心、业务运转枢纽和调度指挥中心于一体的综合性部门，其业务具有很强的综合性。⑤影响全局。前厅部的工作质量直接影响着酒店在客人心目中的形象，其服务质量的好坏和服务效率的高低，对酒店整体形象的影响非常大。

二、客人对前厅服务的心理需求

前厅部是客人最初与最后接触酒店的一个部门，因此前厅服务贯穿于客人在酒店内活动的全过程。可见，前厅部是酒店的中枢，在酒店服务中起着非常重要的作用。从心理学上讲，第一印象非常重要，客人总是带着第一印象来评价一个饭店的服务质量。同时，最后印象也非常重要，因为最后印象在客人脑海里停留的时间最长。不良的最后印象，将使酒店在客人住店期间为其所提供的良好服务"前功尽弃"。因此，前厅部担负着重要的职能任务，客人在前厅的具体心理表现如下。

（一）对环境设施的需求

客人进入酒店，首先是用各种感官去感知周围的事物，他们对饭店的外表、门厅、大堂，以及周围的环境布置、装饰特别重视，而且对酒店内部的硬件设施也较为重视。这些环境设施都会给客人"先入为主"的印象。客人要求酒店的环境具有意象美和整体美，希望酒店是高雅的、舒适的、独具特色的。因此，为了给客人留下良好的第一印象，酒店前厅应该配套建设环境与设施，有效地感染客人的情绪，提升客人入住体验。

同步案例

元旦假期，李先生一家四口准备去福建泉州旅游。出发时李先生一直兴致不高，凭借以往的经验，节假日的酒店一定是人满为患，大堂里全是拥挤的办理入住的客人，有时需要人等上半个多小时……想到这里，李先生心里弥漫着一种复杂的情绪。

很快，到了入住的酒店。李先生刚踏进酒店大堂就发现大厅十分宽敞，并没有人满为患的景象，映入眼帘的反而是酒店颇具特色的扇形墙面，同时，酒店大堂地面采用了半反光灰色系大理石，借用暖黄的灯光效果以及层高优势，营造出洁净与半朦胧之感……帅气的礼宾立刻迎了上来，亲切问好并询问李先生是否体验酒店"新宠"自助终端办理入住。难怪大堂里没有那么多客人在等待，李先生的心情瞬间由阴转晴！

案例分析：以上是客人对前厅环境设施的心理需求。节假日酒店给客人带来的心理定势与客人一进酒店感受到的环境反差，以及酒店智能设备的快速发展为客人带来的各种服务，使得客人的心情瞬间变得愉快起来。这说明人的情绪会受到环境设施的影响，酒店前厅的环境设计能给予客人心理暗示。

（二）对方便快捷的需求

任何客人都希望酒店能在住店的各个环节为他们提供方便，如在办理入住时，客人迫切希望服务人员能够运用娴熟的服务技能为他们办好入住手续；在离店时，他们希望能够准确、快捷地办理结账手续；对于随身携带行李较多的客人而言，他们希望行李员能迅速迎上，帮他们接过行李，并及时、准确地送达行李等。因此，前厅服务人员需要在每一个环节上提高效率，紧凑高效地为客人服务。

同步案例

早上七点半，605房间的陈女士来到前台退房。前台员工小夏立即通知客房中心查房。由于电脑故障，客房中心没有在第一时间发现。在和陈女士核对完其他消费后，小夏打电话到客房中心询问查房情况，于是对方立即通知楼层服务员。陈女士在一旁听到这一消息，立马露出了焦急的神情，因为她还要赶八点半的火车。

小夏看到陈女士脸上焦急的神情，连忙询问客人在房内是否有消费，客人告知有，但具体记不清消费了几瓶饮料。小夏思考了一下，便微笑着说："夏女士，实在抱歉，让您久等了！如果您有急事的话，可以先离开酒店，等客房查房完成后，我会致电告知您的消费情况，并将账单发至您邮箱，待您确认

接待服务心理学

后,从您的押金中扣款,您看这样可以吗?"陈女士一听,松了一口气,非常开心,连声致谢!

案例分析:前台服务员小夏很好地满足了陈女士求方便、快捷的心理需求。在为客人办理退房时,小夏很好地观察到了客人的焦急情绪,并考虑到实际情况,为客人提供更加方便、快捷的解决方法。虽然这增加了服务人员的工作量,却把方便带给了客人,让客人非常满意。

(三)对热情接待的需求

当客人进入酒店后,他们会暂时摆脱日常生活和职业角色的压力,希望自己是受欢迎的客人,希望受到服务人员的热情接待,希望看到服务人员亲切的笑脸,希望听到服务人员有礼貌的语言。此外,他们还希望服务人员能够提供主动的关怀、适时的帮助、友好的建议、个性化的服务等。总之,客人希望自己能在一个友好、愉快的氛围中享受酒店提供的各项服务。

同步案例

李先生因工作需要,经常入住南京的一家酒店。这天,李先生临时接到公司的紧急通知,需要赶往南京开会,但由于事发突然,公司并未帮李先生预订房间。当李先生进入酒店,走到前台时,还没有等他开口,前台接待员就主动微笑地向他问好,并轻声称呼他的名字:"下午好,李先生!请问有什么可以帮助您的?"李先生有些吃惊,前台接待居然认出他了。但更令李先生惊讶的是,当他说出自己的入住需求后,前台接待员立即就为他安排了上次入住觉得满意的那间房,同时还赠送了欢迎水果。这使得李先生产生了一种强烈的亲切感,感到自己受到了重视,得到了特殊的待遇,不禁对酒店又添了一份好感。

案例分析:李先生发现自己的名字被前台接待员所知晓时,感受到超凡的尊重,从而格外开心。与此同时,前台接待员还利用酒店信息系统的历史档案记录,为李先生安排了心仪的房间,使其住宿需求获得了很好的满足。

(四)对周到服务的需求

客人在入住酒店时,除了希望受到服务人员的热情接待外,还希望服务人员拥有熟练的服务技能,能为他们提供周到、细致的服务。前厅部的业务复杂,包括预订、行李接送与寄存、入住、问询、总机、退房结账等工作。工作的多样性和复杂性对服务人员的服务质量提出了更高的要求。只有高效、准确、细致地完成服务,才能保证客人的顺利活动与休息。因此,前厅部的服务人员必须熟练掌握各种服务流程与标准。

> **同步案例**

一天下午,朱先生来到酒店礼宾部,怒气冲冲地责问:"你们为什么拒绝转交我朋友给我的东西?"当班的礼宾员小李连忙查阅交班记录,不见上一班留有有关此事的记载,便对客人说:"对不起,先生,请您先把这件事的经过告诉我好吗?"客人便讲述了此事的原委。

原来朱先生几天前住过这家酒店,前两天去外地办事,离店前预订了今天的房间,并告诉礼宾部员工,在他离店期间可能有朋友会将他的东西送来,希望酒店代为保管。服务员满口答应了,却未在交班本上做记录,也未在酒店信息系统里做好留言。第二天当朱先生的朋友送来东西时,另一位当班服务员见没有上一班的留言交代,便未收下朱先生朋友送来的衬衫。朱先生知道此事后,十分恼火,认为酒店言而无信,是存心跟他过不去。

案例分析:朱先生之所以非常愤怒,最主要的原因就是客人对酒店前厅的服务质量不满意。礼宾部的员工在答应了客人的请求后,并未进行交接,造成了朱先生没有拿到需要的东西,还在朋友面前丢了面子,由此暴露出了礼宾部工作脱节,前厅服务人员的服务技能还需加强。

(五) 对服务人员素质的需求

客人进入酒店,最先接触到的就是前厅服务人员。根据前厅服务人员的整体素质,客人会在心里对酒店做出总体评价。自然端庄、从容镇定、举止大方、风度翩翩的服务人员更能为客人展示出良好的服务素养。当然,不只外在美,服务人员的内在修养,如优雅的谈吐、流畅的语言也能令客人身心愉悦。

> **同步案例**

露露在浏览校园招聘要求时,发现高星级酒店对前厅部员工的招聘要求都有以下共同点:

学历:大专及以上学历,普通话标准,酒店英语基础好,能用英语较流利地进行沟通。沟通协调能力强,应变能力好,服务意识好。

身高:女,身高164 cm以上;男,身高172 cm以上。

身体健康、性格开朗、头脑灵活、相貌端庄,形象气质佳。

案例分析:服务人员的个人素质,是客人对酒店形成良好印象的重要条件。心理学的研究发现,具有良好个人魅力、仪表端庄的人容易令人产生好感,人们更愿意和他沟通交流,愿意信任他,也会给他较好的评价。因此,酒店在招聘前厅服务人员时,通常会对应聘者的年龄、身高、相貌、气质、性格、能力等有较高的要求。

(六)对知识和信息的需求

客人刚来到酒店,他们迫切希望了解酒店的大致信息,如客房的楼层、位置、大小、等级,餐饮的服务项目与价格,健身房的位置及开放时间,以及酒店其他的服务设施和项目等。客人在酒店安顿好之后,就会需要了解当地的风土人情、交通状况、旅游景点、购物中心等情况。因此,酒店前厅服务人员要对这些信息了如指掌,以满足客人对知识与信息的心理需求。

同步案例

傍晚,刘先生和他的妻子到达了扬州某酒店,在办理完入住手续后,礼宾员小吴负责送他们到房间。在得知刘先生一家是来扬州旅游的后,小吴便主动向刘先生介绍了扬州本地的生活环境、城市景观以及风土人情。刘先生一家非常感兴趣,小吴详细地介绍了扬州的一些著名景点和网红打卡点。从瘦西湖、大明寺到东关街、中国大运河博物馆,从早上皮包水到晚上水包皮,小吴无不一一细说,刘先生一家听得兴致勃勃……

案例分析:初来乍到的客人,由于来到了一个陌生的环境,有着强烈的求知心理。案例中,礼宾员小吴设身处地、仔细揣摩客人的心理状态,抓住了客人想要了解更多旅游信息的求知心理,充分发挥了自己的沟通技能,满足了客人对陌生城市的好奇心理。

三、前厅服务的心理策略

针对客人在来到酒店时可能产生的心理活动,前厅部工作人员应该主动组织和调节客人的心理活动。我们可以从以下几个方面做好接待服务工作,满足客人的心理需求。

(一)优化前厅的环境布置

前厅的环境是一种对客人的"静态服务"。客人来到酒店时,首先利用各种感觉器官去感知周围的事物,去审视酒店环境是否美观雅致、清洁整齐。客人对酒店的第一印象往往从这开始建立,它在时间上往往只需要一瞬间,然而,作为记忆表象却可以保留很长时间。因此,创造优美的前厅环境是十分重要的。

在酒店前厅环境的美化方面,一是要注意环境的意境美、整体美和装饰陈设美的整体结合,既要从前厅服务出发满足其功能需要,又要突出自己的特色。如酒店在大门和庭院处,可结合区域特色布设草坪、花圃、喷泉、水池等,使人觉得环境清新优美、心旷神怡。二是要时时刻刻注意前厅的清洁卫生,使前厅环境始终处在幽美洁净的气氛中。前厅若是脏、乱、差,就会使酒店客人产生不舒服、不安全的感觉,那么,再高的意境与再完美的陈设都将遭到破坏,客人就无法对酒店产生美好的印象。

（二）引进智能化的设施设备

客人经过旅途奔波，渴望进入酒店后能够尽快休息，以便进行下一步的活动安排。因此，酒店可以引进一些智能设施，如入住和退房的自助终端等，为客人提供超乎想象的便捷体验。凭借自助终端设备，客人在预订环节可以通过酒店数字化室内地图、VR等技术手段，提前了解酒店的室内外分布，实现在线选房；在入住及离店环节，客人只需在终端上刷身份证，就能享受自动查验身份信息、同步匹配订单信息、发放房卡、自助办理入住、离店等多项服务。

同时，前厅服务人员还要提前做好充分准备，在服务过程中尽量不使客人烦恼，操作要快、准、稳；否则，容易让客人产生"店大欺客"的想法，情绪更不稳定。客人离店的心理也与来店时的心理相同，所以前厅服务人员在结账时也要快捷、准确，做到"忙而不乱，快而不错"。

（三）培养员工的服务意识

微笑是酒店服务的"活广告"。客人在进入酒店时，就希望看到笑容满面、主动热情的服务人员。前台服务人员应该满足客人的这种需求，在为客人提供服务的过程中，应通过提升自己的服务意识，让客人感受到自己是受欢迎的人，倍感尊重。

前厅服务人员需主动、殷勤、微笑服务。所谓主动，就是向客人提供的各项服务要在客人要求之前提供到位。如服务员见到客人进入前厅时要主动打招呼，在客人有困难时要主动协助解决，对客人的提问要主动回答，服务工作发生一般失误要主动承担责任等。所谓殷勤，就是热情而周到地服务客人，嘘寒问暖，关怀备至，积极为客人提供个性化服务。个性化服务不仅能使客人感到自己在酒店受到尊重，自尊心得到充分满足，而且有利于酒店公关营销策略的实施，能起到扩大客源市场空间、树立酒店自身形象的作用。

（四）借助数字化技术提升服务质量

前厅部是酒店举足轻重的一个部分，前厅服务质量是建设酒店形象最关键的因素。为了提高前厅服务质量，满足客人心理需求，前厅服务人员需充分借助现代数字化技术，提升服务效率。比如前台服务人员可以借助酒店信息系统，通过同集团酒店共享的客史资料信息，了解到客人的喜好、禁忌及服务注意事项等，为客人提供所需要的一切必要服务，展现出酒店服务的周到性；同时在服务过程中观察客人的其他需求，在系统里补充记录，不断完善客史资料信息，与姐妹酒店共享客人信息。

除此之外，酒店还需要在培训员工的服务技能、服务态度方面下功夫，要求服务人员通过熟练的技能，高速、高效地为酒店客人服务。前厅服务工作需要员工熟悉和掌握前厅所有的服务设施及服务项目，为客人提供快捷、规范服务，更需要员工在对客服务过程中投入情感，真正关心客人的需求，耐心回答客人的询问，热情为客人提供实实在在的服务。

(五) 重视员工的个人素质

前厅接待人员的个人形象、服务态度及言谈举止均应与酒店整体形象相呼应。客人对前厅接待人员形象的审美期待,实质就是对接待人员个人素质的期待。前厅接待人员的个人素质主要三个方面与酒店形象形成整体和谐的美。

1. 个人形象

酒店前厅部对服务员的选择标准是,女性身高一般不低于164 cm,男性不低于172 cm,身体健康、相貌端庄,形象气质佳等。这些是最基本的标准。在工作中,前厅服务人员还应保持面容整洁、化妆淡雅、饰物适当、服饰美观合体,具有识别度,与前厅环境协调一致。前厅服务人员应通过个性形象美给客人留下良好的感官印象。

2. 服务态度

作为客人的第一接触人员,前厅接待人员的态度会传染给客人。这就要求前厅部的所有员工一进入工作岗位就要进入各自的"角色",以自己端庄大方、精神饱满、自然礼貌的态度吸引客人,努力营造一种信赖和亲近的心理效果。客人面对这些着装整洁、举止大方、态度可亲的服务人员,会感到自己是一位高贵的、受欢迎的客人,内心充满自信和愉快,对酒店形成良好的印象。

3. 言谈举止

语言是人们沟通信息、交流思想感情的媒介。前厅服务人员的语言方式和质量,会直接影响客人的心理活动,能令人欢喜,也可招人厌恶。前厅服务人员的语言在内容上应简洁明确、充实,在语气上应热情、诚恳、有礼,在语音、语调上应清晰、悦耳。

此外,前厅服务人员还应注意自己的姿态动作:站姿要优美而典雅,不靠不倚,不背朝客人,不窃窃私语;坐姿要优美而端庄,不前俯后仰,不侧身对客人,不摇腿跷脚;走姿要正确而富有魅力,不过快过慢,左右摇晃;与客人交谈时,更应注意自己的姿态,以赢得客人的好感。

(六) 给予丰富的资讯信息

客人初来乍到,人生地不熟,常在前厅部向服务人员询问各种问题。希尔顿酒店集团在服务规范中规定,不能和客人说"NO"。除了要掌握酒店本身的各类常识之外,前厅服务人员还需要尽可能地掌握更多的知识,包括当地旅游景点、人情风俗、风味小吃、商业区、交通信息、医院、行政机构等基本情况。因为对于客人而言,不仅是酒店,就连酒店所在城市都是陌生的,他们不仅希望能在酒店里得到暖心的待遇,也希望对这个城市或相关的事物有所了解。特别值得注意的是,年轻客人对中国传统文化的认同感在不断升级,文化体验已经成为他们旅程的一个重要组成部分。因此,酒店前厅服务人员应积极探索文化传播新模式,提高自身信息知识积累与传统文化素养,增强文化自觉和文化自信,把当地文化宣传到位,当好城市宣传的先行兵。

任务实施

活动目的：让学生掌握前厅服务的心理策略。

活动要求：每个同学都参与进来,让学习目的更明确、学习内容更清晰。

活动步骤：1.分组：将学生按学号分组或自动分组。

2.设计：以任务引入的案例为例,每个小组选择一项前厅服务内容,设计一个场景,以情景再现的方式展示如何满足客人对前厅服务的心理需求。

3.展示：各组场景表演完后,对每组客人的心理需求做出总结。

活动评价：前厅服务心理策略考核表如表8-1所示。

表8-1 前厅服务心理策略考核表

项目	分值	组别　姓名　时间	
		扣分	得分
服务流程完整	20		
明确了顾客的心理需要	30		
合理运用旅游购物服务心理策略	30		
服务效果良好	20		
总分	100		
学生自评			
小组互评			
教师点评			

任务二　客房服务心理

任务引入

黄先生是外企的部门总监,来扬州出差一周,选择入住某星级酒店。由于黄先生随身携带了较多的衣物,发现衣柜里只有三个挂衣架,便致电客房服务中心,想多要几个挂衣架。不一会,服务员便送来了挂衣架。到了傍晚,黄先生发现自己的充电器忘带了,打电话询问服务员,得知酒店可以提供物品借用服务,黄先生很是惊喜。

第二天,黄先生在出门时,巧遇打扫卫生的客房服务员,便询问道："方便提供两瓶矿泉水吗？"服务员立即递了两瓶矿泉水,微笑地说道："好的,没问题,您拿着!"等下班回到房间时,黄先生发现小冰箱吧台上多出了两瓶矿泉

接待服务心理学

水和一张纸条，上面写着"为了您拥有更好的入住体验，我们将每天赠送您两瓶矿泉水，感谢您选择入住我们酒店！"黄先生看到纸条后，心里一暖，脸上多了一丝微笑。

第三天晚上，黄先生临时接到通知，明天需要参加一个正式的会议，想到衬衫还没熨烫，立即致电询问是否能提供加急熨烫服务。已是晚上十点，洗衣房已下班。黄先生很是着急，不知道该怎么办。服务员小丁听出了黄先生的着急，说道："黄先生，您先别着急！酒店每间房间都配备了小型熨烫机，您看您是自己熨烫还是需要楼层服务员去您房间熨烫？"黄先生说道："太感谢你了！还是麻烦服务员来帮我熨烫一下吧。"小丁回答道："好的，没问题，黄先生。服务员将在5分钟内赶到您的房间！"在服务员的帮助下，黄先生顺利准备好了衬衫。

这次入住的经历给黄先生留下了深刻的印象，真正体验到了"宾至如归"的感觉。回到公司后，让公司相关负责人联系了该酒店签订合作协议！

任务剖析

本案例中，黄先生作为一名普通客人，对客房部提出了很多需求，客房服务人员始终能做到耐心解答，周到服务。此外，在黄先生的入住期间，他不止一次地感受到了客房服务人员的用心服务，如在房间里额外摆放的两瓶水和一张纸条，以及服务人员小丁为黄先生提供的超常服务。这些对客服务，均体现了客房服务人员善于抓住客人的心理并发掘细节，用心记住了客人的"无心"之语，充分展现了酒店客房服务的独特之处。

本次任务将带领大家走近客房服务心理，了解客人对客房服务的心理需求。

一、认识酒店客房部

（一）客房部的服务工作

客房部是酒店中的一个重要部门，一方面，客房部直接负责酒店的客房管理，而客房是酒店的主要产品之一，出租客房是酒店获取收入的一个重要手段；另一方面，客房服务是整个酒店服务的重要组成部分，其质量的好坏在很大程度上代表和影响着整个酒店的服务水准。客房部为客人提供的服务工作主要包括客房清扫服务、公共区域清洁服务、洗衣服务、住店期间的其他对客服务以及退房查房五项服务。

（二）客房部服务的特点

客房是客人在酒店中逗留时间最长的地方，是客人在酒店里最能体会到"家"的地

方。总的来说,客房服务具有如下五个特点:

1. 复杂性

客房部的工作范围广,涉及内容复杂。除了要保持客房的清洁安全外,客房部还要对整个酒店的环境卫生、装饰绿化、设备保养等工作负责。

2. 服务性

客房装饰华丽并配备各种设备用品是吸引客人前来消费的原因之一,但吸引客人最重要的原因还是酒店客房所提供的有针对性、超常规、个性化的服务。

3. 随机性

客房部工作的随机性较强,在服务过程中,只要客人提出的要求是正当合理的,客房服务人员都应该在自己力所能及的范围内满足客人的需求。

4. 不易控制性

由于客房部大多数服务人员的工作环境具有相对的独立性,不利于管理人员的督察,其服务质量不易控制。

5. 窗口示范性

客人入住酒店最为关心的问题就是客房的卫生环境。一间清洁大方、优雅舒适的房间,代表了整个酒店的档次、格调及其服务水平,具有窗口和示范作用。

二、客人对客房服务的心理需求

客房部既肩负着为客人提供清洁、美观、舒适、安全的住宿环境的责任,又要根据客人在客房居住期间的心理特点,有针对性地开展生动而有效的服务,满足客人需求,使客人满意,真正感到宾至如归,去而复返。客房部担负着重要的职能任务,客人对客房服务的具体心理需求如下。

(一)对客房安全的需求

客人身在异地他乡,对安全感的要求会更高,尤其在住宿中求安全的心理十分突出。首先,客人希望人身安全有保障。例如,不发生火灾、触电、疾病、烫伤或其他意外伤害事故。其次,客人希望财产不受损失。例如,不发生被窃、被损坏、被弄错等不愉快事件。再次,客人希望精神愉快。例如,人格受到服务员尊重,交往气氛好,隐私受到保护,没有外来人员和电话骚扰,服务员严格执行按门铃或轻声敲门三声并报明身份的进房程序,整理房间时不随便翻动客人的物品,等等。他们希望服务人员的日常工作,能使客房安全落到实处。

同步案例

一位先生来到酒店前厅,表示和住在1502的秦先生已经约好下午见面,但联系不上秦先生,希望酒店能帮忙刷电梯卡上楼找秦先生。经过查询确认秦先生确实入住,但电话无人应答。小夏便礼貌地告诉这位先生,目前秦先生可能不在房间,为了保障住店客人的安全,不能帮助他刷电梯卡上楼,建议先在大堂休息处等待或在前台留言,与秦先生另行约定时间会面。

这位先生对小夏的答复并不满意,小夏非常耐心地向这位先生解释酒店相关规定。这位先生听后,很无奈,给秦先生留言后离开了酒店。秦先生回到酒店后,小夏便将便条交给了他,并说明为了安全起见,前厅没有同意访客进入房间等候,请秦先生谅解。秦先生当即表示理解酒店的规定,并向小夏表示感谢。

案例分析:在马斯洛需要层次理论中,安全需要是人们的心理的第二大需要。在案例中,前台服务员小夏在接待访客时,充分意识到客房安全的重要性,很礼貌地拒绝了这位男士去秦先生房间里等候的要求。

(二) 对客房干净整洁的需求

保持客房的清洁、卫生不仅是一个人生理上的需要,还可使人在心理上产生一种安全感、舒适感,直接影响客人的情绪。客房清洁不仅指干净,还指安全、健康、美观等。客房清洁、卫生的范围包括客房部的环境(如大厅、电梯间、走廊、房间、卫生间)、房内所有设施(如电器、电话、茶具、衣橱、写字台、沙发、卧具和卫生洁具等)、食品和服务员个人卫生(如衣领、袖口、皮鞋、头发、口腔、手及指甲卫生)四个方面。

同步案例

张先生到某地旅游,入住了一家酒店。进入客房后,爱干净的张先生习惯性地开始检查卫生情况。在检查卫生情况时,他发现床单上有红色痕迹,看起来像口红留下的。他感到不舒服并立即要求更换房间。

客房部主管立刻来到房间,向张先生致歉,并说明情况,由于酒店满房,无法更换房间,但会派服务员更换全部用具。张先生也考虑到当时是旅游旺季,换酒店可能会不方便,勉强同意了这个方案。

案例分析:张先生希望酒店的用具是清洁卫生的,不论这条没有更换的床单是不是意外,床单上的口红印在张先生心中都已经是这家酒店不可磨灭的污点。美国康奈尔大学旅馆管理学院的学生,曾花了一年的时间调查了3万名旅客,其中60%的人把清洁与卫生列为住宿的第一需要。客人刚进入客房,首先感受到的是房间的卫生状况,如床单、枕套上是否有毛发,地毯是否有污渍,杯具、卫生间"三大件"(即洗手台、坐便器、淋浴间)是否经过严格消毒,床单、枕套、浴巾等是否更换。所有客人对此都十分敏感。

(三) 对客房设施完善的需求

随着社会的不断发展,客人对客房服务设施的要求也在不断提高。宾客除了要求设施品种齐全、数量充足、美观实用外,还生发了个性化需求,如商务客人对办公设施有特殊需求,休闲客人对娱乐设施需求度较高。因此,酒店要吸引住客人,让客人的入住感受更愉悦,就要充分考虑到房间的设施配套,应针对不同客人对客房设施的心理需求,不断改善客房服务设施,进而提高酒店的市场竞争力。

同步案例

暑假期间,李先生一家四口准备去海边度假。为了准备好随身携带物品,李先生在出发前致电酒店询问房间是否有小朋友的配套设施,酒店表示亲子房间是包含这些配套设施的。于是,李先生一家愉快地来到了酒店。

当进入房间时,李先生还是被房间里的配套设施所震撼了。因为房间里不仅配备了儿童洗漱用品,还配备了儿童娱乐设施;当然,儿童生活用品也少不了,甚至连夏天需要用的儿童防晒霜都摆在了洗手台上,可以说是相当的贴心。李先生开心极了,觉得一定会在这家酒店度过一个愉快的假期。

案例分析:酒店的硬件是为客人提供服务的载体,是客房提供优质服务的物质基础。案例中这家酒店针对亲子游客对儿童配套设施的需求,在客房里增加了儿童娱乐设施、配套了儿童生活用品等,为亲子游客提供了极大的方便。

(四) 对客房舒适温馨的需求

舒适程度是酒店客人评价和选择客房的主要标准之一。如果不考虑价格因素,舒适温暖将和干净整洁将一起构成评定客房的最重要尺度。客人外出住宿酒店,或者出于追求享受,或者为了解除一段时间的商务或游览活动带来的疲劳,都希望有一个舒适温暖的客房。他们希望房间宽敞、布置典雅、空气清新、温度适宜;他们更希望客房环境是安静的,希望房间的隔音设施良好,没有噪声或过量的响声,以保证自己在客房休息或从事其他活动时能感到舒心如意,外出活动归来时能感到温暖如家。

同步案例

在一个阴雨绵绵的黄昏,周女士拖着沉重的行李来到了扬州某星级酒店。由于路途时间长,现在周女士又冷又累。

办理好入住手续后,在礼宾员的带领下,周女士来到了自己的房间。房门一开,映入眼帘的便是茶几上的欢迎糕点和水果,旁边还摆放着盆栽,后者让整个房间充满了春天的气息。走到床边，周女士注意到宽大柔软的大床上侧立着不同材质的枕头，床头柜上还有一张欢迎卡片，上面写着："周女士，欢迎您来到本酒店，我们将竭诚为您效劳，令您享受舒适的入住体验！"

收拾完行李后，周女士走进浴室，一个超大的圆形浴缸，仿佛是把酒店的温泉搬进了客房里。洗过澡，她躺在温和柔软的床上，全身都觉得舒坦，对接下来几天的酒店生活充满了期待。

案例分析：周女士经过旅游的劳累，希望一到酒店就能进入舒适的房间，洗个热水澡，好好休息一下，以消除旅途的劳累，以便有充沛的精力参加其他的活动。该酒店运用欢迎糕点和水果、盆栽、欢迎卡片以及超大浴缸等，为周女士营造了温暖舒适的环境，让疲惫的客人感受到家庭的温馨感。

（五）对贴心服务的需求

酒店客人在外地人地生疏，他们希望在入住客房以后，一切顺利，遇到任何问题都能够得到顺利解决。酒店服务人员应能够想他们之所想，帮他们之所忙，急他们之所需，解他们之所难，为他们提供贴心周到的服务，使他们有宾至如归的感觉。

同步案例

进入一间客房，房间状态是这样的：有一台手提电脑和打印机放在咖啡桌上，书桌上有很多较凌乱的文件，书桌下有很多卷成团的面巾纸，没有开冷气，电视机上有客人的身份证，床头柜上有4瓶开了口但没喝完的啤酒和一份精美的礼品。在客房服务人员清理完房间后。客人非常感激，她做了些什么？

服务员做了如下判断和服务：

（1）一张咖啡桌上放了打印机，为客人增配一张咖啡桌，将打印机调整位置；

（2）书桌上的文件没有打乱顺序，整理好；

（3）将垃圾桶调整位置（标准位置不是书桌下方）；

（4）客人可能感冒了，增配一盒纸巾；

（5）为客人烧好一壶开水；

（6）礼品和啤酒说明有小聚会，刚好客人的身份证放在电视机上，果然是客人的生日，请示上级，赠送鲜花和生日蛋糕；

（7）增加配置一床毛毯；

（8）迷你吧增配两瓶啤酒，提高销售收入；

（9）留下一张温馨提示卡片，提醒客人注意休息，并建议客人感冒严重的话可以到酒店医务室就诊。

案例分析：案例中这位服务人员能够通过细致的观察，了解到了客人的需求并为之提供了暖心又具针对性的服务，如考虑到客人可能感冒了，为客人增配了一盒纸巾、配置了一床毛毯，并烧好了一壶热水；发现今天是客人的生日，为客人赠送了鲜花和生日蛋糕。这一系列的细节服务，充分体现了服务员的真心实意，让客人体会到了酒店对他的关怀，感受到了酒店对他的重视。

三、客房服务的心理策略

客房服务应该根据客人在客房生活期间的心理特点，有预见地、有针对性地在职责范围内尽可能地满足客人在生理和心理方面的需求。我们可以从以下几个主要方面的服务去满足客人的心理需求。

（一）保障客人的安全

安全感是愉快感、舒适感和满足感的基石。没有安全，一切服务将无从谈起。客房的安全服务将直接关系到酒店客人的人身与财产安全。客房服务人员应严格遵守既定的工作程序及有关的具体措施和制度开展工作，不能有一丝一毫的马虎。

首先，客房服务人员在服务过程中应提高警惕，注意外来可疑人员，防止不法分子进入客房偷窃客人的物品或威胁客人的生命。同时，客房服务人员要注意客房门是否关上，及时提醒酒店客人离开客房时锁门。在日常清理客房时，尽量不要随意挪动客人放在客房中的各种物品，除了客人自己丢在废纸篓里边的东西，不能随便扔掉客人的东西，以免造成误会。

其次，客房服务人员应密切注意伤病、醉酒的酒店客人；当发现有患病时，一定不要随便用药，要和酒店医务室的医生联系；对于病情严重的客人，应及时请示上级并联系救护车将其送往附近医院进行诊治；在发现客人醉酒时，一定要注意采取合理的措施，不能将他关进房间里，如果客人在不太清醒的状态下躺到盛满了水的浴缸里或在床上吸烟，就有可能有生命危险或引发火灾。

最后，要在客房硬件设施方面加强防范，如浴室要有防滑措施，卫生间地面装修应用防滑材料，浴缸、淋浴间内应配置防滑垫或防滑板，浴帘应选用具有垂重性能的材质，在卫生间中设置扶手、访客等待按钮、SOS按钮、手机搁板及安全提示等各种设施，方便客人使用，提高卫生间的安全性和方便性。客房内要有紧急疏散图，楼层要有防火、防盗安全设施。

酒店管理与服务人员必须充分重视客人的安全，并从每一个细节方面去保护客人的人身与财产安全，让客人真正放心地享受住店的每一个时刻。

（二）保证客房的干净整洁

保持客房的整齐与清洁卫生是酒店客人重要而普遍的心理需求，也是客房服务的一项重要任务。客房服务出售的是有形产品,其特点是循环使用和大众公用,使用者中不可避免地会有病毒携带者。如果客房经他人使用后不进行彻底的清洁和严格的消毒,就有可能遗留某种病菌。因此,为满足客人对干净整洁的心理需求,客房服务人员要切实搞好清洁工作,严格按服务规程操作标准,使客人产生信赖感、舒服感、安全感,让客人放心入住。

清洁卫生工作应力求全面和细致,任何一个细小环节的疏忽,都可能带来否定的评价。这就要求客房服务人员在清理客房过程中,注意到一些细小环节,如电话机机身及听筒的卫生、台灯的灯罩外侧及里侧的卫生,卫生间的清洁更要高标准、严要求,浴缸里残留一根细小的头发都将使酒店客人全面否定客房的卫生质量。

(三) 安装客房智控设备

为了满足客人对酒店客房服务设施的心理需求,酒店应该根据酒店自身的档次水准和资金条件,为客人提供良好的服务设施,在客房安装客房智控设备。如安装智能门禁系统、智能电视、电动窗帘、智能场景RGB调光等,实现刷脸入住;安装关联智控设备使窗帘、灯具、电视、空调等设备能受语音操控;为灯光设置会客、阅读、电视、睡眠等多种模式,可通过开关自由切换,从而提高客人舒适度和满意度,给客人完美的入住体验,为酒店赢得更多的回头客。

除此之外,酒店在布置客房时还需遵循两个原则:首先是实用,一切从方便客人的角度出发,灯光的亮度、镜子的高度都要适宜;其次在实用的基础上还要注意美观和谐,讲究情调,给客人一种享受的感觉。一些独具匠心的酒店还会通过客房设施的布置来体现酒店地域的文化特征,如艺术品的陈设、雕塑的摆放、不同家具和地毯的采用等。不同文化背景和地区的差异会通过这些物品鲜明地表达出来,从而给人以强烈的视觉冲击。客人一进入酒店客房,就知道自己身在何方。

(四) 打造舒适温馨的客房

客房舒适温馨与否将直接影响客人的心理感受。因此,酒店应该针对具体客源市场进行研究和分析,了解酒店主要客源群体的心理需求,并在客房环境布置上尽可能提高客人居住的舒适度,让客人感受到家一般的轻松自在。

舒适度是心理学上的一个概念,是指环境对人的刺激所引起的心理反应及由此而产生的行为。当环境对人的刺激引起美好愉悦的心理感受时,人便对环境产生依赖,留下深刻记忆。客房的舒适度是建立在专业化管理和整体氛围协调性基础之上的高质量服务的一种结果。因此,酒店服务人员在布置客房时,应考虑房内装饰与家具陈设是否协调;房间内的温度是否能让客人体感舒适;灯光是否柔和、明亮;房间、卫生间和衣橱内是否有异味;房内环境是否有噪声;床垫是否柔软舒适。此外,服务人员在服务过程中要做到"三轻",即走路轻、说话轻、操作轻。良好的客房环境能使客人感到舒适惬意,产生美的享受。

（五）提供周到、个性化的服务

周到的服务是客房服务优质化的保证,也是赢得客人积极评价的有效途径。服务客人不仅要注意大的方面,更要注意琐碎细小的方面,如准确转达留言,按要求时间叫醒客人,提供针线包、信笺、信封、墨水、圆珠笔、电话号码,预备电视节目单,替客缝补衣物,代购车(船,机)票,等等。许多国际驰名的大酒店,正是靠在细小的服务环节上下功夫,才取得了巨大的成功。由此可见周到服务的重要性。

随着酒店业的迅速发展,个性化服务的针对性和灵活性已成为一种趋势。个性化服务,就是满足不同客人合理的个别需求,如在来过10次以上客人的睡衣上绣上客人的名字,以备专用;为带小孩的家庭提供婴幼儿看护服务;给客人提供不同软硬的枕头等。酒店的客人来自五湖四海,每个人都有各自的生活习惯和喜好,酒店若能提供及时、灵活、体贴入微的服务,将比提供标准化服务更具有竞争力。

任务实施

活动目的:让学生掌握客房服务的心理策略。

活动要求:每个同学都参与进来,让学习目的更明确、学习内容更清晰。

活动步骤:1.分组:将学生按学号分组或自动分组。

2.设计:以任务引入的案例为例,每个小组选择一项客房服务内容,设计一个场景,以情景再现的方式展示如何满足客人对客房服务的心理需求。

3.展示:各组场景表演完后,对每组客人的心理需求做出总结。

活动评价:客房服务心理策略考核表如表8-2所示。

表8-2 客房服务心理策略考核表

组别　　姓名　　时间

项目	分值	扣分	得分
服务流程完整	20		
明确了顾客的心理需要	30		
合理运用旅游购物服务心理策略	30		
服务效果良好	20		
总分	100		
学生自评			
小组互评			
教师点评			

任务三 餐饮服务心理

任务引入

一天中午,某酒店中餐厅接待了王先生一家人。王先生点了一份四川钵钵鸡,之后询问能否做成不辣的,服务员小丁做出了回复后耐心地向客人介绍了钵钵鸡的起源与烹制方法,王先生表示理解,但表示孩子最近上火又不能吃辣,但是还想吃,他也很为难。小丁扭头看看那边静静等待的小男孩,思考了一下,对王先生说:"钵钵鸡的辣源自秘制的涮汤,如果不介意,我可以给您换成鲜菌熬成的清汤,您涮着菌汤吃应该不辣,但钵钵鸡的味道可就不那么正了!"

王先生连连说好,直言不辣就行。小丁在给客人准备菌汤的同时,建议客人说:"王先生,您孩子上火,可以多食用些青菜,有助去火。肉类适当控制。"王先生点头称是。不一会,不辣版钵钵鸡就送到了客人面前,孩子吃得很开心。不知是因为钵钵鸡串串粘了辣椒还是孩子自身上火的原因,服务员小丁听到孩子咳嗽好几声。

小丁向厨师长说明情况,特别为孩子做了一碗冰糖梨水。当小丁把梨水送到孩子面前,并说明情况后,王先生双手合十地说:"谢谢你,谢谢厨师长,谢谢酒店!昨天客房服务人员知道孩子不舒服,专门到房间询问情况并提供帮助,还准备了去火的凉茶。今天孩子不舒服,看到了串串,非要吃。和你们一说,你们马上就给做不辣的钵钵鸡,还建议少点肉类,多些青菜,以助清火去热,并且专门做了冰糖梨水,真是太感谢了!大大小小的城市我们也走过很多,星级酒店、快捷酒店也住过很多。但像你们这样,酒店整体服务这么好的,我是第一次遇到!谢谢!对了,你说菌汤版的钵钵鸡不正宗,我从消费者的角度告诉你,你这不正宗的钵钵鸡那是相当正宗!"

任务剖析

真正超值的服务并不是简单地满足客人的需求,而是在满足他们要求的同时给他们意外的惊喜。本案例中王先生想要点一份不辣的钵钵鸡,小丁在充分了解到小朋友上火的情况下,贴心地帮助客人将辣汤替换成了清汤;同时在注意到孩子咳嗽后,赠送了一碗冰糖梨水,这让王先生一家非常感动。小丁从细微之处发现了客人可能存在的潜在心理需求,并择机满足。如此超前的服务,让客人产生一种自豪感、满足感,并感到非常感动。

本次任务将带领大家走近餐饮服务心理,了解客人对餐饮服务的心理需求。

一、认识酒店餐饮部

(一)餐饮部的服务工作

餐饮部是一个酒店赖以生存和发展的基础,它不仅满足了客人对餐饮产品和餐饮服务的需求,而且作为酒店对客服务的窗口,为树立酒店良好的社会形象发挥着积极的作用,并为酒店创造了较好的经济效益。餐厅部为客人提供的服务工作主要包括中餐服务、西餐服务、宴会服务、会议服务、酒水服务、客房送餐服务、外卖服务及主题庆祝服务八项服务。

(二)餐饮部服务的特点

餐饮部在对客服务过程中,直接为客人提供面对面的服务,其服务态度、服务技能都会在客人心目中产生深刻的印象。因此,餐饮部在服务中具有以下特点。

1. 无形性

对于来餐厅就餐的客人来说,他享受到的除了餐饮实物产品之外,更重要的是食物的色、香、味、形,餐厅的环境、气氛,以及服务员的热情服务所给予的感官上和心理上的满足和舒适,而这一切正是无形服务的效果。

2. 一次性

餐饮服务具有一次性的特点,该特点要求餐饮服务人员要认真接待好每一位客人,只有当客人在精神和物质方面的需求得到满足后,他们才会去而复返,多次光临,并通过口碑宣传为酒店带来更多的客人。

3. 同步性和直接性

餐饮产品的生产过程和销售过程同时或几乎同时发生,即当场生产销售,消费者与生产者直接接触,中间不存在产品的贮存、运输过程。

4. 差异性

餐饮服务包含着大量的手工劳动,少有机器控制,而且服务人员的工作态度、技能技巧不同,因此,不可避免地存在质量和水平的差异。此外,客人的需求差异也将造成服务的差异性。

二、客人对餐饮服务的心理需求

"顾客就是上帝",如果不清楚餐厅客人的需求,是没办法让客人满意的。对酒店餐厅消费者需求分析的研究表明,只要增加5%忠诚的客人,就能为餐饮部增加25%—

100%的利润。酒店想要在激烈的市场竞争中获得发展,就要深入研究客人心理,与客人建立并保持良好的关系。客人在餐厅的具体心理表现有:

(一) 对卫生安全的需求

客人在进入餐厅用餐时,希望酒店能提供的菜肴是新鲜、干净的,餐具是经过严格消毒没有破损的,餐厅环境干净整洁,不会因为卫生问题,而导致身体不适。所以,基于客人对餐饮卫生安全的心理需求,酒店应要重视餐饮卫生,确保客人不受病害的威胁,保持餐厅的清洁,这是对客人的尊重和自身经营的守则。

同步案例

一位翻译带领4位德国客人走进了某酒店的中餐厅。入座后,服务员开始让他们点菜。客人要了一些菜,啤酒、矿泉水等饮料。突然,一位客人发出诧异的声音。原来他的啤酒杯有一道裂缝,啤酒流到了桌子上。翻译急忙让服务员换杯。另一位客人用手指着小碟子,原来上面有一个缺口。翻译赶忙检查了餐具,上面都有不同程度的瑕疵。

翻译站起身把服务员叫到一旁说:"这里的餐具怎么都有毛病?""先生,实在不好意思,您看我马上给您换新的餐具,可以吗?"服务员红着脸解释着。翻译有点发火:"这可不是理由啊!我们还是换一个地方用餐吧,这里的卫生安全可太不让人放心!"随后便带着外宾离开了酒店……

案例分析:案例中餐厅里的餐具有不同程度的损坏,导致客人不信任酒店餐饮卫生安全,并使酒店流失了重要客户。就餐客人对餐饮的卫生安全要求非常坚定,这也是客人具有安全需要的一种反映。同时,餐饮卫生安全对客人情绪的好坏也将产生直接影响。用餐客人对餐饮卫生安全的要求主要体现在环境、餐具和食品几个方面。

(二) 对营养美味的需求

随着生活水平的提高,客人更注重生活品质,到酒店用餐时对菜肴的健康、营养与美味也提出了更高的要求,希望菜品能做到色、香、味、形、饰俱佳,且食物原料新鲜,注重口味与营养的结合。"民以食为天,食以味为先。"每位客人对食物口味的期望和要求各不相同,有的人喜爱清淡爽口,有的人选择色浓味香,有的人偏爱原汁原味。

同步案例

某星级酒店即将接待一批"夕阳红团队",团队里年纪最大的客人78岁,最小的62岁,平均年龄70岁。这批客人有一个特殊需求,希望在酒店里吃上一顿全素宴。这让厨师长有些头疼,要在高星级酒店里面做上一桌精美的素菜实属不易。

厨师长考虑到团队里客人的年纪较大,对食物营养方面的要求会较高,重点从当季食材中挑选原料,比如说野生菌类、野菜嫩叶、植物果实……很快,菜单就定下来了。当一桌全素宴摆在餐桌上时,老人们频频给出赞赏。

案例分析:"夕阳红团队"的老人们想要尝试全素宴,其实就是对菜肴的搭配、热量、烹调的科学性及营养性提出了较高的要求,更加关注食品所带来的健康问题。因此,客人希望饭店餐厅供应的菜肴应针对他们的不同口味和喜好,做到食物品种多样化,按照不同的季节提供多样化的菜式和饮品。

(三)对就餐环境的需求

餐厅整体环境是餐厅设施的重要组成部分,除供应饮食外,还是客人社交和消遣的场所。客人来到餐厅,发现设施完备,环境宜人,就感受到舒适和享受,在心理上就会得到安慰,产生愉快、舒心的感觉,消除日常工作带来的疲劳和种种负面情绪。受尊重的需要的满足会使人产生自信的情感,觉得自己在这个世界上有价值、有作为。

若客人来到餐厅,感到设施不完善或环境令人感到不舒服,首先就感到不满足,心理上会产生懊丧、不满情绪,以致对餐厅失去基本的信心,于是产生赶快离开的心理和行为动机。

同步案例

王女士过两天需要接待一位英国客户。为了给客人留下一个良好的印象,提前到某酒店的西餐厅考察一番。

步入西餐厅,整体布局简明、优雅。室内安放了几棵绿色植物,显得自然清新和淡雅;小艺舞台和小酒吧台相映成趣;墙上的壁画抽象而带有街头画的感觉,与柔黄色的灯光交织在一起,显得十分柔和;摆在内墙的陶具,形成了一片小小的艺术氛围;萨克斯曲充溢着整个餐厅,使整个餐厅弥漫着一种柔和、温馨、浪漫的情调;蕙兰花散发出阵阵幽香;安静的客人,不时地小声说笑,环境宁静而美好。王女士一下子就被就餐环境所吸引,选择了一个窗边的座位,面对繁华的城市美景,伴着烛光,品尝这里的美味佳肴,享受西餐厅的安谧和温柔。

案例分析:酒店西餐厅为客人创造了适合休息交谈的宁静气氛,令客人感到温馨和松弛。这样的环境,既可以满足客人情感交流的消费需要,也可以满足客人获得心灵释放美好体验的需要。所以,若餐厅要想吸引更多的客人,就要满足客人对就餐环境的心理需要,为客人提供舒适、完善的设施与环境。

（四）对服务效率的需求

客人到酒店餐厅用餐，无论时间是否充裕，都希望餐厅能提供高效快捷的服务。其一，现代生活的快节奏使人们形成了一种对时间的紧迫感，养成了快速的心理节奏定势，更加珍惜个人的时间。其二，一些客人就餐后有许多事情要做，会要求提供高效快速的餐饮服务。

同步案例

许先生带着客户到北京某星级酒店的餐厅吃烤鸭。北京烤鸭很有名气，客人坐满了餐厅。由于没有预订，许先生一行还等了几桌。入座后，许先生马上点菜。不一会儿，一道道菜就陆续上桌了。客人们喝着饮品，品尝着鲜美的菜肴，颇为惬意。吃到最后，桌上仍有不少菜，大家却已酒足饭饱。

当许先生准备起身结账时，服务员小陆却告知他："许先生，您这桌还有一道清蒸鱼还没上。"并且为难地说道："许先生，实在对不起。因今天客人比较多，鱼又是现杀的，所以时间上耽误了。""这个菜的钱我们不能付，不行就去找你们经理来。"同桌的其他客人插话道。最后，小陆只好无奈地将鱼撤掉，并汇报领班。

案例分析：许先生一行在已经酒足饭饱后，才被告知还有一道菜没有做好，这明显是由于餐厅未安排好上菜速度，服务效率低造成的。通常情况下，客人就餐时心中容易产生担心和疑问，如"我要赶时间，上菜能否快点"；在宴请接待时会担心能否按期、按要求搞好接待，等等。心理学的研究表明，在期待目标出现前的一段时间里，人会体验到一种无聊甚至痛苦。针对这些问题，餐厅应考虑所提供的服务能够给客人以高效、快捷的感受。

（五）对良好服务的需求

客人在餐厅希望自己是一个受欢迎、受尊重的"上帝"，希望得到热情友好的接待，对服务员的不热情、不公平对待，冷嘲热讽等行为深恶痛绝。这就要求服务人员在态度上要表示出热情和友善，听其吩咐，对其关心，礼貌周到。如果客人在餐厅未得到良好的服务、热情周到的接待，再好的美味佳肴也会食之无味。

同步案例

周女士一家人来到某酒店的中餐厅用餐，并为孩子点了一盘基围虾。服务员小敏在为客人上了基围虾后，又按常规给客人端上了洗手盅。但小敏在上菜时并没有告诉客人水的用途，只是说了一句"女士，请慢用！"后就离开了。

周女士的父亲见水上飘着几朵菊花,以为这是菊花茶,便一饮而尽。周女士一看觉得不对劲,立马叫来了小敏,询问这碗汤水的用途。小敏一看空空的洗手盆,立马意识到事情的严重性,说道:"这碗菊花水是吃完海鲜用来去除手上的海鲜腥味的!"周女士生气得大叫起来。

案例分析:首先,服务员小敏在上菜的时候没有说明洗水盅的用处,这本身就是失职;其次,在客人闹笑话的时候还强行解释了一番,让客人丢脸,这是大忌。俗话说:"宁可喝顺心的稀粥,决不吃受气的鱼肉。"客人都有满足自尊心的需要,在享受服务时同样希望受到尊重和热情的接待。

三、餐饮服务的心理策略

餐饮服务的核心是"以客人为中心",餐厅应想办法使客人的需要得到满足,在满足客人需要中得到利润。但不同的客人往往都有不同的需要,对客人的需要知之甚少或者根本不了解的人是无法做好服务工作的。所以,要想搞好服务工作,就要学会了解和满足客人的不同需要。根据餐厅客人的心理需要,酒店餐饮服务的心理策略应做到以下几点。

(一)保证高标准的卫生安全

基于客人对餐饮卫生的心理需求,酒店服务人员在接待客人时,必须做好用餐环境、餐饮产品、餐具及餐饮服务的卫生工作。当客人在卫生方面有特殊要求时,只要不影响酒店的正常运营,服务人员应尽量给予满足。

用餐环境卫生:餐厅应随时保持地面清洁无污垢,走廊、墙壁、桌椅应光洁,灯罩、灯泡无灰尘,物品摆放井然有序,空气新鲜,无蚊蝇等害虫。

餐饮产品卫生:餐厅不论是提供生食、熟食都要保证卫生安全,特别是凉拌菜要用专用的消毒处理工具制作,防止生、熟、荤、素之间的交叉污染。此外,餐厅还应设置冷拼间、专用冰箱,并配有紫外线消毒设备,以确保客人进食的产品卫生。

餐具卫生:餐具是疾病传播的一个主要途径,因此必须严格清洗和消毒。消毒后的餐具要妥善保存,避免在空气中放置后沾染灰尘和细菌。出于卫生和环保要求,餐厅尽量不要使用一次性筷子。

服务卫生:客人在用餐过程中离不开服务人员的服务,餐厅服务人员的个人卫生也是影响餐饮卫生的重要因素之一。因此,餐饮服务人员应该时刻保持着装整洁,不留长指甲,无传染性疾病。在餐台布置、餐桌准备及用餐服务时,服务人员应严格按照卫生操作规范提供服务。如,上菜时手指切忌碰触食物,以免引起客人心理上的不适,甚至厌恶感,降低其食欲。

(二)研发营养可口的特色菜品

为了满足客人对菜肴美味、营养、可口的心理需求,酒店餐厅应根据经营目标,想方设法利用当地的资源,形成自己餐厅的"招牌菜",并根据目标客人的口味特点进行菜品的创新,在菜品上求精求美,研发出令客人满意的特色菜肴。酒店还可以聘请营养师从菜肴营养搭配的角度来设计菜单,并在菜单的设计中考虑季节及用餐群体的年龄、性别等因素。因为越来越多的客人对菜肴的营养搭配、热量、烹调的科学性及营养吸收性提出了更高的要求。

餐厅服务人员也应熟练掌握本餐厅各式菜肴的名称、寓意、来历、用料、配料、烹饪方法以及营养价值等,这样可以在向客人介绍本餐厅特色时,根据他们的饮食习惯,当好参谋,为客人选菜、配菜。同时,当客人进餐时,餐厅服务人员还要注意观察客人的表情动作,若客人流露出厌食或不满的神态,应及时转告后厨,提醒后厨加以改进,使客人食之有趣有味,满意而归。

(三)塑造良好的餐厅形象

良好的餐厅形象,主要包括了餐厅外观形象美和内部环境美两方面的内容。餐厅的外观形象美包括建筑外观的美和餐厅名称的美。餐厅的建筑式样及主题风格设计是餐厅形象的重要方面,应充分体现餐厅的独特风格。而餐厅的内部环境美则是由多方面的因素融汇而成。比如,装饰材料的选择,墙上书画的布置,天花板上吊灯的形状,窗帘上的图案,地毯上的花纹,屏风上的饰物,式样讲究的器具雅致的陈设,以及光线、照明、色彩、音响、温度、气味等。这些都应适合人们的心理需求,从而体现内部环境美。

此外,餐厅服务人员的形象也是餐厅内部环境美的一项重要组成部分。餐厅服务人员出现在客人面前时,应精神饱满,容貌端庄,举止文雅,明快和谐,衣着整洁,保持面部和手部的清洁卫生,讲究服务技巧和语言艺术,给客人以彬彬有礼、热情主动、殷勤周到的服务形象。良好的服务形象对客人心理的影响不可低估,它能增进客人的食欲,也能进一步增强餐厅的其他努力给客人留下的美好印象。

(四)提供高效率的餐饮服务

为了满足客人对服务效率的心理需求,餐厅服务人员应在保证服务质量的前提下,为客人提供更加高效、快捷的服务。餐厅可以根据提前预测好的客流量做好餐前的准备工作。服务人员应在客人进餐厅后,及时安排好客人的座位并提供点菜服务;点菜以后,需尽量缩短客人的候餐时间,并给客人送上茶、饮料等,使他们在等待上菜的过程中不会感到太无聊或觉得菜上得太慢;也可以根据客人的消费金额免费提供一些小菜,供客人食用,这会使客人体验到一种得到赠送的愉快心理,等待的无聊感被消除。

在客人就餐过程中,服务人员要时刻注意客人的一举一动,争取在第一时间发现客人的需求,以便及时提供服务。客人就餐完毕后,服务人员也应及时将账单送到,或及时征求客人的意见。如果客人因结账而等待,刚才就餐时愉快的情绪就可能完全被破坏。所以,服务人员在餐饮服务过程中不能让客人饿着肚子等菜肴,更不能让客人吃饱了等付账。

对于赶时间的客人,服务人员应安排他们坐在靠近餐厅门口的位置,方便人用餐后能迅速离开;点菜时应该向客人推荐一些现成的或快熟的菜品,提醒厨房尽快烹制;发现客人用餐快结束时,提前准备好账单与零钱,方便客人结账。

(五)秉承"宾至如归"的服务理念

客人在餐厅用餐时,希望获得良好的服务,体验"宾至如归"的感受。

首先,在客人进入餐厅时,服务人员要微笑迎接。服务人员的微笑能让客人心情平和,感到自己被重视。如果有较多的客人同时到达,服务人员不能一一问候到,可以通过亲切的微笑,让每个人都能感到受尊重,不至于顾此失彼。

其次,服务人员在领位时,要注意观察客人的特征。有生理缺陷的人易产生自卑感,不愿意缺陷暴露在众目睽睽之下。如一位右臂残缺的客人若被安排到右侧靠墙的位置,就会让他感受到服务人员的悉心照顾和尊重。而情侣或夫妇则可以安排在餐厅一角或其他比较安静的座位。

再次,在用餐服务过程中,服务人员除应注意服务规范与技巧外,还应尊重客人的消费习惯、宗教信仰和各民族风俗习惯,同时适时向客人传播独特的饮食文化。如中国食品以色、香、味、形、名、器的完美结合而驰名中外,客人都希望通过就餐了解我国各个地区的饮食文化,获得相关的知识。服务人员应熟练掌握本餐厅菜单的各式菜肴的名称的寓意、来历、典故或传说、用料、配料、烹调方法和营养价值等,在出示菜单和介绍食品的同时,向客人传递中国独特的饮食文化。

最后,服务人员在服务过程中应秉承"宾至如归"的服务理念,合理使用酒店标准用语。例如,客人来店有欢迎声,客人离店有道别声,客人帮忙或表扬时有致谢声,遇见客人时有问候声,服务不周有道歉声,服务之前有提醒声,客人呼唤时有回应声。

任务实施

活动目的:让学生掌握餐饮服务的心理策略。

活动要求:每个同学都参与进来,让学习目的更明确、学习内容更清晰。

活动步骤:1.分组:将学生按学号分组或自动分组。

2.设计:以任务引入的案例为例,每个小组选择一项餐饮服务内容,设计一个场景,以情景再现的方式展示如何满足客人对餐饮服务的心理需求。

3.展示:各组场景表演完后,对每组客人的心理需求做出总结。

活动评价:餐饮服务心理策略考核表如表8-3所示。

表8-3 餐饮服务心理策略考核表

组别　　　姓名　　　时间

项目	分值	扣分	得分
服务流程完整	20		

续表

项目	分值	扣分	得分
明确了顾客的心理需要	30		
合理运用旅游购物服务心理策略	30		
服务效果良好	20		
总分	100		
学生自评			
小组互评			
教师点评			

任务四　康乐服务心理

任务引入

某天傍晚,某酒店桑拿浴室的服务员小魏为一位女顾客提供更衣服务时,发现该客人的腰间有一圈色泽鲜红的小疹子。小魏怀疑该客人患有传染性皮肤病——带状疱疹。

酒店有明文规定,桑拿浴室、游泳馆等康乐活动场所不接待患有传染性皮肤病的顾客。但是小魏不便直接阻止该客人进入桑拿浴室。经过一番思考,小魏婉转地询问该客人最近是否有皮肤不舒服的感觉。在与该客人聊天的过程中,小魏说自己有亲戚也曾得过这种病,洗桑拿浴可能会加重病情,建议客人在治疗期间不要到公共场所洗浴。然后,小魏为该客人端上了一杯冷饮,并请其再考虑一下是否还要进入桑拿浴室。经过小魏的劝说,该客人打消了洗桑拿浴的念头,临走时还向小魏表达了谢意。

任务剖析

"面子"关乎每一位客人的尊严。对于酒店服务行业来说,只有不断提升服务质量,给足顾客面子,才能赢得客人的满意。本案例中,服务员小魏在发现客人可能患有传染性皮肤病后,并未直接指出,让客人难堪,而是在考虑到客人对尊重心理的需求后,站在客人的角度,以自己身边人的经历,告知客人洗桑拿浴可能会加重病情,最终完美解决了这个问题。此次事件既维护客人的面子,又保障了其他客人的权益,还赢得了该客人的好感,充分展现出了康乐服务人员优秀的职业素养。

本次任务将带领大家走近康乐服务心理,了解客人对康乐服务的心理需求。

一、认识酒店康乐部

(一)康乐部的服务工作

在酒店的众多部门中,康乐部是现代酒店一个新兴起的部门。随着现代意识日益被人们所接受,无论是客人和酒店对康乐部的意义都有了深刻的认识。康乐部增加了酒店的服务范围,稳定了酒店的客源,增加了酒店的收入,提升了酒店的整体形象,从而在各个方面,有利于酒店的进一步发展。康乐部为客人提供的服务工作主要包括:体育健身服务、娱乐休闲服务与保健美容服务三大类。

(二)康乐部服务的特点

随着中国居民可支配收入和可支配时间的增加,人们对休闲、康乐、健身等更高层次的精神消费需求也随之增加。人们越来越认识到康乐的重要,也越来越多地在康乐上做快乐投资。康乐正在改变着不同地区人们的生活。因此,康乐部在服务中具有以下特点。

1. 原则性与灵活性

康乐服务过程与客人感受、体验的过程是统一的,因此,在服务过程中服务人员必须既坚持原则,又具有一定的灵活性。

2. 专业性

大多数康乐服务项目的专业性强、技术含量高,要求服务人员熟悉和掌握有关设施设备的性能、结构等特点,同时还要为客人提供专业咨询、指导等各种专项服务。

3. 协作性

康乐服务在经营管理过程中要求服务人员的内部协作性很强,如在舞厅、卡拉OK、多功能咖啡厅等,乐队、演员、时装表演队等需要相互协作,才能取得良好表演效果。

4. 随机性

康乐产品的类型繁多、项目多样,服务提供方式差别大,消费方式因人而异。因此,康乐部服务的接待人数、销售水平的随机性较大,它往往随客人的兴趣、爱好、年龄、身体状况而变化。

二、客人对康乐服务的心理需求

现代都市生活紧张,人们在忙碌了一天后,希望通过参与一定的康乐活动放松自己的身心,调节自己的状态,以重新恢复身体的平衡。客人在享受康乐服务时,心理需求是多种多样的,我们可以从客人对康乐服务不同的心理需求中,总结出以下具体表现:

(一)对安全保障的需求

客人参与康乐活动的主要目的就是强身健体、愉悦身心。因此,当客人计划去某一康乐场所消费时,首先考虑的是其安全保障问题。客人会注意康乐场所是否拥有良好的防火防盗设施,其娱乐环境是否安全,其健身设施是否安全,其服务人员是否能提供安全服务等。他们最怕的是因设备、设施的故障或服务人员的工作疏忽而扫兴,甚至发生意外造成人身伤害或财产的损失。因此,康乐部的管理者以及服务人员,不仅要加强安全意识,还要落实安全防护工作,保证客人的安全。

同步案例

暑假期间,陈女士带着孩子去某酒店度假。因孩子刚学了游泳,陈女士看到酒店有室外游泳池,便想带孩子练一练。在游泳前,陈女士还专门询问了康乐部员工,说明孩子只上了3堂课,还不太会游,是否可以在浅水区玩一玩,熟悉一下水性。服务人员听完后给了陈女士肯定的答案,表示酒店配有专业的救生员,但建议给孩子佩戴袖漂,以保证安全。陈女士听了服务人员的建议,购买了袖漂。

结果到了室外泳池,没过半小时,陈女士突然脚下一滑,站不起来,大声喊:"救命啊!救命啊!"孩子也喊救命,但是救生员没有搭理,只顾着玩手机。陈女士拼命往后仰,终于碰到了墙壁,这才站了起来。陈女士怒气冲冲地找到了服务人员,大声投诉道:"这就是所谓专业的救生员吗?我刚刚差点溺水了,也没个人来救我!"服务人员连忙道歉,表示游泳的人比较多,救生员可能没关注到,好在人没事。但陈女士并不买账,吵着要见经理,并表示这件事绝不能就这么算了……

案例分析:陈女士带孩子去游泳时,特地咨询了游泳的安全问题,在得到服务人员肯定的回复后,才带着孩子去游泳了,说明陈女士是非常在意自己和家人的安全的。但该酒店的救生员未能认真履职尽责,在工作期间玩手机,造成当事故发生时,并未发现陈女士的呼救。这样的服务没有满足陈女士对安全保障的心理需求,使得客人对酒店的服务失去了信心。

(二)对卫生健康的需求

康乐场所理应是一个高雅、洁净的场所,但其客流量大,设备与器械被大量客人使用,为防止出现交叉感染,卫生工作十分重要。同时康乐部的员工应该注重自己的外表,做到衣着整洁,同时做好头部和手部的卫生。康乐器械、设施、场所及服务人员的卫生、整洁会给客人带去舒心和愉快,也能带给客人宾至如归的感受。酒店客人对公共场所的基本要求其实就是整洁、清新。

同步案例

某天,张先生和朋友们到某酒店的卡拉OK厅消费。张先生先后点了果盘、饮料、小吃等。当果盘上桌时,服务人员不慎将美甲掉落在盘子里。由于灯光昏暗,客人和服务人员都没有注意到。

过了半小时左右,张先生在卡拉OK房中按响了服务铃。服务人员进入包房时,发现房间内大灯全开,张先生十分愤怒地指着果盘里的美甲问道:"这是什么!果盘吃到一半,手一碰,居然碰到一个假指甲,你懂这感觉吗?"服务人员一惊,才发现是美甲掉了,于是真诚地和客人解释了原因并道歉,为客人重新上了一盘水果,并免了费用,才平息了客人的怒火,解决了此次危机。

案例分析:案例中服务员掉落在果盘里的美甲引起了客人的不满,造成了客人对酒店卫生情况产生担忧。现在美甲、假睫毛、假发等饰物十分流行,许多酒店服务员也追赶时尚潮流,"武装"自己。但正因为这样,才导致服务员在服务过程中发生了令人意想不到的事情,令当事人十分难堪,给客人带来了不愉快。

(三)对强身健体的需求

随着经济的发展、社会的进步以及生活质量的提高,人们对强身健体的追求也越来越高。保健,成了现代人的心理追求,也成了很多客人的日常活动之一。客人在进行体育锻炼时,希望能够根据自己的身体情况设置运动量,遵循循序渐进的原则,参与的项目由简单到复杂、由易到难,运动负荷安排由小到大逐渐增加,并持之以恒,最终实现强身健体的目的。这些都需要康乐部服务人员根据客人的需求,提供针对性的服务。

同步案例

丁香医生数据研究院发布的《2022国民健康洞察报告》显示,国民对自己的健康期望值的平均分为8.04分,随着经济与社会的发展,人们开始意识到活得长不如活得有质量。然而有质量的生活品质是建立在拥有健康的身体上,因此国民也逐渐关注强身健体的生活方式。在《"健康中国2030"规划纲要》的五大核心思想中,健康生活方式被摆在第一位。"健康中国"建设不仅直接关乎民生福祉,更关乎国家全局与长远发展、社会稳定和经济可持续发展,具有重大的战略意义。

我国人民群众对体育健身的需求正在从欣赏向参与转化,从"要我健身"到"我要健身",再到"我爱健身""我会健身"。近三成的健身房会员聘请教练的原因是健身入门,这部分会员以健身"小白"居多,他们希望在专业的指导下学习基本健身知识,正式开启人生健身之旅。而近一半的会员希望教练能让自己的健身训练更有效、更高效和更安全,这部分会员通常带有清晰明确的训练目的,比如减脂、塑形、康复等。也有一小部分人对自己训练的坚持性和自觉性没太大信心,希望有教练督促和引导。

案例分析:常见的酒店康乐项目可分为健身运动类、健美运动类、娱乐体育类、竞技运动类、自然力锻炼类、格斗性体育类、医疗康复体育类等。客人在会议、工作之余,希望通过参加体育锻炼达到发展身体、增进健康、增强体质、改善心肺功能、丰富文化生活、减轻紧张和压力等目的。

(四)对娱乐休闲的需求

客人决定下榻酒店时,除了对住宿和就餐的需求外,还希望通过康乐服务来放松心情、改善心境、休闲娱乐,获得心理上的放松。因此,康乐服务项目应做到丰富多彩。酒店应在做好目标客户需求统计的基础上,开发不同的康乐服务项目,以满足不同客人的娱乐要求,如为客人开设桌游室、电竞室、舞厅、KTV、棋牌室、亲子乐园、影剧场等。

同步案例

吴先生和朋友两家带着孩子相约在10月的某一天前往三亚游玩。到达目的地后,吴先生和朋友计划着旅游行程。但是天公不作美,刚游玩了一天,台风就来了。吴先生一行人很是沮丧,后面的行程无法实现。吴先生来到前台,想要寻求酒店工作人员的意见。

前台接待小李耐心地为吴先生介绍道:"进入秋季以后,三亚确实容易出现台风天气。但您别着急,我们酒店为客人准备了很多娱乐项目。您是带孩子来旅游的,儿童俱乐部就很适合您!我们的儿童俱乐部面积超过1200平方米,分为室内区域和户外游乐区两部分,同时酒店每天都会有丰富的亲子活动,具体活动时间安排及报名您可以参考活动安排表。如果您想解放双手,孩子可以交给我们服务人员,酒店提供儿童托管服务的。大人的话,可以使用酒店乒乓球室、桌球室、桌游室。此外,水疗中心和游泳池、健身房也是全天开放的,您也可以去体验一下!"

吴先生听了小李的建议,脸色由阴转晴,对后面几天的行程开始有了期待,和小李道谢后回到房间与朋友开启了讨论⋯⋯

案例分析:吴先生一家和朋友们来到三亚旅游,本是想要利用假期放松心情、休闲娱乐,享受美好的生活,却因台风的突然登陆打乱了出游计划,很是沮丧。但好在酒店配备了集亲子、娱乐、休闲、健身项目于一体的现代康乐部门,可以帮助客人在酒店内休闲娱乐、放松神经、舒畅身心,让孩子和父母都能各得其乐,共享亲子欢乐时光。

(五)对暖心服务的需求

客人求暖心服务的心理需求,在酒店的任何场合都会有所表现,只是在康乐部,并不是每一位客人都能掌握每一样运动技巧或熟悉每一样运动的,这就需要服务人员给予技术或规则上的指导。因此客人非常在意服务人员对自己的服务态度,甚至会担心服务人员因自己不懂某项活动而瞧不起自己。

同步案例

4月份的一天,服务员小吴在游泳馆馆内值班,负责馆内安全巡护工作。突然,他看见有位客人拿着泳镜不停地徘徊,表情似乎有些着急,便主动上前询问:"您好,先生,请问您有什么需要帮助的吗?"这位客人生气地说道:"别提了,刚刚买的泳镜根本就不能用!"小吴连忙问清楚不能用的原因,客人表示泳镜太过模糊,看不清方向,要求退货。

小吴听后安抚好客人的情绪,在征得同意后,拿着泳镜仔细察看,发现泳镜的保护薄膜没有撕掉,才导致客人下水觉得太模糊。小吴刚想和客人解释,但是考虑到客人可能会尴尬,于是转身背对客人将保护膜撕掉,并说:"先生,实在抱歉,由于我们的工作疏忽,影响了使用体验,麻烦现在再试一下,看看还有没有问题。"客人再次使用后,可以看清水下方向了,对小吴表示了感谢。

案例分析:服务员小吴在日常接待中能通过对客人的眼神、表情、言谈举止的观察,发现客人的需求,从而提供服务。同时,当小吴注意到客人未将泳镜的保护薄膜撕掉时,他也没有立刻和客人辩解,而是为了客人的面子着想,将"错"留给自己,把"对"留给客人,顺利解决了客人的问题,并最终让客人满意,获得了客人的感谢。

三、康乐服务的心理策略

饭店客人到康乐部主要是为了使身心得到彻底的放松,因此,康乐部服务人员应当明确康乐场所的特殊性,为客人提供周到的服务,使客人得到身心的放松。根据康乐部客人的心理需要,酒店康乐服务的心理策略包括以下几点。

(一)做好安全保障,防患于未然

康乐部应充分做好安全保障工作,及时检查、维护所使用的设备与场所,把保障客人的生命财产安全放在首要地位，以满足客人对安全保障的心理需求。康乐部的健身运动器械具有"冲撞性"，而且易于损坏，潜伏着一定的危险，所以康乐部服务人员应始终以"防患于未然"为原则，每天在客人使用之前做一次检查，并对设施、运动器械、场地进行安全保养，对存在安全隐患的器械随时进行更换，比如检查游泳池场地，地面或水池下是否有玻璃碎片等易刺伤客人的东西，是否滋生苔藓，致使路面湿滑，等等。康乐部服务人员应及时消除所有涉及生命财产安全的隐患，以免造成后患。

另外，为了保证客人的安全和健康，提供安全的服务环境，康乐部管理人员既要负责检查与发现安全隐患，并及时纠正，也要接受安全工作的培训和督导。酒店尤其要重视对一线员工的安全培训，只有加强对他们的培训，并在日常工作中不断进行强化，他们才能真正地树立安全意识，并自觉地将其应用到实际行动中，切实保障客人的人身及财产安全。

（二）干净清洁，舒适卫生

为了迎合客人对卫生健康的心理需求，康乐部需做好各场所的卫生管理工作。除了按照酒店通用的卫生标准保持环境卫生外，康乐部员工还应该对每天使用的运动器械、餐饮具等做必要的消毒处理；对于游泳池，要使用现代化的设备，使池内水质清洁；对于患有皮肤病或其他传染病的客人，应严格执行卫生防疫部门的规定，礼貌劝阻；在需要更换鞋子、衣服的运动场所，应保持鞋子和衣服干净整洁、无异味、无污垢；在美容美发室，应及时清理客人用过的毛巾、纸杯等物品，并对美容美发器械等用紫外线消毒器严格消毒，保持毛巾、头布、床单等用品一客一换，严格消毒，这样才能使客人放心消费。

此外，康乐部的服务人员，应注意好个人的卫生管理，除了穿着按照酒店的规定，保持干净整洁外，还要做到"五勤""三要""七不"和"两个注意"，即勤洗澡、勤理发、勤刮胡须、勤刷牙、勤剪指甲；在工作前后、大小便前后要洗手，工作前要漱口；在客人面前不掏耳、不剔牙、不抓头皮、不打哈欠、不抠鼻子、不吃食品、不嚼口香糖；服务前注意不食韭菜、大蒜和大葱等有强烈气味的食品；在客人面前咳嗽、打喷嚏时须转身，并掩住口鼻。服务人员只有养成良好的卫生操作习惯，才能体现对客人的礼貌，满足客人的需求。

（三）智能陪练，沉浸式体验

随着人们生活水平的提高，到设备齐全、服务周到的酒店健身中心进行锻炼已成为人们的最佳选择。康乐部应顺应最新健身潮流，打造"全息沉浸式健身房"，借助高科技手段的应用，对客人进行运动辅助，帮助客人规范动作，把握运动强度，在保护其健康的同时，为其带来最佳的健身锻炼效果。在锻炼结束之后，客人还可以通过App、小程序或者短信的方式了解健身成果，收获另一种体验。

与此同时，康乐服务人员需懂得所负责项目的基本知识，熟悉设备器械以及相应的保健知识，为客人热情介绍各种健身器具的性能及效用；能为客人提供健身指导工作,必要时要以身示范,示范中注意讲解清楚,并为客人做出比较标准的示范动作,做好有针对性的服务工作;当客人有伙伴时,可为客人照管衣物等随身物品,或帮助客人计分当裁判;当客人没有伙伴时,可提供陪练服务,同时要态度诚恳,主动热情,既不能只输不赢,也不能只赢不输,更不能与客人争输赢,伤害客人的自尊。

(四)持续更新,突显特色

知识活页

智慧健身设施:让健身更智能化

康乐功能已经逐步演变为我国高星级甚至普通酒店的一种基本功能,因此高星级酒店必须在给客人提供这种服务产品的同时,注重创新与特色,结合酒店的内部环境来调整康乐服务系统,针对不同性别、不同年龄段的客户提供不同类型的服务,在专属楼层中提供康乐服务。如专门为女性客户打造保养空间,提供水浴、护甲美发与美体美容等服务;给男性客户提供健身房与水疗服务,使全体客户都能够享受舒适的康乐服务。

酒店可创新康乐产品,采用扬长避短的方式来优化康乐产品,扩大康乐服务范围,加深服务文化内涵,从内容与形式两个方面来改造普通的康乐产品。以高尔夫运动系统为例,可在酒店中设置微型高尔夫系统,客户可利用模拟系统来体会高尔夫运动带来的良好感受。如果酒店属于商务会议型酒店,可利用各种保健洗浴项目来帮助客户缓解精神压力。酒店还可尝试利用外部环境,给客户提供滑草项目。处于寒冷区域的酒店可发挥地域资源的优势,建设小规模的滑雪场。除此之外,酒店还可对音乐舞蹈、太空体验、小规模的攀岩与儿童运动乐园等项目进行开发,保障康乐服务的新硬化程度。

(五)热情礼貌,态度友好

酒店其他部门的员工把客人看作"上帝",而在康乐部服务人员则要把客人看成朋友,要为每一个客人提供朋友般的个性化服务。客人来到康乐部后,服务人员要热情问好,引领入座,递上一杯热茶,并介绍康乐部的服务项目,供客人选择。若客人到达而无空位,应先邀请客人在休息室等候并告知客人大致的等候时间。在客人消费时,要细致观察客人的反应和表情,客人每完成一个服务项目,应主动征求客人的意见,根据客人的不同要求灵活使用语言技巧、表情技巧、动作技巧等。服务人员应将方便客人的措施想在客人要求之前,如看到客人流汗,及时递上毛巾等;当客人离开时应表示谢意,让客人受到极大的尊重,给客人留下好的印象。

康乐部服务人员在服务过程中应加强与客人的沟通,广泛收集客人的意见,了解到客人对服务的满意程度以及优质服务信息,进而改进产品设计,改进服务管理、服务方式和服务程序,提高服务质量。此外,康乐部的管理人员可以及时、合理地运用多种方式表彰、奖励创造性提供优质服务的员工,比如评选服务星级,让客人打分,评选"年度工作之星"或"月度工作之星"等,使优质服务成为全体员工的共同价值观念。这样才能让所有的员工愉悦地工作,为客人提供优质的服务,主动观察入微,及时发现和解决问题,并为每一位客人提供贴心、独特的个性化服务。

任务实施

活动目的:让学生掌握康乐服务的心理策略。

活动要求:每个同学都参与进来,让学习目的更明确、学习内容更清晰。

活动步骤:1.分组:将学生按学号分组或自动分组。

2.设计:以任务引入的案例为例,每个小组选择一项康乐服务内容,设计一个场景,以情景再现的方式展示如何满足客人对康乐服务的心理需求。

3.展示:各组场景表演完后,对每组客人的心理需求做出总结。

活动评价:康乐服务心理策略考核表如表8-4所示。

表8-4 康乐服务心理策略考核表

组别　　姓名　　时间

项目	分值	扣分	得分
服务流程完整	20		
明确了顾客的心理需要	30		
合理运用旅游购物服务心理策略	30		
服务效果良好	20		
总分	100		
学生自评			
小组互评			
教师点评			

项目小结

酒店服务人员要不断增强自身的职业意识和心理素质,要有生活和工作的热情,有客人至上的意识,有艰苦创业的品格和创新的能力,有不怕挫折的心理素质,有"得理让人"的涵养和气度,同时,应掌握进店消费的客人的不同心理需求,结合前厅、客房、餐厅及康乐中心的岗位特点,采取针对性的服务策略,学会适应、满足和引导客人,为其提供优质服务。

项目训练

知识训练:

1.简述客人在前厅的心理需求。

2.客人在客房有哪些心理需求?提供怎样的服务才能满足客人的需求?

3. 如何根据客人的心理需求做好餐厅服务工作?

4. 在康乐服务中,服务人员应如何根据客人的心理特点提供针对性的服务?

能力训练:

1. 某日,北京某酒店长住客人到酒店前厅支付这段时间的用餐费用。当他看到账上的总金额时,马上火冒三丈,说:"你们真是乱收费!"前厅服务人员面带微笑地回答说:"对不起,您能让我核对一下原始单据吗?"服务员一面检查账单,一面对客人说:"真是对不起,您能帮我一起核对一下吗?"客人点头认可,一一核对账单上的项目。其间,前厅服务人员顺势对几笔较大的金额,如招待访客、饮用名酒等做了口头提醒,以唤起客人的回忆。等账目全部核对完毕,前厅服务人员很有礼貌地说:"谢谢您帮助我核对了账单,耽误了您的时间,劳驾了。"此时,客人知道自己弄错了,连声说:"小姐,麻烦你了,真不好意思。"

讨论:

(1) 案例中的服务员满足了客人的哪些心理需要?请找出依据。

(2) 酒店服务人员可以从这个案例中得到什么启示?

2. 某天晚餐时间,某酒店的中餐厅来了3个日本客人,一位年长者,两位年轻人。他们一进餐厅,就问了服务员一些有关该餐厅的问题。在点菜时,他们看着菜谱,不知点什么好,就要求服务员代点。服务员根据日本人爱吃海鲜、铁板烧的习惯,向他们介绍了虾、铁板烧,他们都很满意。年长者指着一个菜名,问服务员"叉烧"是怎样做出来的。由于双方语言沟通有点困难,日本客人似懂非懂地点点头。他们又点了"百花酿蟹钳""雀巢牛柳丝"等菜。菜点完后,他们又想要点加饭酒,由于服务员听不明白,日本客人就用生硬的普通话讲了一次,服务员没有反应过来。年老日本人见服务员不明白,就走到小酒吧处取出一瓶加饭酒,向服务员示意,服务员这才明白。就这样,这桌客人点菜花了十多分钟,又过了十分钟,客人表现出了不耐烦的样子。服务员上前问他们需要什么,原来他们希望快点上菜。服务员对客人解释说:"今晚客人特别多,厨师可能忙不过来,请你们稍等一下。"但是,客人说:"请你们快点上菜吧!"十分钟后菜终于一个一个地上齐了,客人却没有动筷子。服务员上前问他们为什么不吃,原来,他们很想知道桌上的几个菜各叫什么名字。服务员拿起菜谱,逐一向他们介绍,还特别指着"叉烧拼盘"说明了什么是"叉烧"及它是如何制作的。年长者尝了一块,说这才真正明白了"叉烧"是怎么回事。

讨论:

(1) 案例中的客人在餐厅表现出了哪些心理需求?请找出依据。

(2) 结合案例中服务员的表现,你认为服务业应该如何做才能更好地满足客人的心理需要?

项目九
旅行社与导游服务心理

 项目描述

中国共产党第二十次全国代表大会上的报告指出:"高质量发展是全面建设社会主义现代化国家的首要任务。"在接待业中,高质量的接待服务同样是接待服务工作者们的共同目标。

旅行社和导游都是连接顾客与旅游目的地的桥梁,一方面,旅行社把景区景点、酒店及旅游交通组合成旅游产品,进行宣传推广,成为人们实现出游愿望的重要渠道;另一方面,导游全程陪同顾客完成旅游体验,他们的接待服务质量很大程度上关系着顾客的旅游体验质量。本项目将从心理学的角度探讨如何做好旅行社和导游的高质量接待服务工作。

 项目目标

知识目标

1. 了解顾客对旅行社接待服务的心理需求。
2. 熟悉顾客在游览全过程的心理需求。
3. 掌握旅行社接待顾客的心理策略。
4. 掌握导游服务的心理策略。

能力目标

1. 能够注意调整顾客对旅游产品的心理期望。
2. 能够熟练运用接待服务心理策略,提高旅游服务质量。

素质目标

1. 能够认识到心理服务在旅行社接待和导游服务工作中的重要性。
2. 能够将心理学的知识运用到接待服务中,提高职业素养。

项目九 旅行社与导游服务心理

知识框架

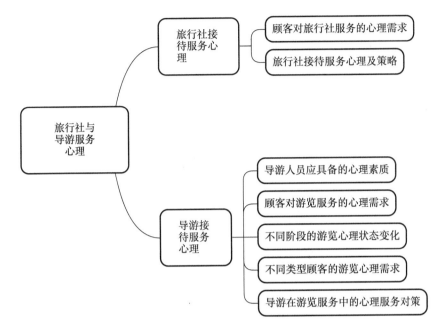

教学重点

1. 顾客对旅行社接待服务的心理需求。
2. 顾客在游览全过程的心理需求。

教学难点

1. 旅行社接待顾客的心理策略。
2. 导游服务的心理策略。

项目引入

旅游服务岗位小组的实习生天昊,在带团过程中,总是遇到不遵守时间规则的客人,明明在下车前已经规定好了返回的时间,却总是有人迟到。这不仅导致车上的其他团友投诉,也导致迟到的客人抱怨给的时间不够充分,一直在赶路。该如何避免这样的事情发生呢?如果能了解顾客在旅游中的心理需求,类似的问题就迎刃而解了。

任务一　旅行社接待服务心理

任务引入

案例分析

天昊：您好，欢迎光临，请问您要旅游吗？

顾客：啊，是的，有什么好的线路吗？

天昊：新疆旅游近期非常火爆，您不妨试试。

顾客：新疆旅游太贵了，我可没有那么多钱。

天昊：那去北京吧，伟大的首都，价格便宜。

顾客：北京我都去了好几次了。

天昊：啊，北京去了好多次啦。那么海南游怎么样？价格适中又是新线路。

顾客：那里多热啊，人多又拥挤，孩子受不了。

天昊：还有小朋友呀，那您不妨去广州，还可以去海洋馆看海底世界，小朋友都喜欢。

顾客：广州这么近，完全可以自己去。如果要去，也没必要找你们旅行社呀。我还是到其他地方看看吧。

天昊：……（无言以对）

如果你是天昊，将如何接待这样的顾客呢？

任务剖析

旅行社的接待业务是指旅行社为已经购买了旅行社产品的顾客，提供一系列实地旅游服务的一项综合性工作。旅行社的竞争力不仅来自产品开发、设计，更来自接待服务。因为旅行社提供接待服务的过程与顾客消费旅游产品是同步进行的，所以旅行社的接待服务对顾客评价旅游产品及旅行社的服务质量起到了决定性作用。接待工作质量优劣影响旅行社的声誉，进而影响旅行社的客源市场，最终决定着旅行社的生存和发展。从这个案例中可以看出，旅行社接待人员天昊对旅行社的产品了解不够，总是以自我为中心，不了解顾客的需求，态度生硬，最终导致促销失败。

旅行社服务是根据顾客的要求，通过为顾客提供食、住、行、游、乐、购等多方面的服务来获得事业发展的活动。旅行社的服务不是单方面履行合约的活动。事实上，旅行社的服务是旅行社与顾客之间的中介。旅行社通过提供设施、设备、方法、路线、手段与途径等服务形式，满足顾客的需求，从而与顾客之间在短时期内形成一种融洽的关系与和谐的氛围，使顾客在旅游过程中建立对旅行社的信任感，乐意消费，放心消费，获得多方面的享受与快乐的一种活动。

旅行社接待主要发生在顾客看到旅行社的产品广告、到旅行社咨询、了解情况决定购买旅游产品、与旅行社签订合同的过程中。而旅行社接待服务，即售前服务将很大程度上决定销售成果的大小。旅行社的产品可以模仿，但服务却无法复制。旅行社要想在竞争中取胜，必须提供能充分满足顾客心理需要的优质服务。如果能事先了解顾客的心理需求，旅行社接待服务将事半功倍。

一、顾客对旅行社服务的心理需求

（一）省时省心

顾客离开熟悉的环境，来到陌生的地方，会感到茫然无助，对于老人、小孩以及缺乏旅游经验的人来说更是如此。顾客之所以购买旅行社的产品，更多的是看中旅行社能为他们提供吃、住、行、游、购、娱等一系列服务或是私人定制的个性化服务，认为这些服务将为自己省去很多麻烦，节省不少时间。顾客希望旅行社能将他们从精神紧张中解脱出来，充分享受旅游的快乐。

（二）价格实惠

旅行社大批量地发团，可从酒店、车队、餐厅、门票等方面取得顾客自身无法取得的优惠。因此，旅行社的线路组合报价往往低于各项目报价之和。经济实惠是很多顾客选择旅行社跟团游的重要原因。

（三）公平合理

公平合理一方面是指旅游产品的价格要合理，不能过高；另一方面是指，同一类型的旅游团，尤其是同一个团中每一个人的费用应该差不多，不能出现太大的价格差异。如果在同一个旅游团中，付费用少者，认为自己占了便宜，下次出游时会变本加厉要求降低费用；而付费多者，则会认为自己吃了亏，心理失衡，并且把这种负面情绪带到旅游过程中，会给服务工作带来麻烦。因此，旅行社在同一个旅游团的销售价格要保持相对统一，给顾客以公平合理的心理感觉。

（四）重信守诺

旅行社产品的生产和销售并不是同步进行的，其交易是滞后的。由于顾客对旅游产品的质量不能立即评价,必然会对旅游产品质量产生怀疑。顾客希望旅行社的各种宣传是真实可信的,能对各种服务做出承诺,并严格履行旅游合同,以确保自身利益不受损害。

(五)安全可靠

安全是顾客外出旅游首先考虑的问题。面对人地生疏的环境和各种非人为控制的因素,顾客常常会产生一种不安全的心理。他们对安全的需要非常突出。这种安全既包括人身安全、财产安全,也包括旅游活动的顺利开展。购买旅行社的旅游产品,能够使顾客有一种心理归属感,让他们感到安全。

二、旅行社接待服务心理及策略

(一)顾客对旅行社接待服务的心理需求

1. 良好的接待环境

接待环境是顾客对旅行社形成第一印象的重要途径。门市所在的周边环境和本身的设计、装潢、物品、陈列、摆设都将直接影响顾客对旅行社服务的评价和第一印象。

2. 具有较高素质的接待人员

旅行社接待人员是旅行社的形象代表,他们的仪容仪表、待人接物的作风将直接代表旅行社的形象。如果接待人员素质不高,会使顾客对旅行社失去信任。反之,如果接待人员素质极佳,旅行社可信度也会随之提高,签约率也会有较大提升。

3. 获得有价值的信息

顾客希望通过接待人员的介绍,了解各旅游线路的不同与特点,获得有价值的信息,缩短旅游线路决策周期,从而更快、更好地进行线路决策。

4. 获得尊重

顾客希望旅行社接待人员尊重他们的国籍、民族、风俗习惯、爱好、性别、年龄等。旅行社可以针对不同的顾客,提供标准化与个性化相结合的优质服务,无论顾客是男女老少、高矮胖瘦,都一视同仁。人们希望无论签约成功与否,接待人员都能面带微笑、热情回答、语言文明、细致耐心、快速服务,做到"百问不厌"的服务境界。

(二)旅行社接待服务策略

1. 营造舒适的接待环境

接待环境是旅行社产品有形展示的重要组成部分,往往给顾客带来"先入为主"的效应。一个功能齐备、整洁高雅的环境会增强顾客享受服务的感受,对企业产生信赖,反之,则会使顾客产生反感和排斥的态度,也会对旅行社提供的产品缺乏信心。越来越多的顾客从旅行社的装饰和布局来判断旅行社的实力,并据此决定是否向旅行社门市接待人员进一步了解产品的内容和价格。

旅行社的门店选址,应充分考虑人流量、交通便捷程度、区域规划等条件,便于顾客上门咨询,了解旅游产品。内部环境应注意招牌整齐清洁、宣传文字字迹清楚、盆景修剪整齐、会客洽谈一角桌椅摆放整齐清洁;各种服务设施,如开放式柜台、洽谈室、多媒体设备等布局合理;资料架上摆放各种旅游图片、文字资料供顾客阅读。同时,旅行社的门店还要注重营造良好的气氛,主要指在设计、装饰、布局、视觉(照明、陈设布局、颜色等)、气味(可使用芳香气味来烘托氛围)、声音(可根据其细分市场确定顾客喜欢的音乐,音量要适中,不要影响顾客与旅行社服务人员的沟通)、触觉等方面都赏心悦目。同时,如果能将旅行社所获的各种荣誉、优秀导游的详细介绍在环境布置中有所体现,也会给顾客传递一种"服务质量可靠"的信息。

2. 配备高素质的接待人员

旅行社接待人员的知识水平、业务能力、言谈举止、时间观念、办事效率等都会影响旅行社在顾客心目中的形象。这就要求旅行社的接待人员提高自身素质,尤其要有良好的仪容、仪表,讲究礼貌用语。例如,按规定着装、佩戴胸牌;接待顾客不敷衍、不推诿、不顶撞、不争吵;与顾客交谈时,提供微笑服务;能够想顾客所想,帮助顾客挑选满意的旅游产品;在顾客随意浏览旅游宣传时,仔细观察,揣摩其需求和特点,寻找接近的时机和方式,以便进入交谈过程;对于顾客的咨询,耐心解答、不厌其烦。

3. 做好咨询服务,取得顾客的信任

1) 门市接待人员

取得顾客信任是旅行社成功销售的一大法宝。旅行社门市接待人员要全面、透彻、熟练掌握各种旅游产品的构成、特点以及本地区同类旅游产品的差异等,让顾客感受到旅行社产品的价值所在。从顾客的角度出发,为顾客着想,对顾客提出的各种问题准确、流利地解答是获得顾客信任的重要策略。

2) 线上客服接待人员

随着电商时代的到来,旅行社接待人员经常会通过在线聊天工具、网络等途径负责在线的售前沟通、售中跟进、售后服务,解答顾客疑问;根据顾客需求,为网络咨询顾客推荐合适的旅游线路和报价;跟踪顾客疑难订单,处理评价、投诉等。线上客服接待人员应通过一些细节了解顾客的心理需求,投其所好,做到优质服务。例如,线上主动热情地打招呼、及时耐心地回复、记住顾客的名字、认真了解顾客的需求等都能够让顾客感到愉快且有一种受重视的满足感。

4. 根据顾客类型提供针对性的心理服务

旅游目的不同的顾客有着不同的心理需求,例如以休闲度假为旅游目的的顾客,希望在旅游过程中彰显个性、纵情山水,不希望有过多的限制;以观光游览为旅游目的的顾客,希望尽可能参观多的旅游景点;以商务旅行为目的的顾客要求行程安排合理高效,注重时间的有效利用;参加会议的顾客,在游览过程中注重日程安排的灵活机动。因此,接待人员要做好沟通,根据不同类型的顾客特点和需求,有针对性地推荐或定制令客人满意的旅游产品。

任务实施

活动目的：掌握旅行社接待不同顾客的心理需求,灵活运用心理学知识提高接待服务质量。

活动要求：每个同学都参与进来,让学习目的更明确、学习内容更清晰。

活动步骤：1. 分组：将学生分为四组,其中两组为旅行社接待组,两组为顾客组。

2. 设计：教师分别在每个小组中抽选一位学生,随机组合接待人员和顾客,并要求以情景再现的方式扮演任务引入中的天昊和顾客。

3. 讨论：各小组讨论对应角色的注意事项。

4. 展示：学生角色扮演。

活动评价：对学生的参与率、表现力、处理问题的方法、团队合作的效果等进行评价,包括学生自评、互评和教师评价。任务评价表如表9-1所示。

表9-1 任务评价表

评价	项目			
	课堂表现	语言表达	参与情况	团队合作
自我评价				
同学评价				
老师评价				

备注：评价等级为优、良、合格、不合格四等。

任务二 导游接待服务心理

任务引入

"经理级导游"并非美称

今天是天昊第一次独立带团。他想：今天是星期天,景点的游客一定很多。我要把客人组织好、管理好,让他们在游览中不出事、玩得开心。

他带的是门市散客,当他把客人从各个酒店接齐后,在车上宣布了"旅游纪律"。自由活动之前,天昊宣布："二十分钟之后在这里集合,请大家不要迟到。"到了集合的时间,只有不到一半的客人回来。等客人到齐之后,天昊又对大家说："希望大家遵守时间。时间是大家的,你一分钟,我一分钟,加起来可就是一个很大的浪费！"这一次天昊发现,游客自顾自地交谈,并不理会天昊的告诫。

在第二个游览点的自由活动开始之前,天昊说:"现在给大家三十分钟的自由活动时间,十点钟准时在这里集合。谁迟到,谁就要在车上唱歌。"谁知道,到了十点半,游客才姗姗而来。在车上,他再一次要求大家遵守时间。

就这样,天昊不断地提醒客人"要遵守时间",而客人对他越来越不耐烦。终于,在去最后一个游览点的途中,冲突爆发了。当天昊介绍完景点的概况,又一次提出"要遵守时间"时,游客中立刻发出一片谴责声。

"看你年纪不大,倒像老太婆,这一整天都在听你唠叨来唠叨去的!""你一会儿这,一会儿那,一会儿要罚唱歌,一会儿要罚请客,究竟是你为我们服务,还是要让我们为您服务啊?"

天昊委屈地说:"遵守时间对大家都有好处,我也是为你们着想嘛!"马上就有一位客人气愤地说:"我们的心情都让你搞坏了,一点都不开心!这是为我们着想吗?"

坐在靠近车门口的一位客人阴沉沉地说:"我看你是应该回学校再培训培训,你到现在都还没有搞清楚服务是什么意思啊!懂吗?服务就是你在这段时间里要失去一定的自由,而让我们有支配你的自由!也就是说,从我们踏上你的这辆旅游车开始,你就不应该管我们。当然了,如果我们违法乱纪,你可以去打110啊!"接着是一阵哄笑。

一天的带团结束了,天昊回到社里,一进门,经理就一脸严肃地对他说:"今天你带团出了什么事?刚才有客人打电话来问我们为什么派了一位'经理级导游'!"听到经理这样说,天昊的眼泪忍不住地往下掉……

(案例来源:百度文库)

请你为天昊想想办法,以后遇到这样的情况该如何处理呢?

任务剖析

本案例讨论导游员的"服务"与"组织管理"两大"角色冲突"。导游员的职业规定了"服务角色"是他的主要角色。在顾客向旅行社门市付款的时候,就购买了"服务"这一产品。从某种意义上说,是顾客获得了在一定时间内支配导游员这个"劳动力"的自由,而不是导游员获得了支配顾客的自由。旅游团的导游员应为一群顾客提供服务。

为了让有差异的顾客能够在一起共同完成旅游计划,导游员就必须对顾客进行管理,组织他们进行游览活动。导游员的"组织管理角色"是由导游员为顾客群体服务的社会性需要所赋予的。从某种意义上说,管理就是要以限制顾客个体自由为代价,来获取整个旅游团的自由。

"服务角色"和"组织管理角色"是一对矛盾,片面地强调哪一种角色都做不好导游服务工作。要实现两种角色之间的平衡,就必须对"服务"有一个正确的界定。在本案例中，一些顾客错误地认为，他们购买了"服务"，就等于购买了天昊这个"劳动力"的一切，并且认为，天昊应该同时满足所有顾客的差异性需要，没有认识到，参加了旅游团就不可避免地要为"群体自由"而失去部分"个体自由"，没有认识到，只有服从导游人员的组织和管理，"群体自由"才有保障。所以，当天昊作为"组织管理角色"出现时，一些顾客因此不满，认为天昊没有扮演好"服务角色"。

天昊的失误是他没有从正面引导顾客遵守时间，过于突出自己的"组织管理角色"，不断地向顾客施加压力，企图迫使他们遵守时间。这就使顾客在认知他的管理行为时产生一种"主观放大"，认为天昊已经颠倒了"服务"与"被服务"的关系。

避免导游人员的"服务角色"与"组织管理角色"的失衡要注意两方面：一是导游人员在端正服务态度的基础上着重提高组织管理旅游团和与顾客的交往技巧；二是要让顾客在旅游之前就对"服务"的内容有正确的认识。

一、导游人员应具备的心理素质

（一）敏锐的观察能力和感知能力

导游人员在带团的过程中会遇到各种各样的变化，因此对导游人员的要求是"贵在灵活、妙在变化"。导游人员要善于观察周围的环境和事物的变化，善于通过不同方式观察并发现顾客的心理变化和需求，及时调整导游人员讲解内容，改变服务方式。

（二）准确的思维能力和判断能力

无论担任领队、全程陪同还是地方陪同，导游人员都必须在顾客面前表现出充分的自信心和抗干扰能力。导游人员应该坚定不移地维护顾客和旅行社的正当权益，坚持要求有关方面不折不扣地执行事先达成的旅游合同或其他合作协议。

导游人员在工作中发现异常情况，应保持冷静、头脑清醒，善于透过纷乱复杂的表面现象，迅速找到问题的实质，在短时间内进行准确判断，采取有效措施，予以正确处理。因此，准确的思维能力和判断能力显得尤为重要。

（三）积极的情感体验

导游人员在与顾客交往过程中，不可避免会发生情感的变化，特别是在带团途中遇到突发事件或者顾客不配合的时候，导游人员往往会陷入情绪的低谷。这种不良情感也会影响顾客，造成旅游过程的不愉快。因此对导游人员而言，应热爱自己的工作，保持良好的情绪状态，培养自己积极乐观、活泼开朗的性格，要善于控制自己的不良情绪，通过转移注意法、自我暗示法、自我安慰法等方法来转化自己的消极情绪，保持良好的心境；要善于从顾客的角度思考问题，时刻保持爱心，不厌其烦地回答和解决顾客的各种问题,让顾客能够通过导游的工作感到关怀和重视。

(四)坚强的意志力

导游工作是一项艰苦的工作,不仅要陪伴顾客全程旅游,还要提供讲解、安排食宿,解决各种问题,所以要求导游人员除了具有足够的体力,还具有坚强的意志力;要从理论和实践中多学习、多总结,加强自身良好意志品质的培养,只有这样,才能出色全面地完成导游工作,以自己优质的服务赢得顾客的信任和尊敬。

(五)健康的心态

健康的心态是导游快乐工作、学习和生活的源泉,也是导游行业稳定的保证。导游人员要保持健康的心态,要从以下几个方面做起:

1. 尽量缓解自己的心理压力

由于导游工作的特殊性,心理压力会时刻威胁导游的心理健康。工作之余,听听音乐、与朋友聊聊天、做自己喜欢的事情等,宣泄心理的不良情绪,在一定程度上可以缓解导游的心理压力。

2. 增强自信心是保持健康心态的关键

增强自信心是保持健康心态的关键,而具有良好的导游技能是增强自信心的关键。导游要善于学习,掌握丰富的科学文化知识,善于观察和研究游客的心理,为游客提供标准化和优质化的服务。在工作过程中,导游要用好自己的六"心",即爱心、热心、慧心、精心、耐心、恒心。导游工作的每一个环节,都要用"心"去做,如此才能得到游客和社会的认可和信赖。这些就是导游工作的源泉和动力,也可以增强导游的自信心,为导游的心理健康提供良好的条件。

3. 提高心理调节能力,维护心理健康

导游在面对突发事故、游客不配合甚至指责、家里有急事、身体不舒服等情况时,容易发怒着急,情绪不佳,长期下去,会影响自己的心理健康。这就要导游提高自己的心理调节能力,要知道"一切皆有可能""还有很多人在默默付出",面对挫折,不惊慌、不逃避,勇敢面对工作中的得与失,正确看待挫折造成的影响和后果。导游要在工作中保持良好的心态,使自己的心情相对平和、愉快,精神放松,这有利于保持心理健康,也能更高效地解决遇到的困难和问题。

(六)较强的自控能力

自控能力是导游必须具备的优良品质之一。导游较强的自控能力表现为能抑制自己的感情冲动,调整自己的情绪,控制自己的行为,以大局为重,做到"顾客至上"。

二、顾客对游览服务的心理需求

（一）求新

顾客追求游览中的新鲜感。顾客到异国他乡旅游从本质上说是一种求新、求异、求美、求乐的活动，因此，在游览时希望参观游览的地方有异地情调、新奇式样。求新的游览需求在顾客的游览活动中作用极大，往往左右顾客的游览行为。

（二）求异

顾客追求游览中的奇异性。好奇、探索是人类的普遍心理，人们对奇异的事物具有一种希望了解、一睹为快的愿望。由于生活水平的提高，人们把注意力投向自己生存环境以外的空间，而人的注意力又容易被奇异的事物所吸引，因此顾客游览时猎奇心理普遍存在。

人都有满足好奇心的欲望，往往是哪里出现了"稀""奇""古""怪"的景点，哪里就成为旅游热点。因此，奇特的旅游资源会对顾客产生强大的吸引力，没有奇异独特的旅游资源和活动项目便不能赢得较多客源。

当然，顾客也不是希望旅游资源越奇异越好。心理学研究发现，人面对过于陌生的环境、事物，也会产生不安全感。当处于完全陌生的旅游对象前，个体大脑里缺乏已有知识和经验作参照，会感到索然无味。所以，与生活环境差异过大的旅游景观也会使人望而却步，这就是奇异性与熟悉性的辩证关系。

（三）求美

顾客追求旅游资源的审美价值。旅游是摆脱日常生活羁绊后的一种集自然美、艺术美和社会美于一体的综合性审美实践活动，顾客会用"审美的眼光"来审视游览的过程。具有审美价值的旅游资源能给顾客以极大的心理满足。因此，顾客希望旅游资源是美的，只有按照美的规律来展示的事物才会满足他们的审美欲望。

（四）求知

顾客追求旅游资源的知识性。顾客越来越注重丰富的精神生活和增长知识，他们希望通过参观游览获得社会、历史、文化以及有关的科学知识，以提高自己的知识水平。例如，他们希望通过参观兵马俑，了解中国历史；提通过游览碑林，了解书法艺术；通过参观龙门石窟，探讨佛教艺术，增长佛教知识；通过游览桂林山水，了解地质方面的知识。甚至吃一顿美味佳肴，他们也希望了解一些饮食文化和烹饪知识。

（五）求参与

顾客追求旅游资源的可参与性。旅游是一种享受与观赏性的经历。但是顾客已不再满足于只当"看的人"，而要当"参与的人"，希望得到体验性。观看放风筝表演是观赏游览性活动，亲自放风筝则是参与性活动。这种动态的、融入对象之中的、具有直接体肤接触的旅游活动会使顾客情绪高涨，从而获得更大的心理满足。

因此，顾客在参观游览时，不愿意仅仅作为旁观者，而希望能参与进去，尽情地娱乐、享受。比如在参观傣族村寨时，希望能在那充满异族情调的竹楼里住一晚上；在参观泼水节时，希望能与傣族青年男女一起唱歌、跳舞、泼水、嬉戏等，这就要求旅游资源开发者丰富旅游项目，增强旅游资源的参与性。

三、不同阶段的游览心理状态变化

游览心理可分为初始、中间、结束三个阶段。

（一）初始阶段：激动兴奋，先睹为快

一般来说，人们选择到异国他乡旅游，大多是为了摆脱日常紧张的生活、烦琐的事务，成为一个无拘无束的自由人，希望自由自在地享受欢乐的旅游生活。通常情况下，顾客在到达某地之前，可能已经有一定的心理准备。他们可能听了到过某地旅游的亲戚、朋友所做的描绘、介绍，可能自己看过有关的导游资料，也可能在报刊上读过某人到某地旅游的游记文章，还可能听前一站的导游做过一些介绍，等等。这一切都可能唤起他们有关某地的想象。当他们亲身到达某地时，便急于目睹当地的地形、街道楼宇、人们的动态，了解事物之间的外部联系，以便获得一个初步印象。

因此，顾客初到某个旅游地，往往都会显得比较兴奋激动，并且会对当地的任何事物都感到新奇，什么都想看、想问、想知道。一些当地人司空见惯的平常事在游客眼里可能就是一件新鲜事，他们对此有强烈的追求新奇、增长知识的心理需求。例如，顾客初到北京，都希望能尽快看到繁华的西单、王府井大街琳琅满目的商店橱窗，欣赏天安门广场的壮丽景色，以及市内的各种建筑物。他们希望通过看进眼里，然后在脑海里描绘一幅形象的、自己所认识的北京风貌图。

（二）中间阶段：放松随便，显露个性

在一系列的旅游活动过程中，随着给顾客与导游以及顾客之间相互接触的增多，相互之间也越来越熟悉，一般的顾客都会感到轻松愉快。同时在旅游初期阶段由于环境、周围的人和事的陌生等原因而出现的求安全心理和戒备心理也逐渐得以消除，顾客会感到轻松、愉快，并渐渐拥有平静、悠闲、放松的心态。因此，顾客的性格缺陷开始逐渐暴露，如自行其是、没有时间概念、集体意识差，在一系列的参观游览活动中自由散漫，还会出现一些反常言行及放肆、傲慢、无理行为。在这一阶段，由于顾客之间彼此的人生观、价值观以及生活习惯不同，团队内部成员间的矛盾也会日益显现。

与此同时,大多数顾客在这一阶段还会出现一种求全心理,对自己所要参加的旅游活动有过于理想化的期待,认为自己既然是花钱外出,那么旅游活动中的一切都应是理想而美好的,从而产生生活和心理上的过高要求,对旅游服务和旅游产品横加挑剔和指责,一旦提出的要求得不到满足,就会表现出强烈的反应,甚至是过激的言行。此外,顾客在这一阶段提出的问题范围更广泛,也更深刻,甚至还会提出一些不友好以及带有挑衅性质的问题。

(三)结束阶段:多样化

一般来说,在旅游活动的后期阶段,顾客的心理是较为复杂的,情绪波动很大,可以说是既兴奋又紧张。兴奋的是在整个旅游过程中满足了自己的旅游目的,增长了见识,放松了心情,另外,旅游活动结束后,马上就可以返回自己的家乡,见到自己的亲人和朋友,和他们分享自己此次旅游的经历见闻。但是在这一阶段,游客也会出现紧张和忙乱心理,比如,觉得时间过得太快,还有部分纪念品没有买,还有朋友没有相会,担心行李超重,等等。此外,有些顾客觉得意犹未尽,对尚未结束的游览恋恋不舍,甚至对当地产生依恋之情。所以,在旅游活动的后期,导游应留出相对较为充足的时间让游客来处理自己的各种事务,本着认真负责的态度,尽力解决游客在这一阶段的困难,满足其要求。

四、不同类型顾客的游览心理需求

以上提到的旅游活动各阶段的顾客心态具有普遍性。但是,目的、性别、年龄不同的顾客具有不同的生活情趣,他们在旅游活动各阶段的心理特征不尽相同;而且,随着旅游环境的变化,游客的情绪也在波动。

(一)不同旅游目的的顾客

根据旅游目的的不同,可将顾客分为观光型、度假型、探险型、商务型、购物型及宗教型。不同旅游目的的顾客的游览心理也各异。

观光型顾客旅游的主要目的是游览、度假、娱乐,他们在这种形式的旅游活动当中基本上处于超然和客观的地位。他们要求旅游资源充分展现其独特的风貌,突出特色、个性,使自己在游乐中获得知识,陶冶情操,增知益智,获得美的享受。

度假型顾客为了达到其休闲、娱乐的目的,对风景区的要求多体现在"度假"二字上。他们对景区的食宿条件、服务水平、娱乐设施和娱乐项目这些软硬件要求都很高。

探险型顾客希望在各种活动投入中得到丰富、深刻的心灵体验,以满足他们潜在的心理需要。引起探险旅游动机的主要心理需要有体验和认知的需要,即顾客希望在探险旅游过程中得到神秘感、新奇感、不确定性(冒险)和异域生活等体验;而认知的需要首先表现为较低层次的"好奇心",即对特殊吸引物的好奇,其次表现为较高层次的求知欲,即对学习与探险旅游有关的特殊技巧和技能的兴趣和渴望,属于自我实现的需要。

商务型顾客以参加各种商品交易会、看样订货、业务洽谈会、学术交流会等为目的出行。他们的主要目的是与同行洽谈、交流。

购物型顾客是为购物或美食而出行，倾向于选择文化性较强、比较古典或有历史的节庆活动的地方作为目的地。这种类型的人大多数是女性，男性相对较少，并且传播性极广。旅行社主要应满足他们对一些特殊物品购买及收藏的心理需要。

宗教型顾客的旅游动机主要是为了满足其宗教信仰的需求。

（二）不同性别、年龄的顾客

在人类历史的不断进化和发展过程中，由于长期以来社会分工不同，在生活空间、与社会的联系与交往，以及所受的教育等因素的影响下，男性和女性的消费心理普遍存在着较为明显的差异。

一般来说，男性顾客在旅游活动过程中较为独立，遇到问题喜欢独立思考，并且喜欢从实际出发进行思考，不会带有很强的个人情绪，同时具有较强的自我控制能力。但是，男性顾客往往考虑问题不够周全，较为粗枝大叶，在一些旅游活动中爱出风头，喜欢表现自己。在旅游活动的选择上，男性顾客更偏向于选择带有一定的冒险性的、需要消耗较多体力的项目。此外，那些具有较强知识性的旅游项目也更容易受到他们的青睐。

相对于男性顾客而言，女性顾客在旅游活动过程中表现为依赖性较强、感情丰富并且易受感染。在旅游消费中，女性顾客极易因为旅游产品的特色、品位和环境气氛产生消费欲望。在参观游览过程中，她们也会因为导游富有表现力的讲解而情绪起伏。由于心细，女性顾客在旅游活动过程中更善于观察，考虑问题也更全面周到，处事也更严密。此外，女性顾客和男性顾客在体力上也存在一定的差别。因此，女性游客更喜欢参加一些休闲度假或是购物休闲，具有较强观赏性的旅游活动。

人的个性是随着年龄和生活经历的不断变化而发展变化的，所以，青年人和老年人的个性有很大的不同。青年人活泼好动，对社会上新鲜、时兴、冒险的事物具有浓厚的兴趣和好奇心，对当地的青年、学生的学习、就业、恋爱婚姻最感兴趣。他们精力旺盛，充满活力，爱玩也爱学，对所要到达的旅游景区往往表现出与众不同的渴望和向往心理，他们追求那些闻所未闻的引人入胜的景色。由此导致他们在游览中想象力丰富，想先睹为快，先玩为快。尽情地观赏和游览、多一点自由活动的时间、多拍一些照片留念，已经成为年轻人旅游团最大的需求。

老年人沉着老练，由于体力的关系，在活动量上比青年人要求低些，他们的性格特征和爱好也是比较鲜明的。老年人常有思故怀旧，希望得到尊重的情感，对会见老相识、老朋友，观看名胜古迹、古董文物有着特殊的兴趣。他们对异国的老年人的生活方式和在社会中的地位尤为关心。鉴于年龄的关系，老年人十分重视补养身体，具体表现在购物方面与一般人不同，他们多注意购买补养身体的名贵药材。

接待英国旅游团

五、导游在游览服务中的心理服务对策

（一）利用旅游知觉做好导游服务

旅游知觉是顾客对直接作用于感觉器官的旅游刺激物的整体属性的反映。例如，我们到达某一旅游地，看到的景色、闻到的气味、听到的声音、品尝到的美味等，以及形成的对该地的整体印象，就是旅游知觉。

1. 对他人面部表情的知觉

导游在旅游服务中准确运用面部表情，会给顾客留下亲切、舒适的印象，例如对老年人用尊敬的眼神，对小孩用爱护的眼神，对大多数顾客用亲切、诚恳的眼神等；平时要情绪稳定，目光平视，面部表情要根据接待对象和说话内容的不同而变化。导游要能通过面部表情准确判断顾客的情绪变化并随时调整服务。

2. 对他人体态语言的知觉

体态语言主要表现在一个人的手势、体态等方面。导游人员在给顾客做讲解服务时，可以从顾客的体态上来判断他们的心态。例如，如果顾客一只手的五个指头呈自然状贴着脸，很可能表明他对你的讲解产生了兴趣；如果顾客轻握拳托住自己脸的侧面，可能表明他对你的讲解渐渐不感兴趣，却又怕失礼而极力想表现出感兴趣的样子；如果顾客东张西望，脚在地上打拍子，大约就是在告诉你讲解该结束了。当导游与顾客商量某件事情时，会发现有些人会不自觉地用一只手摸自己的下巴，这可能意味着他们正在做决定。

3. 对他人服饰语言的知觉

衣着服饰反映了一个人对于服饰风格的喜好，通常也反映了人的内在性格特征和文化修养、社会地位、职业特点、经济收入状况等信息。例如，一个人戴眼镜且衣着款式比较保守，外表给人以文质彬彬的感觉，一般是文化修养较高的学者、教授；而西装笔挺，领带打得很整齐的，多是商人、公司职员，这样的着装给人以精明能干、守信、办事认真的印象。一般来讲，喜欢鲜艳、亮丽服饰的人，性格外向；喜欢素雅、大众化服饰的人，性格内向。导游人员通过对服饰语言的知觉可以判断不同顾客的特征，并给予准确的个性化服务。

4. 对他人声音的知觉

在人际交往中，人们通过声音就可以比较准确地判断出一个人的职业、籍贯、性格特征、情绪状态和身体状况等。一个人言语中的"乡音"、说话的内容、表达的方式，可以反映其籍贯、职业及文化修养。在旅游活动中，顾客是高兴的还是生气的，是冷静的还是激动的，是诚恳的还是虚伪的，都可以从他言语的节奏、语调的高低、音量的大小中观察出来。导游可以通过声音来了解顾客的情绪和态度。

5. 对他人社会角色的知觉

每个人在社会上都扮演着不同的角色，如厨师、老师、医生，画家……每一种角色都有一定的行为标准，每个人都根据自己扮演的不同角色调整自己，使自己的气质修

养与社会环境相适应,形成了不同角色的特有属性。而人们对社会中各种角色的人也形成了比较固定的认识和判断,这就是社会角色的知觉。人们普遍认为老师应该举止庄重、学识渊博,服务员应该仪态端庄、面带微笑。

导游人员在进行导游服务时,要根据顾客的社会角色调整服务方式和讲解的重点。例如,在游览人文古迹的过程中,针对儿童游客应偏重进行历史文化教育方面的讲解,而针对大众游客,则讲解时可相对通俗一些。

(二) 根据不同游览阶段的心理特点做好导游服务

1. 初到旅游目的地时顾客的心理服务策略

此阶段是导游树立和塑造自身良好形象的重要时机,导游要给顾客留下良好的第一印象,以便在随后的游览活动中更好地利用晕轮效应。只有如此,才可获得顾客的认同、接受,吸引和团结顾客配合自己的安排。在顾客初到某一地时,导游应该注意以下几点。

1) 安排的活动要轻松、愉快

由于顾客初来乍到,心理的紧张和压力大,所以活动的安排要尽可能地轻松,活动节奏可适当慢一些,便于为后面第二阶段的游览活动做好铺垫。

2) 帮助顾客认识周边的环境

人们在对周围的环境比较了解后,心理的压力就会逐渐减低。顾客对环境的认识和了解应该是多方面的,例如本地的交通状况、气候特点、风土人情、著名景点、风味小吃等。这就对导游提出了比较高的要求。应该引起注意的是,导游认为是司空见惯的事物和现象,对顾客而言可能是非常新奇的。导游应该多站在顾客的角度考虑问题,挖掘顾客关心的问题,做一些介绍。

3) 形成旅游团的相关纪律和活动秩序

由于在最初的阶段,顾客对环境不熟悉,所以他们比较信任导游,愿意听导游的安排。对于一开始就形成良好秩序的旅游团,导游后期所花的精力和时间相对来说都要少一些,顾客的满意率也会高一些。大多数情况下,顾客都愿意遵守相关的秩序。当然,导游没有必要板着脸宣布活动纪律,在谈笑间提醒顾客注意即可。需要强调的纪律和秩序主要有遵守游览参观的时间、乘车时的座位安排等。

2. 游览过程中顾客的心理服务策略

此阶段是指顾客在旅游目的地停留的第二天、第三天直至旅游活动结束前的第二天、第三天。顾客已经基本熟悉了环境,不安、紧张的心情开始弱化或解除,经过1—2天的休息,已经恢复精力、跃跃欲试了。游览参观的活动内容也丰富和充实起来。这是导游带队最困难的时候,也是最能体现一名导游的能力的时候。该阶段时间跨度比较长,容易出现各种问题和无法预料的事件。因此,导游要做好本阶段的工作,可以从以下几个方面入手。

1) 提醒顾客遵守旅游活动秩序

由于顾客初到旅游目的地的紧张心情开始松懈,个性化、自由活动的倾向开始出现,而且由于休息得比较好,精力充沛,情绪高涨,顾客脱离旅游团的行为增多。这就要求导游注意加强旅游安全的防范工作,多提醒顾客注意各方面的安全,要求顾客尽量集体活动,避免出现意外。

2) 妥善安排顾客的食宿

由于这一阶段的旅游活动安排比较密集,顾客的体力消耗大,为了保证客人有好的体力参观游览,导游应该和饭店的餐饮部和客房部多加协调,尽量让顾客得到满意的生活服务。

3. 游览活动结束阶段顾客的心理服务策略

此阶段是指旅游活动结束前的1—2天。顾客紧张、兴奋的心情开始松懈,关心的点转移到有关返程中的一系列问题上,也开始给亲人、朋友打电话,或者与旅游团中的成员话别以及购买一些相关的旅游纪念品等。旅游活动由高潮转向低潮,导游在安排游览项目时要注意放慢节奏,为了给旅游活动画上一个完美的句号。导游在此阶段应注意以下三点。

1) 给顾客留下充足的自由支配的时间

顾客在此阶段都会为离开该地而忙碌,例如要包装行李、给亲朋好友打电话;联络、购买一些旅游纪念品等,这些都需要时间来完成。导游要尽可能地为顾客的返程提供方便。

2) 处理好前期导游服务中的缺憾

在前面的旅游活动的过程中,由于种种原因,在服务中总会有一些缺憾存在,顾客可能会对导游的服务、线路安排有意见或情绪。对于客人出现的意见和情绪,导游应该认真对待,尽量弥补缺憾,不让顾客带着遗憾离开。导游挽回消极影响的手段和方法有宴请、合影留念、送纪念品等。导游应该重视这一项工作,因为每一个顾客都可能是旅行社未来的宣传者。

3) 给顾客留下最后的深刻印象

导游应该保持旺盛的精力,善始善终,精心安排好顾客最后几天的旅游活动,此时,安排的旅游活动宜精不宜多,应能为顾客留下深刻的印象。活动要特色鲜明,要在最后的低潮中凸显高潮。如果条件允许,导游可在离境时组织一场别开生面的欢送会,这一般会给客人留下极为深刻的印象。

(三)因人、因地制宜灵活进行导游服务

顾客来自世界各国以及国内的不同地区,他们有不同的职业、不同的文化水平、不同的年龄和性别、不同的爱好和兴趣。要做好导游,就要区别他们的不同情况,不能千篇一律。导游人员在带领游客游览的过程中,应因人而异、因时而异、因情而异、因景而异地提供导游服务。导游人员在讲解时,应对游客的背景、旅游资源本身的构成和地点等有所了解,以便能针对性地、恰如其分地做好服务工作。

有时尽管是导游同一地方,因天气不同,导游讲解的角度也应有所不同。如同样导游桂林漓江,晴天就讲"奇峰侧影",阴天就讲"云雾山中",雨天就讲"漓江烟雨",使得在不同天气游览的顾客都能领略到漓江风景的诗情画意。

任务实施

活动目的:掌握导游接待不同顾客的心理需求,灵活运用心理学知识提高接待服务质量。

活动要求:每个同学都参与进来,让学习目的更明确、学习内容更清晰。

活动步骤:1. 分组:将学生分组,每组6人。

2. 设计:面对不同的顾客,考虑到不同性别、年龄和目的等,进行模拟导游实训。

3. 讨论:各小组讨论对应角色的注意事项。

4. 展示:学生角色扮演。

活动评价:对学生的参与率、表现力、处理问题的方法、团队合作的效果等进行评价,包括学生自评、互评和教师评价。任务评价表如表9-2所示。

表9-2 任务评价表

评价	项目			
	课堂表现	语言表达	参与情况	团队合作
自我评价				
同学评价				
老师评价				

备注:评价等级为优、良、合格、不合格四等。

项目小结

旅行社接待人员和导游人员应尽量了解顾客的具体特征和心理需求,有针对性地提供服务,以高质量地完成旅游接待工作;应该注意把握不同顾客不同阶段的心理规律,利用心理策略完善接待服务工作。

项目训练

知识训练:

1. 顾客对旅行社的心理需求有哪些?
2. 旅途中顾客的心理状态会有怎样的变化?
3. 导游人员应具备哪些素质?

能力训练:

请运用心理学原理说明为什么初到目的地的顾客充满好奇心,以及导游人员如何满足顾客的好奇心。

项目十
其他接待服务心理

 项目描述

接待服务心理不仅包括酒店服务心理、旅行社与导游服务心理,还涉及食、住、行、游、购、娱等多方面的内容。对接待人员来说,一切为顾客着想就是其服务宗旨。在接待来访者时,接待人员应竭力让顾客玩得开心、行得放心,乘兴而来、满意而归,规范高效完成接待服务工作。为提高接待服务人员的从业能力,本项目总结了旅游交通、旅游购物及旅游娱乐方面的顾客心理特点,进一步讨论其他接待服务心理的服务策略。

 项目目标

知识目标

1. 了解顾客旅游交通心理需要及掌握相应的旅游交通服务策略。
2. 掌握顾客旅游购物心理、旅游购物心理的作用及旅游购物服务策略。
3. 了解旅游娱乐含义、类型,掌握顾客旅游娱乐心理及相应服务策略。

能力目标

1. 能够熟练运用旅游交通、购物、娱乐服务心理专业知识,在相关接待服务情境准确做出顾客心理判断。
2. 能够运用所学知识提高相关接待服务情境中的决策设计能力。

素质目标

1. 增强沟通能力,强化职业道德素质。
2. 提升职业能力,培养职业精神。

项目十 其他接待服务心理

知识框架

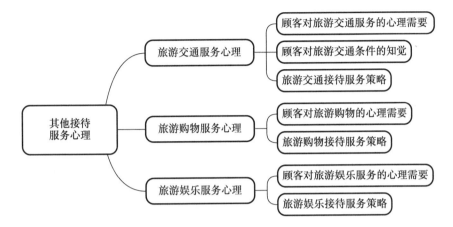

教学重点

1. 顾客旅游交通服务心理需要。
2. 顾客旅游购物服务与开发策略。
3. 顾客旅游娱乐服务心理需要。

教学难点

1. 顾客对旅游交通多样性与多层次的心理需要。
2. 旅游商品开发策略。
3. 旅游娱乐服务心理需要。

项目引入

在旅游学院的实习生座谈会上,旅游交通接待岗位小组实习生代表方舟表示:在交通服务过程中,总会遇到串位、换位或者占位的客人,明明都已经提前购票了,依旧出现这种情况,导致了客人间的冲突……客人需要什么样的旅游交通服务呢?如何避免客人间的冲突,营造和谐的旅游交通秩序呢?同时,旅游娱乐与购物接待岗位小组实习生代表小乐也提出:如今客人们喜欢外出旅游,旅游过程中喜欢购买旅游商品,而有时推荐及讲解过后,客人并不买单……如何分辨客人的需求呢?每个接待岗位的同学都有各自的疑问。在本项目中,心理学老师解答了他们的疑问,为他们讲解了旅游交通、购物、娱乐各个岗位的心理需要特点以及各类接待策略。

任务一　旅游交通服务心理

任务引入

2023年独库公路通车，受气候影响，独库公路每年只有四五个月的通车时间，吸引了全国各地的自驾车爱好者。当地的导游小舟平时喜欢在自己的抖音分享一些旅行见闻、带团经历和旅行规划。这天，一位来自北京的抖友邀请小舟作为他们一行4人的地陪，由小舟驾车进行历时7日的独库公路游。

独库公路北至克拉玛依市独山子区，南端连接阿克苏地区库车市，纵贯天山南北，全长561公里，沿线有峡谷、草原、湖泊、河流等独特的自然风光，有"五里不同景、十里不同天、一天经历四季"之说。小舟此次的接待将带领游客游览各地州高品质景区，包括独山子大峡谷、唐布拉、那拉提、巴音布鲁克、大龙池、小龙池、天山神秘大峡谷、苏巴什故城等。

由于路途较远、持续时间长，地理气候环境复杂，小舟提前做了沿途的活动准备，安排好路程衔接，争取更好地活跃旅途中的气氛，扫去大家的沉默。几天后，小舟从酒店接到了客人，信心满满地带着大家开启了新的旅程……

任务剖析

漫长的旅行既考验客人的身体素质和耐心，同时也是对导游人员交通服务质量的挑战。导游小舟面对如此艰巨的旅游交通接待任务，要应对多变的气候条件，留下难以忘怀的旅程体验，不仅要认真做好充分的物质和心理准备，还要勇敢地面对与接受对自己接待服务技能的考验。为保证客人安全、省时、舒适地游览每一个目的地，他要选择合适的交通工具，更需要用超高的语言技巧与服务技巧转移客人的注意力，消除客人路途中的乏味，使其保持愉悦、舒适的心情，有终生难忘的体验，具体的接待服务心理和待客技巧如下。

一、顾客对旅游交通服务的心理需要

旅游交通是指一般交通中服务于旅游业的部分，是人们利用某种手段和途径，实现从一个地点到达另外一个地点的空间转移过程。用西方旅游学家伯卡特和梅德里克的话来讲，旅游交通"既是顾客抵达旅游目的地的手段，也是在旅游目的地内活动往来的手段"。换言之,旅游交通就是人们在实现旅游活动的空间转移的过程中使用的交通设施和相关服务。现代接待业的发展必须依托发达的现代交通运输业。旅游交通决定着目的地的可进入性,没有旅游交通,客人的游憩活动便无法完成,后续的接待服务也就无从谈起。由此可见,顾客对旅游交通的心理需要是多样的和多层次的。

(一)顾客多样性的需要

1. 对安全的心理需要

马斯洛需求层次理论指出人有5个层次的心理需要,而安全需要是人们在最基本生理需求得到满足之后产生的另一种心理需要。在旅途中,顾客对旅游交通接待服务同样也具有安全需要,这也是一种最受关注、最首要的需求。顾客对旅游交通安全尤为关注,一些敏感的顾客甚至由于某些心理因素会对出行活动产生犹豫。

人们外出旅游是为了满足生理需要和心理需要,然而只有在安全的保障下,人才能乐在其中。安全是旅游活动的前提。只有获得安全的旅游交通服务,人们才敢放松心情进行旅游,从而消除紧张不安的心理状态。当然,由于顾客年龄、性格、经历等不同,对安全的需要也有较大差异。有的年轻人猎奇心重、爱冒险,想要创造特殊非凡的经历,安全需要相对不那么突出。而一些小心谨慎,或经历过交通事故,或年迈体弱的顾客,旅途中稍有异常动静就会惊慌失措,要求改变交通工具或调整活动线路,甚至取消去目的地旅行的打算。

2. 对便捷的心理需要

人们一般认为外出游玩,"游"是最终目的,而实现游的基础——旅游交通是到达目的地的条件。人们对外出旅游的时间认知是路途要快、游览要慢,因而在车、船、飞机等交通工具上的时间常常被认为是无意义的,是枯燥乏味的,特别是长距离的旅途,更容易使游客身心疲劳,所以人们希望在旅程中选择最快的交通工具,得到最方便快捷的旅游交通接待服务。

虽然有的目的地风景和民俗很有特色,但当旅游交通不便捷而其他刺激因素不够强时,顾客常常会产生厌烦的情绪体验和疲劳的生理感受。尤其胆汁质、多血质人格特征的人,或者急于到达目的地的人,更会觉得途中的时间过得太慢。顾客总是期望缩短时空距离,而现代交通工具的发展进步,也正在适应人们方便快捷的心理需要。对顾客来说,为了尽量缩短旅行时间,飞机是较好的选择。即使选择火车旅行,他们往往也会选乘直达快车或高速列车。高速公路、高性能汽车等,都可满足其对方便、快捷的需要。相关政府部门和企业也可利用其他智慧手段,智慧交通调度、智慧旅游停车,科学合理调动分配旅游区域内的道路交通资源,满足顾客旅途中的便捷需求。

3. 对准时的心理需要

人们旅游按计划进行,包括出发、交通、到达、返回等。旅行时间、游览时间、休息时间都会提前安排好。旅游交通是连贯的,误点会影响下一站活动,引起经济责任,如费用结算和入境问题。顾客需要获得准时的服务,误点会打乱他们的计划,影响他们的旅行进程和心理平衡。总之,顾客需要准时可靠的服务以维持正常生活和计划旅行。

知识活页

智慧旅游场景应用之智慧交通调度与智慧旅游停车

4. 对舒适的心理需要

人们休闲旅游投入时间和财力,追求身心的快乐享受。舒适与快乐感受决定其价值。大众旅游时代,人们更注重舒适愉悦的心理需求,不仅在景区内,而且在整个旅行活动中,包括旅游交通过程中。旅游交通接待服务不仅要提供便利,也要保证舒适。交通设施条件直接影响游客的感官体验。顾客期望乘坐外观美观、宽敞舒适、方便游览和休息的交通工具,配备空调、Wi-Fi全覆盖,始终洁净卫生;希望候车(机、船)场所设备齐全,环境优雅舒适、安心宜人。

5. 对个性的心理需要

旅行是一种高层次的精神消费,随着人们生活水平的提高,对旅游交通方式、旅行线路和目的地的选择具有更大的灵活性和自主性。高端顾客由于收入水平和旅游消费能力较强,对旅行的灵活性和自主性要求更高。不同社会群体有不同的人格特征和心理需求。不同世代的人在交通发展阶段和经历上存在差异,因此在选择交通工具时有个性化的偏好。"80后"和"90后"拥有较好的经济基础,更倾向于选择飞机和自驾,而"00后"由于经济原因更倾向于选择火车和大巴。

(二)顾客多层次的需要

1. 不同收入水平顾客的心理需要

一般来说,不同收入水平的顾客选择交通工具和旅游交通心理会有较大差异。

1)低收入顾客

收入较低的顾客旅游交通需求低,为了节省旅游交通费用,多选用价格低廉的交通工具,并能够接受某些交通服务不到位带来的辛苦。

2)中等收入顾客

中等收入水平的顾客通常选择热门景点或成熟的景区,对旅游交通的需求一般,对服务质量要求较高,通常追求中档和方便,一般钟情于价格适中且方便的交通工具。

3)高收入顾客

收入比较高的游客,在旅游交通工具的选择上,更多追求高雅、舒适,以及好的服务态度,不会过多考虑交通费用。

2. 不同旅游目的顾客的心理需要

1)享受旅途者

享受旅途者注重旅途中的舒适感和愉悦感。他们有充裕的时间,并期望获得安全的交通保障。其主要目的是享受旅途,所以对交通过程中提供的服务项目较为关注,希望能得到较为细致周到的旅途服务。

2)看中目的地者

看中目的地者以目的地为首要考虑标准,若以度假为目的,会希望尽快到达旅游目的地,将更多的时间用于休闲度假。这类人群对旅途不感兴趣,也不太关注旅途中的各项活动,难以调动其参与活动的积极性;在交通工具方面倾向于选择飞机、高铁、特快列车,希望尽可能缩短旅程,争取更多的休闲度假时间。

3) 走马观花者

走马观花者会在整个旅途过程中采用"打卡式"的旅行方式,快速观赏游览名胜古迹、风土人情等。他们的旅游可能会与购物、娱乐、考察、公务等相结合。他们是最传统、最常见、最基本的游客类型,也是我国游客的主体。其中,中青年人占比较大。他们要应对激烈的社会竞争,要工作、学习,拥有极少的闲暇时间。他们出游大都选择节假日以及与出差有关系的旅游线路。为了能在有限的时间内尽量多走、多看,他们往往会平分旅途和目的地的时间。

4) 猎奇求新者

猎奇求新者拥有帕洛格心理类型模式中的"多中心型"心理类型模式。这类群体思想开朗、兴趣广泛,喜新奇、好冒险,活动量大,不愿随大流,喜欢与不同文化背景的人相处,喜欢到不为人知的目的地体验全新的经历;在旅途中往往会舍弃四平八稳的交通工具,而选择其他较新奇的交通工具,比如山地车、越野车、滑翔伞等,以获得全新的刺激体验和与众不同的感受。

二、顾客对旅游交通条件的知觉

旅行活动是在三维空间中发生的,人们既可以用旅行时间,也可以用旅行距离来感知量度某个旅游活动。而空间的远近、时间的长短都可以直接影响顾客的动机、态度和对旅行的决策行为。顾客对旅游交通接待服务的知觉与旅行时间、距离和交通工具密切相关。人们通常用时间来感知距离,比如乘坐火车从南京到杭州需要4个小时,而到上海只需要2个小时。不同的交通方式也会影响人们对旅行的知觉,例如乘坐大巴需要4个多小时,而乘坐高铁只需1.5个小时。因此,人们对旅游交通条件和交通工具的选择性知觉也影响其对旅游交通接待服务的知觉,从而影响人们的后续旅行行为。下面从人们对时间、距离、交通工具的知觉来讨论人们对旅游交通条件的知觉。

(一) 对时间和距离的知觉

1. 对时间的知觉

时间知觉是人脑对客观现象延续性的一种反应。人们对旅游活动的时间知觉是很敏感的。国内很多学者都倾向于用"一快、二慢、三准时"来描述顾客对时间的知觉,即旅途要快、游览要慢、旅游活动安排一切要准时。

1) 旅途要快

旅游过程本身枯燥乏味,所以顾客对于旅行时间的知觉,总是要求短些、短些、再短些。要在有限的时间内完成从居住地到目的地的行程计划,就要设法缩短无意义的旅途时间。这也正是顾客在旅游交通工具的选择上,宁愿多花钱乘飞机,也不愿少花钱坐火车的原因。

2) 游览要慢

旅游交通是手段,游览才是目的。在游览过程中,顾客总是希望在有限的时间里多看一些景点,并希望能够细细观察、慢慢欣赏。所以游览区内的交通应舒适、保证时间充足,前面旅途的快所节省的时间也为慢慢地游览提供了时间条件。

3)一切要准时

在工业化社会中,人们存在时间的压力,已经养成了守时的习惯。顾客希望整个旅游活动能够在计划和预料之中进行,即准时出发、如期归来,否则多少会给顾客带来一定的心理压力,引起内心的不安。

2. 对距离的知觉

人们对距离的知觉对顾客的决策和行为既能产生消极的阻碍作用,又能产生积极的激励作用。

1)距离的阻碍作用

国外地理学家曾提出距离摩擦力这一概念,它的意思是:旅游要付出一定的代价,当一个人从居住地到目的地旅游时,要付出金钱、时间、体力等方面的代价,而且还要付出感情上的代价。距离越远,付出的代价越大。这些往往使人对旅游望而生畏,因此,只有能从旅游中获得某些好处,并且这些代价能得到回报时,人们才能下定决心去旅游。这些代价起着摩擦力的作用,它抑制人们的要求,所以距离可起阻碍作用。的确,当旅游的距离增加时,旅游费用也会增加,体力的消耗、时间的花费都将随之增大,人们就更不容易下决心到较远的地方去旅游了。

2)距离的激励作用

研究发现,距离对人们具有一定的激励作用,特别是遥远的目的地会更具吸引力。即使两个旅游环境大致相同,但由于距离不同,其中一个遥远的目的地会格外吸引人。心理上,遥远目的地所带来的朦胧感和神秘感不仅给人们带来更多变化和新奇的期待,也增加了对多样性的渴望。在不考虑经济成本的情况下,所有这些理由都会使人们觉得在家乡附近的游乐活动无法替代远离故乡去度假的愿望,常言道"距离产生美,产生神秘感"。事实上,当经济条件允许时,只要人们对远距离目的地感兴趣,开展远程旅游是轻而易举的。

(二)对交通工具的知觉

1. 对飞机的知觉

人们对飞机的知觉重心主要在四方面。一是安全。人本不是在空中飞行的鸟类,对安全的关注是常有的事,特别是初次乘坐飞机的乘客更为关注安全性。二是票价。机票价格是一个非常敏感的问题,如果价格高,除了一些有钱人为了显示富有、炫耀地位而乐意接受,人们都会觉得太贵,望而却步;如果价格过低,人们可能会产生该航空公司不景气、服务质量差、设备陈旧之感。三是服务。人是有感情的动物,都渴望得到他人的关心、体贴与帮助。飞机票价较高,乘坐飞机又是一种享受,人们当然对航空服务看得很重。四是机型。一般而言,人们对机型的知觉并不突出,但坐多了飞机的乘客和远距离飞机的乘客,会明显更看中机身宽敞的喷气式飞机。而随着飞机之旅已成流行,人们对机型的知觉也在强化。

2. 对火车、高铁的知觉

火车是最早出现的大众交通工具,从产业革命至20世纪50年代一直在交通中扮演着主导角色。虽然火车速度较慢且不够灵活，但其运力大、票价低、安全性高、环境友好，且不受交通堵塞影响，因此目前仍然备受人们喜爱。

随着高速铁路的兴起，人们对火车的认知逐渐转向注重保护环境、休闲、可靠和体验佳。高铁等逐渐成为特定的旅游选项，提供给乘客欣赏沿途风景和体验火车本身的机会。例如，修复停运蒸汽机车并将其应用于通往旅游景点的专线，可以唤起人们的怀旧情怀。此外，开设独特主题的高铁专列如"烧烤专列""熊猫专列""赏花专列"等，既增添了乘车的乐趣，又为旅行增添了一种独特的体验。

3. 对汽车的知觉

随着汽车工业的发展，各种车型的出现，以及拥有小汽车的家庭比例不断增大，加之长途公共汽车运营网络的不断扩大、完善，高速公路网兴建等发展变化，汽车成为人们短途外出旅游的主要交通工具。这种方式的特点是自由、方便、灵活，但安全系数相对火车来说就比较低了。外出旅行乘坐汽车时，人们除了知觉路线外，更注重知觉车型、车况、设备等。比如，对于大型游览车，人们对它的知觉重心更多在车窗是否特别宽敞，车内是否有空调设备，座椅是否舒适，车内防震系统能否减轻甚至消除颠簸等上。

4. 对轮船的知觉

船是古老的交通工具，但将它作为旅游交通工具却是近代才发展起来的。它真正的目的是提供一种旅游经历，而不完全是从一个目的地到另一个目的地的运输，主要包括游轮服务和短距离轮渡。人们对游轮服务的知觉重心主要在是否具有休闲度假的功能，游轮上设施是否齐全、豪华舒适，能否满足客人的各种需求等上。因此，游轮常被形容为"漂浮的旅馆"和"漂浮的度假胜地"。另一种轮渡服务则在岛屿和大陆之间，或河口等特殊地点提供唯一的交通工具。随着自驾游的兴起，人们对轮渡服务的需求也增加了。在全球范围内，欧洲是轮渡服务的主要集中地。例如，在英国，跨海峡轮渡是前往欧洲大陆自驾旅游交通设施的一部分。因此，人们对轮渡服务的知觉重心偏向于船速、装卸设备的效率以及航线覆盖范围等。

5. 对特种交通工具的知觉

特种交通工具主要是指为满足人们在旅游景区（点）内的空间位移、丰富人们的活动内容而提供的特殊运输工具。这些运输方式实际上更适合看作旅游活动中的游乐。它们各具特色，有较强的地方特色和民族风格，能丰富游客的旅游体验和经历，但局限于旅游景区（点）内。比如索道、畜力交通工具（牛、马、驴、骆驼等）、人力交通工具（自行车、三轮车、轿子等）等。这些交通工具可以满足人们求新、求异的心理需求，使人们旅行更为方便，并使人们产生某种紧张和刺激感，同时又满足人们对地方和民族特色进行体验的需求，特别是对于长期生活在城市的人来说，更具吸引力，符合人们亲近自然、回归自然的现代需求。

三、旅游交通接待服务策略

(一)完善的旅游交通硬件建设让顾客行得放心

1. 合理的线路设计

地区和城市在进行对外交通规划时,应当将旅游接待业发展、满足旅游交通需要作为重要的考量因素。要让顾客"进得去、出得来",政府部门就要设计和规划安全、高效、四通八达的铁路、航线、公路网。

2. 网络化的交通服务设施

旅游交通接待服务的设施是为顾客服务,并提供最佳心理效果的硬件。"工欲善其事,必先利其器。"所以,首先应加强硬件建设,使机场、车站、码头、运输工具逐渐现代化、网络化。我国首都国际机场是现代化的航空港,拥有世界先进的各种大中型客机,而且可以保证世界上任何类型的飞机在复杂的气候条件下顺利起降,从而解除了游客对交通的担忧,使游客随时来得了、走得开,行动自由。北京大兴机场线树立起城市轨道交通服务品质的新标杆,作为全行业第一条"准高铁、公交化"的市域快线,创造出城市轨道交通领域的新标准、新速度、新高度。大兴机场线落地了DTO全自动运营、四八混跑、智能运维一体化中心、语音购票、智能客服机器人等项目,在外观、内饰、公共服务区域标识系统设计上充分考虑了顾客需求,以网络化、现代化硬件设施建设,满足了顾客对猎奇、便捷、舒适的需要。

3. 适宜的交通工具

首先,要配备与旅途相适应的交通工具,以首要确保旅途的安全和便利,减少不必要的旅途拥堵和滞留。其次,要安排多样化的交通工具,满足顾客多样性的需求。现代旅游交通工具主要是飞机、火车、汽车、轮船。而中国传统的交通工具包括用于游览小巷胡同的三轮车,用于体育旅游与郊游的自行车,用于沙漠旅游的骆驼、勒勒车(蒙古式牛车),用于草原旅游的马匹、牛车,用于山地旅游的轿子、滑竿、溜索,用于水上旅游的游船、竹筏、羊皮筏、乌篷船等,都是现代旅游交通的一种补充的短途载客工具。

同步案例

观光车引发的关注

"走进盐湖,湖面犹如一面镜子,蓝天、白云、雪山、倒影,纯净地交织,如同一场梦境。"这段留在网络上对茶卡盐湖诗意的描述,勾勒出无数人向往的"诗和远方"。

但从2021年5月到2022年7月初,游客自驾前往青海茶卡盐湖景区时,都会被拦在景区外的游客集散中心,需要乘坐票价30元的旅游环保观光车前往景区。

社交平台上,多位游客发布的短视频内容显示,茶卡盐湖景区景区正门距离核心景点需要步行几十分钟到达,游客需要再购买小火车车票,才能到达盐湖核心景观。另外,景区小火车速度慢、排队长等问题,也受到很多游客质疑。

舆论压力之下,2022年7月11日,茶卡盐湖景区保护利用管理委员会发布通告称,自7月12日起取消茶卡游客集散中心旅游环保观光车30元乘车费用,最大限度让利于广大游客。同时,进入茶卡盐湖的17座以上旅游大巴车通过茶卡旅游集散中心直接驶入景区停车场,17座以下游客车辆继续停放茶卡旅游集散中心停车场,免费乘坐旅游环保观光车快速进入景区。

(资料来源:中国旅游报)

案例分析:本案例中茶卡盐湖景区内部为游客安排了旅游环保观光车,用适宜的交通方式让游客行得放心,便利游客的出行游玩。但观光车收费、速度慢、排队长等问题不利于游客对景区接产生正向反馈。后景区取消观光车费用,让利于游客的行为进一步体现了其"以客为主"的接待策略,实现了交通工具的适宜性。

(二)优质的旅游交通软件建设让顾客行得舒心

1. 情感化、灵活性的交通接待服务方式

旅游交通接待服务是为顾客提供的一种旅游服务,顾客对服务知觉的判断来源于接待人员的态度。所以要提高旅游交通接待服务质量,取得最佳效果,政府部门和企业就必须加强交通服务的软件建设:要培养接待人员良好的心理品质,例如,高尚的情感、坚强的毅力、良好的应变能力等;要培养接待人员过硬的知识技能与敏锐的观察力,使接待人员善于了解顾客的好恶、困难、需求和愿望,善于捕捉顾客心理和情感的变化,在客观条件许可的情况下,"想客人之所想,急客人之所急",尽力满足顾客对旅游交通的合理要求,做好顾客的知心人。

2. "一站式"服务体系

"一站式"服务体系可以为游客提供便捷的出行,体现"城景一体、主客共享"的服务理念。在"一站式"服务体系中,旅行社或旅游交通部门提供接送、游览、导游解说、食宿等项目,满足游客的多项需求。它尤其适合团体包价旅游,一方面可免除游客的劳累,另一方面在价格上要相对优惠些。"一站式"服务体系具有全程联网的特点,涉及不同的管理部门和各种交通工具。其中任何一个环节出现意外,就要发生一系列的连锁反应,影响正常运转,给游客带来诸多不便。这就需要民航、铁路、车船队、饭店、餐馆、旅游点等部门在游客入境到出境的整个过程中,做大量的组织联络与协调工作。比如,海南省建设的智能交通综合管理服务平台,把政府各部门所有的信息系统与大部分交通企业业务系统的数据资产进行整合,实现了对路网、运政、客运、物流等行业的智能监管与服务全覆盖,打造出一站式共享化的服务平台。通过挖掘整合智能交通平台的功能,海南已实现了公路水路的网上自助购票与检票、人脸识别、安检、车辆过磅等服务功能。同时，这个平台还能及时监测省内高速公路的通行异常、堵塞等情况，并对高速公路的通行信息予以实时通报。

"一站式"服务体系又好像高水平的"接力赛"，要求强化质量意识和服务意识，协调处理好各种关系，实行全面质量管理，尽量使游客方便。"一站式"服务体系中，政府部门或企业在接待服务和交通工具等方面在时间上要有精确的安排、周密的计划，努力把由突发性问题给旅游活动造成的影响减小到最低限度，使食、住、行、游、购、娱各环节节节衔接。游客只需将有关费用一次付清，出发后即可按照预定日程旅行游览。途中多次购票等烦琐手续的免除，很好地满足了广大游客求方便的心理需求。

同步案例

重庆市大三峡旅游集散中心："一站式"服务助你畅游大三峡

重庆市大三峡旅游集散中心总建筑面积2万平方米，共设有5层功能区，能全方位满足旅游交通、咨询、投诉、导服、休憩、购物、虚拟现实体验、大数据分析等功能需求，为游客提供"食、住、行、游、购、娱"全要素"一站式"旅游服务，大幅提升三峡库区旅游服务能力。

一层旅游运输服务区，提供交通换乘、车辆停靠、充电加气等服务，开通了万州至开州、云阳、巫山、巫溪等地的城际快车和景区直通车，实现与机场、铁路、港口、长途客运站无缝对接，为广大旅客提供"水陆空铁"一体化交通连接，是三峡库区最大的旅游客运枢纽。二层旅游餐饮服务区，提供短途休憩或中转过程中的用餐等服务，让游客在此即可品尝万州格格等库区特色美食。三层游客接待中心是大三峡旅游集散中心的核心区域，直接连通万州高铁北站站前广场，设有旅游咨询服务台、渝东北文旅大数据监测平台、"畅游三峡，万州出发"5G+VR体验区、万州机场城市候机楼、"三峡好礼"特色旅游商品店、三峡旅游市场主体接待服务点等。四层旅游酒店服务区，轻松实现酒店预订、入住办理、接送对接等需求。五层人才培训和交易市场，提供行业集聚、产业协同、人才汇集、创新培育等服务。

1. 先进数字技术为游客提供全新体验

集散中心还运用了最先进的数字技术，建设了"渝东北文旅大数据监测平台"和"畅游三峡，万州出发"5G+VR体验区，为游客带来全新的旅游体验。

(1)渝东北文旅大数据监测平台。

渝东北文旅大数据监测平台将渝东北11个区县的文旅数据进行接入、融合、分析、展示，通过大数据为游客推荐合理的旅游出行计划和线路，帮助景区合理协调资源，极大改善了游客旅游体验。

(2)"畅游三峡，万州出发"5G+VR体验区。

"畅游三峡，万州出发"5G+VR体验区由热门景区5G实时显示、"全景三峡"虚拟现实体验、"惠游大三峡"小程序三个部分组成。通过VR设备，游客可在虚拟现实中身临其境地感受三峡库区各大景区景点的优美风光。游客启动"惠游大三峡"小程序,可实现景区预约畅游、路线推荐、资讯查询、线上商城购物、旅游投诉建议等功能,乐享智慧旅游。

2. 特色旅游服务点方便游客出行

万州机场城市候机楼,让旅客享受"空地无缝隙衔接、零距离换乘"的航空运输服务体验。"三峡好礼"特色旅游商品店,让游客把三峡好礼带回家——一键扫码下单,物流配送到家。三峡旅游市场主体接待服务点,协调游客、旅行社、旅游景区和旅游行业资源,满足散客、团队、定制旅游的多样化服务需求。中心还可根据游客出行需求,提供个性化定制服务,帮助游客自由选择旅游产品,自主设计出行线路,让旅游更简单、快捷、安全。

(资料来源:三峡传媒网)

案例分析:三峡旅游集散中心"一站式"服务满足了游客在特定空间内的吃、住、行、游、购、娱全要素需求,通过全面质量管理,让"便"于客。"一站式"智慧服务体系,让旅游接待更贴合游客对简单、快捷、安全、个性的心理需求。

任务实施

活动目的:通过完成以下案例的分析,让学生能够评定旅游交通服务心理,了解旅游交通接待服务策略。

活动要求:结合任务引入案例,谈谈你对旅游交通服务心理的理解和体会。请你根据任务中的知识,分析导游小舟的接待服务,涉及几种顾客的旅游交通心理需要?如果你是小舟,针对旅游交通中的心理需要,你应如何提供接待服务?

活动步骤:1. 以一定方式将学生进行分组。

2. 以任务引入案例为例,每个小组以情景再现的方式,模拟如何满足顾客对旅游交通接待服务的心理需求。

3. 各组展示完后,对案例中涉及的顾客心理需要及应提供的合理的接待服务策略做出总结。

4. 对比每组的总结,进行自评、互评、教师点评。

活动评价:旅游交通服务心理策略考核表如表10-1所示。

表10-1 旅游交通服务心理策略考核表

组别　　　姓名　　　时间

项目	分值	扣分	得分
服务流程完整	20		
明确了顾客的心理需要	30		
合理运用旅游交通服务心理策略	30		
服务效果良好	20		

续表

项目	分值	扣分	得分
总分	100		
学生自评			
小组互评			
教师点评			

任务二　旅游购物服务心理

任务引入

一个上海旅游团队正在北京故宫博物院游览,其中有位客人喜欢在游览后去看一看当地的旅游商品店,并买一些小礼品带回去,于是向导游小乐咨询。导游小乐向他推荐了故宫博物院内的故宫商店、故宫书店,说其中有一些带有北京特色的和一些带有故宫特点的商品,可以根据自己的喜好购买,也可作为纪念或者作为礼物送给友人,客人听后非常感兴趣。到了故宫书店内,客人特别喜欢书店内的一些文创产品,想要买一些带回去,但是想买的太多,自己随身携带又不太方便,犹豫不决,最终放弃购买。这时,导游小乐向店内导购咨询,是否可以帮忙邮寄。一位导购员告诉他,店内的商品在手机上也可以下单,关键是可以直接邮寄到家。客人非常高兴,随即就按照导购的提示点进了"故宫博物院"小程序,最后买到了他心仪的文创产品。在小程序里,客人还发现有"传给故宫"影像商店,这真是个极大的惊喜,以后就可以直接在手机上下单了,这可太方便了。

任务剖析

旅游购物服务是接待服务的一个重要组成部分,购物是顾客旅游过程中的主要活动之一,甚至可能是顾客出游的主要动机。在接待服务中,研究旅游购物服务心理主要是为了了解顾客的购物心理差异,从而预测顾客的购买行为,有的放矢地调整接待服务策略。旅游商品销售收入是旅游业收入的重要来源,对地区经济发展也具有巨大的带动作用。

一、顾客对旅游购物的心理需要

旅游购物是指顾客在旅游准备阶段和旅游过程中购买各种实物商品的行为。它不但包括专门的购物旅游行为,还包括旅游中一切与购物相关的行为,但不包括出于商业目的进行的购买,即为了转卖而做的购买。旅游购物心理是指顾客对旅游过程中旅游商品和购物服务的能动反应,包括购物的知觉、需要、动机、态度、兴趣、情绪等心理过程和个性心理;从心理内容的角度看,包括对旅游商品和旅游服务的心理反应。研究顾客的购物心理,激发顾客的购物动机,有助于推进旅游购物的发展。

(一)旅游购物心理需要

1. 纪念需要

顾客购买旅游商品希望其具有纪念意义,这种心理非常传统与典型,表现为对异地地方风情、民族特色、审美价值和纪念价值的旅游商品具有浓厚的兴趣。"不远万里,满载而归",这是顾客在离开旅游地返乡时的共同心愿。旅游活动是值得游后回味的活动,多数顾客都希望购买某种旅游商品留作纪念,有的甚至希望在商品上铸刻地名、人名等有纪念意义的文字,以留作曾去过某地的凭证。在许多顾客的意识里,外出旅行不买一些旅游纪念品回来,就无法在将来睹物思景,无法留下一段追忆,是一个很大的遗憾。为了满足纪念的需要,大多数的顾客或多或少地会产生旅游购物行为。当下,游客购买的不仅有实物纪念品,甚至有数字藏品。比如,游客去杭州游玩时购买西湖AR明信片,购买圆明园的"创世徽章""并蒂圆明"、云南的"数藏大理·崇圣寺三塔"数字藏品等。

> **知识拓展**
>
> **元宇宙+文旅:数字钥匙开启创新发展之门**
>
> 建设数字中国是数字时代推进中国式现代化的重要引擎,是构筑国家竞争新优势的有力支撑。2023年2月,中共中央、国务院印发了《数字中国建设整体布局规划》,提出要推进文化数字化发展,深入实施国家文化数字化战略,加快发展新型文化企业、文化业态、文化消费模式。
>
> 从智慧旅游的概念来看,利用新一代信息技术,借助便携的终端设备,通过互联网、无线网络、传感网,实现各类旅游要素的自动感知、信息的及时传送和决策分析,可以提升游客在食、住、行、游、购、娱等旅游活动中的自主性和互动性,为游客带来超乎寻常的旅游体验和无处不在的智能化旅游服务,提高旅游质量。当下元宇宙与文旅结合,企业需要围绕游客旅游全过程,在制定旅游攻略、分享旅游体验等各个环节中发掘典型应用场景。
>
> 中华文明探源工程是迄今为止世界上规模最大的研究古老文明起源、形成的综合性研究项目,有考古学、历史文献学、古文字学、天文学、环境科学等20多个学科直接参加研究。而这些文化基因都可以通过元宇宙进行在线展

示,让年轻朋友通过他们喜爱的数字化虚拟空间的方式感知和了解中华文明,感知当时的历史场景。

遗迹、文物凝聚着中华民族的优秀文化和文明成就,利用元宇宙科技来创新探源成果的转化与传播形式,让文物和文化遗产"活"起来,对更加完整准确地讲述中国古代史,更好发挥以史育人的作用,立足中国大地,讲好中国故事,向世界展现可信、可爱、可敬的中国形象,展现中华文明的悠久历史和厚重底蕴具有重要的积极作用。

(资料来源:中国文化报)

2. 馈赠需要

馈赠需要是一种普遍而永久性的需要,特别是在中国这样人情观念浓厚的社会中是很普遍的。人是重感情的动物,在旅行归来时总需要购买旅游商品馈赠亲戚、朋友、同事,分享喜悦。即使现在网络电商很发达,大多数商品在本地都可以买到,但从旅游地带回来的商品有别样的含义,它代表了对亲朋好友的关心、礼貌,既可以增进彼此的情谊,也可以提升自己在别人心中的形象。对于某些顾客来说,他可以不为自己买,但不可以不为家人、亲戚、朋友买。所以,旅游地的名特优产品、特种旅游纪念品、特色工艺美术品往往深受顾客喜爱。

3. 实用需要

顾客在购买旅游商品时,首先要求商品具有实用性,讲究实用。这种心理动机是顾客普遍存在的购物心理。顾客在购物时特别会关注旅游商品的品牌、质量、功能和实用价值,购买时仔细慎重、精打细算,不易受外形、包装、广告宣传的影响。顾客购买商品不管是自用收藏抑或是馈赠亲友,首要看的是商品是否有实用价值,能否在日常生活中派上用场,可以作为艺术审美装饰,或作日常生活用品,然后再考虑是否要购买。例如,那些物美价廉、经济实惠的茶叶、中药材、丝绸等,深受日本和东南亚游客的喜爱。他们在中国之旅行程结束返回之前,都会想到购买当地名优土特产带回家,以作孝敬父母、馈赠亲友之用。

4. 求新异需要

随着生活水平的提高,人们消费观念与消费习惯有了极大的改变。如今很多顾客好奇心强,喜欢标新立异,追求自我价值,时尚、新颖、独特、个性化的商品最能满足他们追新猎奇和追求个性的心理。这类顾客为满足好奇而外出旅游,在旅游过程中,买到异地他乡具有新奇性的旅游商品更是满足好奇心的一个重要方式。他们不重视商品的实用性和价格高低,而是更多地关注商品的造型、色彩、式样、外观等。他们能敏锐地感知广告宣传和社会潮流,易受情绪的支配。例如,Bearbrick积木熊和盲盒等完美贴合年轻人求新异的心理需要;香港之所以成为"购物之都",也是因为那里引领时尚潮流的商品吸引了众多的时尚青年前往购物。

5. 审美需要

旅游商品应具有独特的创意和美感,游客希望购买旅游商品是融合了美观、新颖和精致的审美艺术的,尤其是中高等收入阶层的顾客会不惜重金买下具有独特审美情趣的旅游商品。他们非常喜欢具有民族特色、地域风情和审美价值的旅游商品,对那些具有艺术美、造型美、色彩美的旅游商品更感兴趣。我国不同地域、不同民族的服饰类旅游商品五彩斑斓,各种材料、颜色或样式的搭配形成特色鲜明的服饰文化;我国有八大菜系,而隐藏于不同地区、不同民族的饮食类商品也是种类繁多、口味各异;全国各地不同民族的传统居所,有的雕梁画栋、精美绝伦,有的简洁朴素、经久耐用,千差万别,各有特色;而竞技游戏、传统歌舞、传统技艺、民间文学等传统旅游产品更是五花八门、缤纷多彩。这些经历了岁月洗礼的旅游商品,可以满足不同地域和民族民众的审美需求,带给顾客悦耳悦目、悦心悦意、悦志悦神的审美体验。

6. 尊重需要

每位顾客都有自己的内在价值感,有人格,有尊严,希望在旅游购物中受到他人的尊重,这种尊重需要也体现在顾客购物的过程中。比如去往多数人难以前往的旅游地旅游购物,常常会受到其他人的羡慕和崇敬,从而有助于满足个体受尊重的需求。顾客希望在购物时避免国籍民族、风俗习惯、崇尚爱好、体态特征、经济收入等方面的区别对待与侵犯。每位顾客在购物时总想买得称心如意,特别是在购买一些高价、技术性强的商品时,总希望多了解关于如何选择、如何使用的知识。他们希望销售人员面带微笑、热情回答他们的询问,希望销售人员语言文明有礼貌并尊重他们的生活习惯与爱好,能够"百问不厌,百拿不烦"。

(二)旅游购物心理需要的个别差异

1. 年龄差异

随着年龄与生活经历不断变化,人的购物倾向也随之变化。青年人追逐新潮时尚,他们活泼好动,精力充沛,自我表现欲强,是旅游活动的主力军。他们在购物时总爱表现出自己家庭的优越或自身的与众不同,追求个性张扬,非常喜欢那些能体现自我个性的商品;求美心理与好胜心理都特别强烈,只要经济条件许可,绝不吝惜钱财;重感情易冲动,易受外界影响,因而购物具有从众性和群体性。他们总认为自己可以独立思考,不愿被当作小孩看待,在接待服务时若向他们过多地宣传解释容易引起他们的反感。

中老年顾客阅历广,生活经验丰富,能对商品做出全面评价,能控制自己的情绪,不易受外界干扰,有较强的自主购买意识,不仅要求商品外观别致美观,同时也要求商品质价比高,自尊心强,希望能得到优质的接待服务。他们在购买一般物品时虽然有较明显的求实求廉倾向,但对自己喜欢的物品也很舍得花钱,特别是对名人字画、古董文物、金银珠宝等有特殊爱好的,会不惜重金购买收藏。因为他们认为这些东西不仅可以保值,而且也是自己身份、地位至尊的象征。大多数的老年群体在旅游购物时带有馈赠心理动机,他们希望在目的地能买到更多具有当地特色的旅游商品馈赠给子女、朋友、亲戚与邻居等。

2. 性别差异

性别不同,购物倾向也有差异。这里的男性与女性通常指中青年男性和女性。男性客人挑选商品更注重于商品的质量与性能,求实、求速、求便的心理和自信心都较强。他们不愿在柜台前花更多时间去挑选和询问追究,只要商品大体过得去就算了,力求表现自己的不拘小节。中年男性客人比青年男性客人更趋于节俭、保守、稳重。

女性客人情感丰富,购物时表现出明显的感情倾向,注重商品优美的造型、绚丽的色彩等外表局部特征,有时购买的旅游商品显得华而不实。她们易受周围环境影响,从众心理比男性客人强烈;挑选商品仔细;总希望在商品被使用时得到他人的赞美与评价。其中,中年女性在生活和工作方面身心受到压力的压迫,在旅游购物上多见求实、求廉的心理;青年女性更倾向于追求时尚个性,求新、求美心理更加敏锐。

二、旅游购物接待服务策略

(一)把握顾客的旅游购物心理

把握顾客的购物心理是做好旅游购物接待服务工作的前提条件。不同的顾客具有不同性格、不同阶层、不同性别、不同文化背景,因而他们的旅游购物心理需要也就不同。所以,接待人员必须了解顾客的旅游购物心理,有针对性地为顾客提供个性化的精准商品营销服务。例如,针对青年人群热情、主观的心理特点,接待人员应该多向他们推荐和介绍反映时代潮流、具有科技感、智能化含量的旅游商品,满足他们追求时尚、融入审美、展示个性、尝试新生事物的购物心理需求,提供全面、周到、可触达的接待服务。针对老年群体自尊、务实、固执的心理特点,商店推出的旅游商品必须注重内在质量与外在形象的统一,给老年顾客以真真切切的感觉;提高接待人员的服务质量,尽量减少老年顾客购物的等候时间;接待人员需耐心地做好售前的介绍服务工作。对于儿童,针对新奇、逆反和形象心理的服务手段则更为有利,这是由于儿童的心理特点多呈现依赖、模仿、随意等特征。针对女性顾客比较敏锐和自我意识强的心理特点,在其购买过程中,接待人员要不吝啬赞扬与肯定,不失时机和恰当地给予,适当宣传旅游商品独有的特色,积极地调动内心的情感,促成购买。

接待人员要了解顾客消费需求趋势,掌握顾客的消费偏好,向不同类型、不同消费层次的顾客,推销适销对路的旅游商品。现在的顾客越来越注重环保和可持续发展,在选择商品时更愿意选择环保和可持续的产品和服务。科技和数字化也已经成为顾客生活的一部分,顾客也愿意买入高科技产品和数字化服务来提高生活质量。接待人员可以通过数字化营销、物联网等一系列科技创新针对不同消费层次的顾客进行精准推销。

(二)提供优质的旅游商品

1. 兼容艺术性、实用性与纪念性的旅游商品

旅游是一种异地、异时的消费活动,是一种心理体验与精神享受。为了使这种享受能够持久延续,顾客希望获得一种象征性的纪念物,旅游购物可以满足顾客的这一需求。顾客期望购得的旅游商品具有艺术性,能增强自我的审美享受,也希望能购得实用、有纪念意义的商品。旅游商品款式新颖、工艺精巧,就会得到顾客的认同。一款

旅游商品的售卖场合和制作工艺也决定了其本身价值。同样一个钥匙扣,在地摊上和精品店中,制作工艺粗糙和制作工艺精良的商品的价格差距可能是几十元甚至上百元。一些景点的钥匙扣是按照具有代表性的景物外形制作的,做工考究,大方美观,也不会出现褪色的现象,它的价格可以高达几百元一套。由此可见,提高旅游商品的生产水平和质量是促销旅游商品的基础。

同步案例

一片树叶中的千万商机,看日本乡村的重生之路!

在日本有一个小山村,和许多偏远的山村一样,这里人口外流,而且老龄化严重,65岁以上的居民超过一半,两成的人口已经80岁高龄,但这里的养老院却因为没人入住而关门了。因为老人们热衷于网上卖树叶,没时间养生!你没有听错,卖树叶,就是卖生长在大自然的、平凡无奇的树叶。这里的阿婆们靠卖树叶,每年总共能赚进2亿6千万日元(折合人民币1400万元)。厉害的阿婆光自己一人就能每年赚到上千万日元。

不得不令人称奇,什么样的小山村能够有这样的奇迹?原来,这是日本德岛县的上胜町。这里最有名的地貌风景就是"樫原梯田",也就是梯田,据说它保持了200年前的原有风貌,也被称为"日本的原风景",并入选日本最美的14座村庄。上胜町以前主要发展蜜柑种植、林业和建筑业三种产业。然而1981年的一场寒灾,险些让这座村庄面临灭村的危机。不过,即使没有坏天气的作弄,人口老化的山村也没有多少人可以负荷这些体力劳作了。

此时,一个外地人的出现改变了这座村庄的命运。那时,年仅22岁的横石知二在大学毕业后被派到上胜町担任农业经营指导员,一到雨天,町公所就会被一帮抱着酒瓶的大叔所占据,因为不论是种蜜柑、伐树木或者盖房子,都无法继续工作。这样下去不是办法,他开始辅导村里人转型种野菜,可是收效甚微。

直到有一天,横石去城里交货后到附近的寿司店用餐。"好美啊!"邻座一位女性看到餐盘中装饰的枫叶发出惊呼,还小心翼翼地用手帕把枫叶包了起来。横石一拍脑袋,无限商机来了!他兴冲冲跑回村里,将这个惊天发现和村里人一说,结果被大叔大婶们纷纷耻笑。

虽然无人理睬,但是横石还是狠下心坚持他的计划。他走遍当地种植花木的农家,找到了4名半信半疑的大婶加入。他还创立了一个品牌"彩",专卖上胜町美丽的树叶。为了拓宽销路,横石吃遍京都的料亭。经过2年时间终于研究出来什么样的树叶最受欢迎。

销路有了,横石开始注重品质的管理。相同种类的树叶无论大小和颜色都要保持一致。他还针对料亭最看重的季节感展开研究,形成档案,以掌控好每种树叶出货的最佳时机。渐渐地,在餐盘中摆放彩叶成为料亭的时尚,而且首选"彩"的树叶,因为他们家的彩叶既漂亮,品质又好。甚至一些其他的料理店也纷纷效仿。

业务上去了,横石又开始犯愁了,只有4位大婶显然是不够的。于是横石又想了一个法子:他开始发动村民们一起收集树叶,并对树叶的规范明确要求,且付给村民酬劳。横石还专门开发了一个适合老年人使用的软件,并给阿公阿婆们安装了电脑或者平板,让他们随时可以查询当天应该去采收哪一种树叶。甚至就连微软和日本的Docomo都跑来这个小山村合作。结果所有老年人都忙着卖树叶赚钱,导致这里的养老院在2007年因没有人入住而关门大吉。别的地方的老人都要靠养老金为生,这里的80岁老人却每年缴纳税金。

现在每年都有二三十人慕名而来,申请移居入上胜町。这座心怀淳朴、回归自然的小山村,让空心村不再"空心",成为了乡村振兴的典范,吸引了无数人!

(资料来源:搜狐网)

案例分析:兼容艺术性、实用性与纪念性的旅游商品对于顾客而言,具有非常大的吸引力。案例中的树叶品牌"彩"样式新颖、品质优良,能够增强顾客的自我审美享受,得到顾客的喜爱,甚至"留住"顾客。

2. 具有民族特色与地域风情的旅游商品

顾客不是因为购物才去旅游,而是因为旅游才购物。所以作为旅游商品应该区别于其他商品。如果没有特色,顾客也就没有必要到千里之外的旅游地购买商品;没有特色就没有代表性和象征意义,也就失去了作为馈赠和纪念的价值;没有特色就失去了魅力和吸引力,也就不能引起顾客的关注。所以,要使旅游商品富有吸引力,与国外的旅游商品相比,应突出我国的民族特色。许多顾客都希望能带回一些体现民族风情的旅游商品,所以企业应深入挖掘各地区各民族的文化,以深厚的文化背景为依托,开发提供独具特色的旅游商品。企业要以民族地区当地物质资源为基础,针对不同的原材料使用不同的方式开发旅游商品。同时,旅游商品的设计开发也必须体现民族地区的地域文化和民族文化的特色。在原材料的运用上,企业既要应用当地的物质资源,也要创新地应用新材料,结合现代科技,生产制造既能够真正体现民族历史文化的"土"与"朴"又有现代质感的民族旅游商品。

3. 体现个性化的旅游商品

网络时代,人们可以在极短的时间内以最便捷的方式获取大量信息,这使得顾客网络消费有了更多选择,并且可以完全按照自己的个性需求来购买旅游商品。这就要求旅游商品开发企业在特色化和个性化上大做文章,以特色化和个性化取胜;在开发时应使旅游消费者参与到产品设计中来,充分展现顾客的个性需求,从而增强顾客的参与感和认同感;接待时可为顾客提供自助型旅游商品,让顾客可按照个人偏好量身定制产品,从购物小程序或App自主下单,更好地迎合顾客的需求。

4. 科技化、智能化与数字化营销的旅游商品

酒香也怕巷子深。在信息时代,旅游商品的电子商务平台建设是推动市场营销的

重要手段。因此,要想提供更好的旅游购物接待服务,也需要走科技化、智能化、数字化的路子。企业可以制定切实可行的旅游购物宣传方案,打造手机电子商务营销平台,即在移动网络平台上建立旅游官网,介绍景点、公开报价、展示交通出行线路和客房、餐厅预订、商品展示等诸多信息,构建旅游商品品牌的营销网络;也可以借助新媒体营销方式,在微信、微博、微电影、手机 App 等上,借助现代"互联网＋"营销理念,分类构建旅游商品营销体系;也可运用"线下＋线上"融合推销的模式,开展旅游商品新零售,增强顾客的消费欲望,激发顾客的消费动机,实现消费的最终转化。

5. 旅游商品多样性

由于顾客具有个性、经济条件差异,心理需要不同,对旅游商品的需要也就不同:有的需要高档商品,有的需要低档商品;有的欣赏珍贵的工艺品,有的喜欢价格实惠的纪念品;有的热衷于实用性商品,有的热衷于珍藏性商品。为此,企业应该提供丰富多样、品种齐全的旅游商品,满足不同层次顾客的需要。旅游商品要实现系列化、多样化、配套化的生产。旅游商品供应商要设计和生产花色品种繁多、规格齐全的旅游商品,以满足顾客的不同需求。绝大部分顾客有购物需求,但高收入、高消费者毕竟只占少数,大多数顾客是属于中、低收入阶层。因此,旅游商品要以中、低档为主,尤其是小型旅游纪念品成本低、售价低,又有纪念意义,往往最受顾客的欢迎。琳琅满目、丰富多彩、品种齐全、规格多样的商品,本身就是一种美,不仅能满足顾客的实用需要,又能满足顾客的审美需要。此外,企业也要完善营销网络,不但要建立以连锁为中心的多层次的销售渠道,还要建设大型的旅游商品购物中心。现如今,市场中出现很多现象,比如景区景点的旅游产品销售商店不但规模小,可销售的种类稀少,甚至出现了导游为了揽客吃回扣的现象,导致众多的顾客不肯在景区购物,他们宁愿在流动摊点购物。但是流动摊点的产品大都品质不高、质量不好。所以,这种分散式的销售对旅游商品有弊无益,需要将多类型的旅游商品整合进一个购物中心,在保证种类多样性的条件下确保安全可靠。

6. 旅游商品价格合理化

企业要合理确定旅游商品价格。通过按质论价,提供货真价实的产品,在顾客心目中树立良好形象,从而放心购物。没有优质的旅游商品,旅游购物服务工作就成为无源之水、无本之木。因此,提供特色突出、品种丰富、包装精美、质优价廉的旅游商品是做好旅游购物接待服务工作的基础。在此基础上,还要通过多种促销方法,扩大旅游商品的销售。

(三)保持良好的服务态度

顾客到商店是为了买东西,接待人员的服务态度对顾客的购物心理也有重要的影响。好的服务态度是做好旅游购物服务工作的保证。俗话说:"良言一句三冬暖,恶语伤人六月寒。"恰当亲切的语言会让顾客感到温暖。

接待人员要用亲切的语言感化顾客,比如当顾客的目光与接待人员的目光相遇时,接待人员应该愉快地、面带微笑地向顾客打招呼,比如"您好,欢迎光临!""请您慢慢挑选""我能帮您什么忙吗?"等等,会让顾客有一种宾至如归的感觉。

接待人员要用得体的语言配合得体的仪表举止,要以诚挚、善意的微笑和关切、清晰的语言向顾客打招呼;在介绍商品时应力求简明、准确、规范、通俗易懂;在称呼顾客时,要根据对方的年龄、性别称呼其"先生""女士"等,不要谈及对方不愉快的事或顾客不愿谈及的事;要兼顾所有的顾客,不要冷落一方;要不厌其烦地向顾客出示商品让其挑选;特别是对待女性顾客,由于她们情感细腻而丰富,对服务态度比较敏感,接待人员更应该注意礼节、尊重对方。

接待人员要用生动的语言吸引顾客,生动的语言可以让接待人员在最短的时间里实现与顾客的沟通。这需要接待人员具备较高的语言表达能力与应变能力,做到顾客来店有欢迎声、离店有道别声;顾客表扬时有致谢声、批评时有道歉声,顾客欠安时有问候声,顾客呼唤时有回应声。

(四)抓住恰当的售卖时机

接待人员应等待时机,恰到好处地为顾客服务。接待人员在观察顾客真实动机时,要留意顾客的不同心理和表现,当顾客对某种商品发生兴趣或驻足观看时,或用手触摸商品时,或显露出爱不释手时,接待人员应适时地与其搭话,礼貌地为其服务,为其提供方便。

顾客来到一个陌生环境,往往处于兴奋甚至亢奋的状态,每一种商品的出现都会激发其购买动机。如果团队中有一人购买商品,容易形成从众模仿行为。在从众心理的作用下,某一位顾客的购物常常发生这种连带效应,引起其他顾客冲动消费。因此,接待人员应特别注意第一位顾客的购买行为,尽最大的努力促成第一笔交易。

为了避免因为客人过多而顾此失彼,接待人员要做到"接一问二联系三",即在接待第一位客人时,便询问第二位客人"我能为您做些什么",顺便向第三位客人点头示意或打招呼。尊重每一位客人,不要让客人受冷落,是留住客人的有效方法。

任务实施

活动目的:通过案例分析,让学生能够评定顾客的旅游购物心理需要,了解旅游购物接待服务心理。

活动要求:根据任务中的知识介绍,判断案例涉及哪些旅游购物心理,思考接待者如何利用这些心理去提供相应的接待服务。

活动步骤:1. 以一定方式将学生进行分组。

2. 以任务引入案例为例,每个小组以情景再现的方式,模拟如何满足顾客对旅游购物接待服务的心理需求。

3. 各组展示完后,对案例中涉及的顾客心理需要及提供的相应接待服务策略做出总结。

4. 对比每组的总结,进行自评、互评、教师点评。

同步案例

游客为什么不来

活动评价：旅游购物服务心理策略考核表如表10-2所示。

表10-2 旅游购物服务心理策略考核表

组别　　姓名　　时间

项目	分值	扣分	得分
服务流程完整	20		
明确了顾客的心理需要	30		
合理运用旅游购物服务心理策略	30		
服务效果良好	20		
总分	100		
学生自评			
小组互评			
教师点评			

任务三　旅游娱乐服务心理

任务引入

元宵节快到了，陆女士一行人从沈阳远道而来，报名参加了南京青年旅行社组织的南京两日游活动。地陪小乐带领这个团队开始了游玩活动。在旅游车上，小乐还教他们讲南京话，车上一直充满欢声笑语。第一天午餐过后，陆女士问小乐："听说南京的'秦淮灯会'有'天下第一灯会'和'秦淮灯彩甲天下'的美誉，可见这灯会有多稀罕，特别是在抖音上刷到了往年的灯会视频，确实非常热闹，现场游玩那得多震撼啊。这两天有灯会吗？"小乐笑着回答："您可问对时间了，这不元宵节快到了，灯会多着呢！不过这灯会是有门票的，得需要提前预订！不知这会还有没有票了？我手机查一下……还有票的。"听到地陪小乐的介绍，大家决定让小乐帮忙买票，晚上去看灯会。这时，小乐提醒陆女士，"陆女士，今天晚上我们原先安排是游玄武湖公园，要取消吗？"陆女士在征得大家意见后，告诉小乐原定活动取消，只看秦淮灯会，南京的民俗文化活动是很受游客欢迎的。

到了晚上，小乐拿着提前订好的门票，带领游客看了一场精彩的秦淮灯会活动。活动结束后，陆女士说这次来南京，不虚此行！真可谓，"吃好、玩好、逛好"！

任务剖析

旅游娱乐是"旅游六要素"的重要组成部分之一。中国历史悠久，文化底蕴深厚，民族众多，民俗文化浓郁，文娱活动也丰富多彩，需要掌握熟练的接待服务技巧。旅游娱乐活动大多是游客自费的项目，在安排时应注意事先与游客协商，征得游客的同意；要向游客推介最具价值、最有代表性的旅游娱乐活动；严格遵循自愿消费的原则，如果游客不感兴趣，不得强求；观看娱乐演出前，应向游客做适当介绍，并告知演出时间、地点；必须去文明、合法的娱乐场所消费。在接待服务中，研究旅游娱乐的目的是了解接待顾客行为的差异，从而预测其未来行为，采取相应的接待服务策略。研究旅游娱乐服务心理还可以帮助服务旅游企业根据顾客的不同心理需要特征制定有针对性的营销策略。

全球经济的发展，尤其是科技的高速发展，生产力的不断提高，促使旅游需求和旅游供给出现重大发展变化，而作为旅游要素之一的旅游娱乐，更显现出高速发展的态势，不仅使旅游业结构更趋合理，带来效益，更为各国游客带来更多的交流机会和内容，形成了一种独特的文化现象。

旅游娱乐是指游客以追求心理愉悦为目的，在旅游途中或目的地的营业性文化娱乐场所中购买和消费旅游娱乐产品和服务的行为。它是构成旅游活动的六大基本要素之一。游、娱是游客的目的性需求，而食、住、行、购则是为达到目的所必备的日常生活性质的需求。而游客的需求是变化着的，"求乐"已经成为游客外出的主流心理需要。

旅游娱乐服务主要指的是在娱乐过程中提供的接待服务，它是一种功能性服务，更是一种心理服务，包括旅游服务和娱乐服务。旅游服务主要包括根据游客的要求，组织安排交通、游览、住宿、餐饮、购物、文娱、商务等服务的业务活动，是为满足游客在娱乐活动中的各种需求。娱乐服务偏向于为娱乐活动同时提供场所和服务的业务，比如台球、高尔夫球、保龄球、游艺等。

一、顾客对旅游娱乐服务的心理需要

（一）强调民族特色和地方特色

旅游娱乐具有艺术性、文化性，是一个国家或民族地区地域文化、艺术传统的生动体现。旅游娱乐活动已渗透到旅游业各个组成部分中，它特有的文化内涵强烈地吸引着游客，对旅游活动起增彩的作用，提高了旅游活动的质量。走马观花的观光型旅游正在失去魅力，更多的游客希望深入地了解旅游地社会、文化现象。他们希望体验异地风情，了解当地文化，满足自己的求知需求，希望获得新鲜感。我国是多民族的国家，每个民族都有自己的传统娱乐文化，尤其是少数民族，每一个少数民族的旅游娱项目都能体现这个民族的特色,从这种娱乐文化的发展可以领略这个民族的发展历程,这非常的有价值。比如,山东评书、河北梆子、河南豫剧、江苏昆剧、相声等,这些既是传统的娱乐又被当作一种文化传承。

(二)重视愉悦活动氛围和参与性

游客虽有不同的出游目的,但目的都是获得身心的愉悦、压力的释放与精神的满足。欢快、热闹、幽默的活动氛围能让游客放松,使其获得精神上的片刻舒愉。旅游娱乐项目具有娱乐性,比如端午节的竞龙舟,原初是为了拯救屈原(也有说是为了拯救曹娥),但发展到后来,仅仅剩下了龙舟竞渡比赛,成为一种竞技娱乐。而游客进行旅游娱乐,也是为了透过娱乐项目、娱乐文化让身心得到陶冶、愉悦。

同时,旅游娱乐也强调亲身参与,参与性旅游活动是指除了单纯的观光之外,需要游客身体力行的活动,主要包括游戏类、健身类、表演类、民俗参与类、劳作类等活动。在参与旅游娱乐的过程中,游客可以感受活动本身为其带来的无穷乐趣,感受身心欢乐和活动给予人的力量,体验人与人在团队活动中的支持、合作、帮助,更能体验到生活的意义和美好。

(三)追求个性化表达

现实生活中,个体对自己的认识有两种自我形象:一种是客观现实中真实的自我,一种是较高的、内心希望达到的理想的自我。当二者之间存在差距时,这种差距就构成自我提高的动力。一般情况下,人们会不惜代价来维护自我形象,并且设法提高自我形象。当某一旅游产品的象征与一个人期望的自我形象相一致时或者他的心理期望值与实际感受基本一致时,这种活动就能增强个体对自我概念的认知,提高自信水平。

在旅游娱乐过程中,游客不仅局限于旅游娱乐本身的效用及功能属性,还要求这种娱乐活动能够产生联想,从而获得自信与自我形象,使之成为一种具有象征性的活动。比如,为了表现征服欲望去爬山,为了表现勇气和个人英雄主义而高空蹦极,所以旅游娱乐产品也可以作为个性化表达的象征意义产品。比如以露营为例,景区内水电齐全、安全保障性更好,有个性化定制或者提供一站式管家服务都是吸引游客的特点。

(四)享受融学于趣

游客可以在观赏、休憩、娱乐的同时,了解旅游目的地的历史文化、风土人情和科技知识,受到社会文明的熏陶,等等。比如现在大流行的研学旅行,可以增强学生对新时期国防军事知识的理解与热爱。在泉州市乐峰镇暑期公益班在福山村"党建+"邻里中心青少年教育活动中心开展的国防军事教育与体验课中,孩子们列队来到了党建小公园事先布置好的模拟小战场进行"沉浸式"体验战场环境,学习军事战术。他们躲避陷阱、低姿匍匐,在隆隆的"炮声"中,完成了一场军事挑战,并在欢呼雀跃中潜移默化地接受国防军事教育,增强了规则意识与抗挫能力,体悟了"请党放心,强国有我"的铿锵誓言。

二、旅游娱乐接待服务策略

（一）提供智能化旅游娱乐产品

1. 提升参与感

设计游客可以直接参与和互动的活动，能让游客能更深层次的感受到旅游娱乐消费的每一个细节，体会旅游娱乐产品的内涵和魅力，获得更直观和深刻地旅游体验。旅游娱乐活动参与感的提升，强调打破空间和时间的束缚，注重游客与娱乐活动之间的互动与文化融合。企业要让游客"身心皆临其境"，根据地区的文化特性，寻找关联的主题，才能真正形成旅游娱乐吸引力。除了设置互动项目，企业还可以通过娱乐活动周边的景观设计来提升游客参与感。

2. 营造沉浸式

"深度沉浸"体验能为旅游娱乐项目带来高偿付性、高个性化、高社交性、高黏度等全新的特点，提供全新的娱乐体验内容。沉浸式体验不仅仅是某一娱乐项目带来的，甚至可以涵盖所有的内容。在某个景区App开发行、娱、游、购、住等各大元素，均可以体现沉浸式的特色，当然最突出沉浸式娱乐的还是沉浸式演艺和沉浸式夜游，比如"宋城千古情"系列、"印象"系列、"又见"系列等。企业要利用"沉浸式"体验，营造沉浸式氛围，为游客提供更好的旅游娱乐服务，满足游客的娱乐心理需求。

3. 融入数字化

国内有不少景区的数字化、智慧化建设正不断提速。数字化建设可以提升游客体验，更好地服务于游客。比如，从泛娱乐化到泛文化与AR、VR、XR、MR等技术高度融合，《只有河南·戏剧幻城》以黄河文明为根基，深挖河南藏于地下封于书中、束之高阁的中原文化，精致的布景、独特的光影效果和AR、VR等技术赋能，给予游客700分钟不重复的沉浸式观影体验，满足游客对地方特色和个性化表达的需求。

（二）巧妙运用旅游服务语言

旅游服务语言是典型的职业用语，是能够反映旅游接待人员职业形象的服务语言，包括简洁、准确、科学而灵活的有声语言和形体、表情、服装等无声语言，主要表现为规范、灵活、时代感强和具有浓厚的职业特色。在旅游娱乐活动中，接待人员需要掌握以上语言特点，用富有感染力和活力的语言，激发游客的参与兴趣，向游客提供优质的心理服务，为其带来深刻愉悦的娱乐体验。此外，旅游企业在进行相关岗位员工培训时，应重视对员工讲话艺术的培训和肢体语言的训练，以树立良好的旅游企业形象，同时创造良好的经济效益。

（三）把握旅游娱乐服务时机

服务时机的把握不是机械地靠秒表所能做到的，它凭的是接待人员的直觉和感觉，往往是需要多年丰富经验的积累，以及个人的才智和灵性才能悟到的。把握服务

同步案例

洛阳："剧本娱乐"领衔 沉浸式文旅起飞

时机是指接待人员针对游客较为迫切的心理需求为游客提供服务的"火候"和"机会",它直接影响游客的消费心理和后续消费行为,准确把握服务时机能提高游客对服务工作的心理满意度。在旅游娱乐服务中,如果服务的时机超前,游客就会产生厌倦情绪,如果服务的时机延后,游客就会产生不满情绪。要保证对游客服务的"适时"性,需要做到以下几点:接待人员要通过各种途径掌握游客的个性特点以及兴趣爱好;正确辨别游客的身份,为游客"画像";注意分析游客的言谈、行为;注意游客的处境,及时为游客解决难题。

任务实施

活动目的:通过案例分析,让学生能够评定顾客的旅游娱乐心理需要,了解旅游娱乐接待服务心理。

活动要求:根据任务中的知识学习,请分析在地陪小乐的接待服务中,涉及几种顾客的旅游娱乐心理需要,地陪小乐利用了哪些旅游娱乐接待服务策略,保障了顾客旅游娱乐中的愉悦感。

活动步骤:1. 以一定方式将学生进行分组。

2. 以任务引入案例为例,每个小组以情景再现的方式,模拟如何满足顾客对旅游娱乐接待服务的心理需求。

3. 各组展示完后,对案例中涉及的顾客心理需要及提供的相应接待服务策略做出总结。

4. 对比每组的总结,进行自评、互评、教师点评。

活动评价:旅游娱乐服务心理策略考核表如表10-3所示。

表10-3 旅游娱乐服务心理策略考核表

组别　　姓名　　时间

项目	分值	扣分	得分
服务流程完整	20		
明确定位顾客的心理需要	30		
洞察到旅游娱乐服务心理策略	30		
服务效果良好	20		
总分	100		
学生自评			
小组互评			
教师点评			

项目小结

本项目主要讲授了旅游交通服务心理、旅游购物服务心理、旅游娱乐服务心理及相应的接待服务策略。希望学生通过学习能够精准地对顾客做出交通、购物、娱乐上心理需要的判断,根据心理需要特征熟练解决接待服务中的实际问题。

项目训练

知识训练:

1. 怎样理解顾客对旅游交通的知觉的含义?
2. 顾客对旅游交通的心理需要包括哪些?
3. 顾客对旅游购物的心理需要包括哪些?
4. 如何做好旅游娱乐接待服务?

能力训练:

请以小组为单位,自设场景,展现不同岗位(旅游交通、旅游购物、旅游娱乐任选其一)客人的接待服务。

项目十一
投诉服务心理

 项目描述

顾客投诉是指顾客主观上认为由于服务接待工作上的差错而引发了自己的烦恼、麻烦、不满,或使自己的利益受到了损害时,向有关人员或有关部门反映或要求给予处理的一种行为。

顾客投诉是每一个服务接待单位都会遇到的问题,它是顾客对服务表达不满的方式,虽然会在一定程度上损害接待方的声誉,但它可以及时提醒接待单位注意服务工作中存在的问题,使其更加重视细节维护,弘扬精益求精的工匠精神,从而督促接待单位不断提高服务质量和管理水平。此外,正确处理投诉还能使顾客感受到关心和重视,提高顾客对接待单位的满意度。因此,接待单位应重视顾客投诉,并利用处理顾客投诉的时机来赢得顾客的信任。

 **项目目标**

知识目标
1. 了解妥善处理客户投诉的重要性。
2. 掌握客户投诉产生的原因。
3. 掌握客户的投诉心理。

能力目标
1. 能够掌握预防投诉的对策。
2. 能够掌握处理客户投诉的能力。

素质目标
1. 增强投诉处理服务意识,树立以客为尊的服务理念。
2. 培养严谨细致的工匠精神。

接待服务心理学

 知识框架

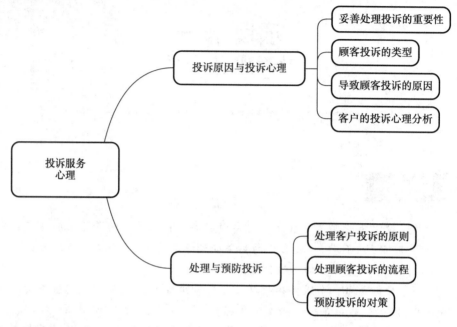

 教学重点

1. 投诉产生的原因。
2. 投诉心理。
3. 处理投诉的流程。
4. 预防投诉的对策。

 教学难点

1. 投诉产生的原因。
2. 投诉心理。
3. 处理投诉的流程。
4. 预防投诉的对策。

 项目引入

　　酒店接待岗位小组的实习代表露露和旅游服务岗位小组的实习生代表天昊发现,在旅游服务过程中出现偏差是不可避免的。若这种偏差损害了客户的利益,使他们没有得到预期的满足,对提供旅游服务的人员而言,就是工作的失误。这种情况的出现,会引发客户的不满情绪,只有设立合理的投诉渠道,才能使矛盾得到有效的疏通。在本项目中,心理学的老师仔细给他们讲解了投诉产生的原因、投诉心理、预防投诉的对策。

任务一　投诉原因与投诉心理

任务引入

张伟带团港澳之行,有1天的自由行时间。团队的王先生和家人在一天的游玩结束之后到酒店的西餐厅就餐,用餐后王先生要求结账。而此时的服务员正在聊天,听后很不情愿地走过去。王先生问:"我可以用昨天抽奖得到的消费券吗?"服务员不冷不热地说:"可以。"王先生又问:"能用几张?"服务员很不耐烦地说:"不知道,我去问销售部。"王先生对服务员的态度很不满,事后通过拨打12301国家旅游服务热线反映了服务员的问题。

任务剖析

线上电话投诉是客户保护自己合法权益的一种方式。客户的投诉虽然会对旅游企业的声誉造成一定的影响,但也促使旅游企业改进工作,避免出现更大的损失。世界著名的里兹酒店有一条1:10:100的黄金管理定理,意思是说若在客户提出问题当天就加以解决,所需成本为1元,拖到第二天解决则需10元,再拖几天则可能需要100元。所以酒店必须要了解客户的真实感受、客户对酒店满意和不满意的地方。酒店对投诉事项处理妥当,会使客户成为酒店的回头客。

一、妥善处理投诉的重要性

(一)发现工作的疏漏

旅游企业理应向客户提供优质服务,但也难免由于设备设施故障、服务项目不尽如人意、个别服务人员技能或态度差等自身原因被客户投诉。投诉虽然反映了客户的不满,但也从另一个角度说明了他们是对企业寄予期望的,企业应将这看成是了解服务和管理的疏漏的机会,有针对性地采取措施改进,以求提升服务质量和水平。这也体现了服务单位对每件产品、每道工序、每项服务都凝神聚力、精益求精、追求极致的职业品质。

（二）提高企业的美誉度

客户投诉时，往往还有一些其他客户在场，妥善得当地处理投诉，会提升人们对企业的印象。投诉者一旦获得满意的结果，对旅游企业的感情就会加深。这一切将有利于企业美誉度的提高。但是如果处理不当，就会使投诉者和其他客户产生不满情绪，对该旅游企业产生消极评价。

（三）避免企业发生危机

面对客户的投诉企业要以积极的态度，采取有力措施解决问题。如果企业对客户的投诉不重视，推来阻去，处理结果也不能被客户接受，那么客户的投诉就会不断升级，会给企业形象造成恶劣影响。

二、顾客投诉的类型

（一）按照顾客投诉时的情绪状态划分

按照顾客投诉时的情绪状态划分，顾客投诉可分为理智型投诉、冲动型投诉和失望型投诉三种类型。

1. 理智型投诉

理智型投诉的特征是顾客在投诉时能够很好地控制自己的情绪，力图以理智的态度、平和的语气和准确清晰地表达向有关人员或有关部门陈述事件的经过和自己的看法与要求。

2. 冲动型投诉

冲动型投诉的特征是顾客在投诉时很难控制自己的情绪，较为冲动，带着不满，言辞不加修饰，说话不留余地，希望有关人员或有关部门干脆利落地解决问题。

3. 失望型投诉

失望型投诉的特征是顾客在投诉时情绪低落，对酒店的产品与服务深感失望，对自己遭受的损失痛心不已。

（二）按照投诉目的划分

按照投诉目的划分，顾客投诉可分为控告型投诉和批评型投诉两种类型。

1. 控告型投诉

控告型投诉的特征是顾客在投诉时已被激怒，情绪激动，要求酒店必须做出某种承诺，满足自己的某些要求。

2 批评型投诉

批评型投诉的特征是顾客在投诉时虽心怀不满，但情绪相对平静，只是把自己心中的不满告诉相关人员或相关部门，不一定要求对方做出承诺，也不一定提出要求。

同步案例

航班延误投诉

某地机场出现因天气原因导致的航班延误,一群旅客找到机场的工作人员理论。其间,一位男乘客态度嚣张,不断用手指着工作人员,反复要求工作人员跪下来道歉,并说:"道歉,跪下来是诚意嘛。"这一行为被网友拍下来,视频传到网上之后引起了轩然大波。网友纷纷指责男乘客行为太过分,工作人员称由于航班延误时间较长,旅客心情激动,言语上有些过激,能够理解这位乘客的心情。据悉该航班计划19时30分起飞,实际次日3时许起飞,延误了7个多小时。

(资料来源:搜狐网)

案例分析:首先,这位男乘客的行为已经侮辱了他人的尊严,这种行为是不应该的,应该受到谴责的。其次,屡屡有航空公司延误导致旅客和工作人员冲突的新闻曝光,也确实从某个方面证实了航空延误情况屡见不鲜。面对这种情况,航空公司应根据顾客的投诉类型有针对性地选择解决冲突的办法,这样,顾客的情绪才能得到合理有效的安抚。

三、导致顾客投诉的原因

客人的投诉是指客人主观上认为旅游服务工作上的差错,损害了他们的利益,而向有关人员和部门反映或要求给予处理。投诉是不可避免的,尽管旅游工作者不希望出现这种情况。客人的投诉既可能是由于旅游服务工作中确实出了问题,也可能是由于客户的误解。旅游投诉具有两重性:一方面会影响旅游企业的声誉;另一方面,如果从积极方面考虑,投诉也是商机,能使旅游企业从投诉中发现自身的问题。引起客人投诉的原因是多方面的,有主观的原因,也有客观的原因。

(一)主观原因

1. 有关服务质量的投诉

客人对服务质量的投诉主要包括以下内容。

(1)服务礼仪、礼貌方面。

服务人员着装不整洁,对客人没有使用礼貌用语或使用语言不规范等。

(2)服务态度方面的内容。

服务人员对客人服务不主动、不热情,冷若冰霜,面无表情;或过分热情让客人感到不适应。

(3)服务技能和技巧方面。

服务人员在提供服务时,操作不合乎标准、不正确或没有技巧。比如,搬运行李造成物品损害,叫醒电话失误,客人送洗的衣物发生破损或丢失,以及语言应变能力差,牵强、不适合的推销等。

(4) 服务效率方面。

客人在一定时间内没有得到有效率、适合、完美的服务，如结账时客人等候时间过长，且账单出错，导游人员不能于规定时间完成景点游览而造成错过火车、飞机等。

(5) 服务项目方面。

旅游中没有完善、周全的服务项目，当客人需要时，无法为客人提供服务或令客人感到服务不周到、不方便。

2. 对有关企业相应的规章与制度的投诉

由于客人对酒店服务的理解及看法各异，有时难免会对企业内相应的规定及制度产生不满，引起投诉。如客人对酒店内房价、预订、入店手续办理、通信、会客等方面的规定，表示不认同或感到不方便。

(二) 客观原因

1. 设备方面的投诉

在旅游活动过程中，设施设备损坏是难免的，如不能及时修复，带给客户的可能是不愉快的旅行经历甚至完全打乱客户的行程计划。例如，客户对空调、照明、供暖、供水、门锁、电梯等设备设施进行投诉，大多和这些设施设备不能正常运转、使用有关。通常，即使饭店采取了全方位、最佳的预防性维修与保养措施，也很难杜绝所有的故障。因此，前台工作人员在受理此类投诉时，最好是协同有关部门的工作人员去实地观察，然后根据实际情况，配合有关部门一起采取措施解决。

2. 有关环境的投诉

环境不良造成客户投诉，例如入住饭店的电器噪声太大，室内温度不适宜、气味不好，客房、餐厅色彩及照明不宜等；没有与旅游景区配套的娱乐项目；治安状况差，缺乏安全感；旅游氛围差，小贩穿插其间；交通混乱，车辆摆放无指定地点等。

3. 服务产品的投诉

(1) 价格投诉，如旅游景区门票价格过高、园中园重复购票、商品价格或服务项目收费过高等。

(2) 餐饮投诉，如饭菜质量太差、卫生不能令游客满意等。

(3) 交通投诉，如旅游景区乘船、租车不方便等。

(4) 其他服务投诉，如最佳观景点被承包者占据、拍照需要额外付费等。

4. 外界不可抗力因素引起的投诉

外界因素引起的投诉，包括诸如战争、天灾、罢工、交通事故、火灾等偶然发生的一些事件引起的旅游消费者的投诉。因无法买到车票、船票，或因天气原因飞机不能起飞，或饭店客房已经订完，旅行社被迫降低住宿标准等引起的投诉，都属于异常事件的投诉。旅游企业很难控制此类投诉，但客人希望旅游企业能够提供有效的帮助。服务人员应尽量在力所能及的范围内帮助解决，如实在无能为力，应尽早向客人解释清楚。

图11-1列出的是2021年10月服务接待电商典型投诉案例。

投诉时间	投诉平台	投诉案例
10月3日	飞猪	酒店费用仅退一半引不满
10月12日	美团	被指在民宿仅呆20分钟退款损失800多元引用户不满
10月13日	票否余	被指客服回复不积极 退款遭拒
10月14日	走着瞧	被指退费仅退40%还迟迟不到账
10月17日	去哪儿	未享受到贵必赔服务维权后 账号却遭"去哪儿"封禁
10月20日	携程	被指机票退票扣除85%的手续费引不满
10月23日	—	被指"霸王条款"今年排名全行业第一
10月26日	智行	被指擅自退客人机票且不肯退费
10月27日	同程旅行	被指虚假促销 售后体验不佳

图 11-1 2021 年 10 月服务接待电商典型投诉案例

知识拓展

Fedup 综合服务平台

Fedup 是一款航空出行综合服务平台,提供航班动态查询、航旅信息分享服务,并受理民航领域纠纷投诉。用户通过 Fedup 的航班追踪系统,可以查询航班动态,提前知晓关注航班的延误信息和取消信息。Fedup 自主研发的投诉预审系统,可识别出有机会获得赔售的情形,引导用户快速发起投诉。Fedup 的航空专家与法务团队会及时介入,解读全球航空公司以及各地区条例、法规,为消费者的权益保驾护航,降低了消费者因不熟悉法律、行业规章制度而造成投诉难、被互相推诿的问题。

Fedup 受理的消费者投诉中,行李(61.63%)、航班(15.31%)、机票(18.93%)三类是较多的,如图 11-2 所示。

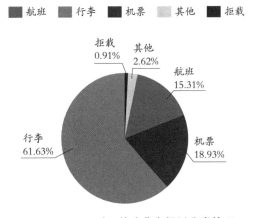

图 11-2 Fedup 受理的消费者投诉分类情况

四、客户的投诉心理分析

客户在进行投诉时有以下几个方面的心理需要。

（一）求尊重心理

求尊重是人的正常心理需要。在服务的客我交往过程中，客户求尊重的心理十分明显，而在进行投诉活动时这种心理更加突出。他们总认为自己的意见是正确的，希望受到有关部门应有的重视，要求别人尊重他们的意见，向他们表示歉意，并立即采取行动，恰当地处理投诉。

同步案例

保持适度距离，坚持服务标准

某公司是江苏省某酒店长包房的大客户，对酒店的服务一直比较满意，先后有前厅、客房、餐娱部员工共15人次受到该公司的表扬。渐渐地，长包房客人与酒店员工建立起了深厚的友谊。由于居住时间较长，他们对服务人员越来越了解，更是很少提意见。而最近，先后有两位长包房客人给酒店提了意见：一位客人认为大厅有些员工站姿不端正、说话太随便；而另一位客人认为各部门的基层服务人员服务态度都很好，但有些管理者态度反而不好。虽然他们没有提到哪位员工、哪位管理者的名字，但也可以想象得到，由于和长包房的客人相处时间久了，员工对客人从"过于熟悉"发展到了"过于随便"，于是引起问题。

（资料来源：道客巴巴）

案例分析：无论员工与客人多么熟悉，都应始终把握以下两个尺度：一是客人永远是客人。客人住店是付钱的，服务员绝不能因为太熟悉、太了解而放松对他们的服务。相反，越是熟悉就应该服务得越细致、越个性化。无论客人多熟悉，宾主之间的距离一定要保持。二是坚持服务规范和服务标准。长住客人比一般客人容易接近，服务员应该充分利用和他们熟悉的优势，经常主动地向他们了解、征求意见，以便改进服务工作。

（二）求发泄心理

客户在遇到不称心的事情后，会产生挫折感，继而会产生抵触、焦虑、愤怒的情绪，只有通过适当的方式将这些情绪宣泄出来，他们才能恢复心理平衡。投诉便是一种最有效的发泄方式，通过口头或书面形式，将自己的烦恼、愤怒表达出来以后，他们的挫折感会减少，心情才能平静、轻松。

（三）求补偿心理

客户受到物质上的损失或精神上的伤害后，就可能利用投诉的方式要求有关部门给予补偿，这是一种正常的、普遍的心理现象。如客户对饭菜质量不满意，希望更换或打折;对于旅行社擅自改变路线、削减项目或降低服务标准,希望退还部分费用;被服务员弄脏的衣物希望能免费干洗;遇到交通意外,希望得到赔偿;买到假冒伪劣商品,希望退货;被虚假广告欺骗,希望赔偿损失等。

(四)求平衡的心理

对于客户来说,这种"求平衡"心理表现在两个方面:一方面,他们要通过服务获得放松,以舒缓日常生活中的压力(包括社会机制心理压力和日常工作压力);另一方面,在消费中,他们也需要保持必要的心理平衡,借此获得社会的尊重,并体现自我的尊严或体现自己的社会地位。客户一般都希望能在旅行消费过程中收获轻松愉快,借此来舒缓日常生活中的压力。

(五)求保护心理

客户敢于投诉,是自我法律保护意识的体现,通过合法的途径投诉,既是为自己,也是为所有的消费者寻求正当利益的保护。通过投诉,使相关部门重视和关心客户的反映并不断改进,服务质量才能不断提高,客户才能在今后的旅游中得到更优质的服务。

任务实施

活动目的:通过角色扮演,让学生掌握顾客的投诉类型和心理需要。

活动要求:结合项目引入案例,各小组由一名同学扮演服务员,其他同学扮演王先生和家人。"顾客"与"西餐厅服务员"一对一表演,"顾客"按事先确定的投诉内容进行投诉,"西餐厅服务员"即时反应,其他同学判断该"顾客"的投诉类型和心理需要。

活动步骤:1. 全班同学分成若干小组,每组5—6人。

2. 每位同学都设想好自己要投诉的内容。

3. 每组同学进行情景角色扮演。

活动评价:老师根据学生现场表现,对各小组的表演和投诉处理方式进行点评。

任务二 处理与预防投诉

任务引入

在一次港澳游期间,游客李先生和旅行社要求有2天自由行的时间,因为他要会见他的老朋友。经过旅行社张伟协调后同意了李先生的要求。当旅游活动结束回到南京后，李先生以其2天没有参团旅游，向旅游质监所投诉，要求旅行社退回没有花费的费用，维护其合法权益。

任务剖析

对于游客李先生的投诉，旅行社有自己的规定，可以向游客解释哪些是可以退的，如门票，哪些是不能退的，如团队餐费。耐心地解释，以求得游客的理解，把问题圆满解决。事实上，即便是久负盛名的旅游企业也无法避免客人的投诉，应当把消极的投诉转变为积极的因素，通过投诉提高服务质量，防止类似的事情再次发生。

一、处理客户投诉的原则

（一）真心帮助客人

处理客户投诉，应理解他们的心情，同情他们的处境，满怀诚意地帮助他们解决问题。只有这样，才能赢得客户的信任和好感，才有助于问题的解决。自己不能处理的事情，要及时转交上级，要有一个引导交接的过程，不能在投诉中出现"空白"和"断层"。有些简单的投诉，如果当事人能处理好的，就不要推托和转移。否则，将会引起客户更多的不满。如果缺乏诚意，即便在技术上做了处理，也不能赢得他们的好感。特别提示："抱怨是金"，投诉是客户对旅游企业信任的标志，应当正确对待客户的投诉。

（二）避免与客人争辩

处理客户投诉时，即使他们使用了过激的语言和行为，服务人员也一定要在冷静的状态下和他们沟通。当客户怒气冲冲地前来投诉时，服务人员首先应适当选择接受投诉的地点，避免在公众场合接受投诉；然后，应让他们把话讲完，然后对其遭遇表示同情；最后，要感谢他们对自己工作的支持和关心。服务人员一定要注意冷静和礼貌，绝对不要与客户争辩。

（三）坚持及时处理

在处理顾客投诉时，各部门应通力合作，及时做出反应，力争在最短时间内解决问题，给顾客一个满意的答复，若拖延时间，可能会激怒投诉的顾客，使事情更加复杂化。服务人员应对顾客投诉持欢迎态度，积极听取顾客的意见，理解顾客的心情，不与顾客争吵，不为自己辩护，不推卸责任，站在顾客的立场上帮助顾客解决问题。

(四)不损害企业利益和形象

处理投诉时要真诚为客户解决问题,保护他们的利益,但同时也要注意保护旅游企业的合法利益,维护企业的整体形象。不能只考虑满足客户一方的利益,而给企业造成一定的损失,更不能损害或诱导客户抱怨某一部门,贬低他人,推卸责任,使客户对旅游企业的整体形象产生怀疑。

在处理顾客投诉时,应保持不偏不倚的态度,既要考虑自身利益,不接受顾客的无理要求,又要保障顾客的利益,弥补顾客的损失。一般来说,除了顾客的人身财产确因过失受损外,慎用退款或减少收费的处理方法,而应通过与顾客面对面沟通、提供额外服务、表达对顾客的关心等方式来处理投诉。

同步案例

为什么航空公司承担责任?

2019年10月28日,李某使用了114000航空公司积分,并使用信用卡支付了1079元客票税费,购买了三张2019年12月南京与香港之间的往返机票,同时约定,不得改签、不得退票。2019年11月,李某收到航空公司的短信,通知航班取消。李某多次向航空公司、民航局投诉,明确表示要求退还积分及客票税费并加以赔偿,但双方仅就退还积分及税费事宜达成一致。因赔偿事宜的分歧,航空公司未退还积分及税费。2021年1月,李某再次向航空公司主张退还积分并赔偿。航空公司认为,依据其制定并公示的运输条件,李某应在十三个月内申请退票。现因李某未按期申请,其不承担返还积分的责任。李某遂诉至法院。

法院认为,因航空公司自身原因而导致航班取消,旅客有权退票或改签。李某收到航班取消的通知后立即联系航空公司要求退票及赔偿,实际已在航空公司规定的时间内向航空公司作出退票的意思表示,航空公司仅因赔偿事宜未达成一致,即对退票事宜不作处理,导致李某多次通过电话、投诉等方式要求退票。航空公司不应以最后一次要求退票的时间超过其设定的退票条件而不予返还积分,应当及时退票返还积分及税费。故判决航空公司返还李某114000积分、客票税费1079元。

(资料来源:南京审判网)

案例分析:因航空公司自身原因取消航班,在不能及时安排替代班次的情况下,航空公司应主动为旅客退票,并及时将购票的款项或积分退回相应账户,这既是航空公司的法定义务,也是更加人性化的服务要求。本案中,航空公司要求旅客发起退票申请且对申请时间进行了限制,限制了旅客作为消费者的权利,加重了消费者的义务,不仅会影响消费者的体验感,也会降低自身的信誉度和美誉度,最终对于公司发展不利。本案中,在李某要求退款和赔偿后,如果航空公司可以基于诚信、积极解决纠纷的态度,先将积分退还至李某账户,不仅能快速保障旅客的合法权益,也更利于纠纷的解决。

二、处理顾客投诉的流程

(一)耐心倾听客户诉说

倾听客户投诉时可以通过提问的方式来弄清症结,集中注意力,节约对话时间。工作人员应友好地接待投诉的顾客,理解顾客的心情,耐心听取相关诉求,不应无视和拒绝。

1. 保持冷静

对待任何一个客户的投诉,不管是鸡毛蒜皮的小事件,还是较棘手的复杂事件,工作人员作为受诉者都要保持镇定、冷静。客户在投诉时,心中往往充满了怨气,要让他们"降温",不要反驳他们的意见,更不要与他们争辩。对于那些情绪激动的客户,可以请他们到办公室或其他房间个别听取意见,这样既可以使客户平静下来,又不至于影响其他客户。

2. 倾听和理解

受诉者首先应是客户的忠实听众,应十分耐心倾听客户的陈述并正确理解游客讲的话;保持眼神交流,要表现出对投诉者高度的礼貌、尊重;要敏锐洞察对方的委屈、沮丧和失望情绪,不能无视对方的情绪,而且要想办法让客户申诉得具体些。

> **知识拓展**
>
> 　　12301是国家旅游服务热线,通过全媒体(包含语音、微信服务号及城市服务、支付宝城市服务、12301网站、文化和旅游部官网全国文化和旅游市场网上举报投诉处理系统等在线服务渠道)交互的方式,为广大游客提供旅游咨询和投诉服务,提升游客旅游体验。
> 　　文化和旅游部旅游质量监督管理所为文化和旅游部直属公益一类事业单位,主要承担全国旅游市场投诉受理和处理、旅游服务质量、旅游业标准相关工作,具有独立事业法人资格,所长为法定代表人。具体职责包括:承担12301全国旅游投诉举报平台的管理、指导和监督工作,协调推进旅游投诉处理体系建设;承担旅游投诉信息汇总、分析工作;承担旅游服务质量相关工作;承担旅游国家和行业标准化建设相关组织工作;完成文化和旅游部交办的其他工作。

(二)真诚表达歉意

当客户投诉时,应该虚心接受,表示歉意,同时对客户的遭遇表示同情并安慰客户。如果是企业的问题,即使接待的服务人员可能与投诉产生的原因毫无关系,也要立即向客户认错,代表旅行社或酒店表示歉意;感谢客户对本企业的关心,诚恳接受批评;不推卸责任,并对产生问题的原因作进一步说明。

（三）收集信息,提出解决办法

服务人员可以真诚地面对面与客户交流,也可以利用线上投诉平台推送和收集到的投诉数据进行分析和处理,同时了解客户需要解决的问题,适当提出问题,获取客户的需求信息,确认客户所遇到的问题,并适时做好记录。记录也是为解决问题提供依据。记录内容包括涉事双方的基本信息、事情的缘由和经过、相关证据与资料、投诉诉求等。明确客户的问题之后,服务人员需根据服务过程中实际情况,客观对待问题,有时可提供补偿性服务,以弥补客户所受到的损失。通常,补偿性服务包括打折、送赠品（如礼物或服务）等。

知识拓展

搭建第三方线上投诉平台获取投诉信息

目前,已有企业搭建客户与企业之间沟通的第三方绿色通道,创建在线面访投诉平台、邮箱投诉平台、电话投诉平台和网页投诉平台。当下,信息通信技术及互联网平台的应用,已使互联网与传统服务业深度融合,形成了"互联网+"服务模式。客户通过手机 App、微信公众号和互联网工具,便能简单快速地提交投诉,使投诉不再劳神费心;第三方线上投诉平台通过完备的企业数据库和自动化信息处理手段,使企业能在一天内收到投诉信息,建立了有效信息基础。另外,投诉的及时处理率是客户最为关心的,线上投诉平台让企业了解客户诉求的同时,也降低了企业和客户的沟通成本。

（四）协商方案,为顾客解决问题

这是最关键的一个环节。为了避免问题进一步复杂化,节约时间,不失信于客户,表示诚意,服务人员必须认真做好这一环节的工作。解决问题只有通过双方的协商、确认,才能形成最终的方案。在确定解决问题方案的时候,服务人员既要维护客户合法、合理的权益,又要维护服务方的合法权益。如果能够立即解决的,应迅速回复客户,告诉他们处理意见。对由于服务失误造成的损失,服务人员应立即向客户道歉,在征得他们同意后,做出补偿性处理。若客户投诉的处理超出自己的权力范围,服务人员需及时向上级报告。如果暂时不能解决投诉,服务人员要耐心向客户解释,取得原谅,并请他们留下地址和姓名,以便告知最终处理的结果。

（五）线上跟踪并记录存档

服务人员现场处理完顾客的投诉,事后还要及时与他们保持联系;通过后续线上跟踪服务,核实顾客的投诉是否已经圆满地得到解决;如果还有不尽如人意的地方,可继续寻求更有效的解决方案。后续线上跟踪服务的方法一般有电子邮件、网络问卷、在线电话、微信回访等。

受理投诉的人员应将整个过程写成报告,并做好数字化投诉案件档案的立卷、整理及归档工作,同时利用大数据技术对投诉数据进行统计,分析投诉的原因,总结投诉解决的方法,特别要对典型问题产生的原因和相应措施进行分析,从而不断改进企业服务水平。

(六)大数据推进服务制度完善

服务人员应利用大数据技术定期了解客人对投诉处理工作的反应,及时发现倾向性的问题,并整理成书面意见,呈报上级,以便领导分析动态,确定服务质量管理工作重点,完善制度,改进服务工作,完善企业管理制度,为客人提供高质量、高效率的服务,如图11-3所示。

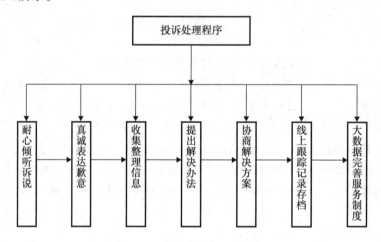

图11-3 处理顾客投诉的流程

三、预防投诉的对策

对顾客投诉问题最明智的应对方法,就是尽量避免投诉的发生,力争为顾客提供完美的服务,使顾客高兴而来、满意而归。但在现实情况中,由于各种条件的制约和一些无法预测因素的影响,顾客难免会对服务产生不满情绪。当服务工作出现问题,已经使顾客产生了不满时,员工应尽一切努力,及时为顾客提供补救性服务,妥善地解决问题,将顾客的不满意转变为满意,从而打消投诉的念头。

心理学研究认为,当一个人由于自己的需要未能得到满足,或者遇到不顺心的事情而产生挫折感时,可以采用替代、补偿、合理化、宣泄等方式进行心理调节。为顾客提供补救性服务可以以此为依据。

(一)改善服务质量

1. 让客户感动

旅游从业者应当用情去服务,让客户的生理感受和心理感受都超出预期值。这是在提供个性化服务的基础上提升客户满意的层次,用超值服务感动他们,用情感服务打动他们。想要让客户心动,旅游从业者就必须要用情服务,在服务过程中,时时处处动之以情,想客户所想,急客户所急,用亲情交换亲情,以心灵沟通心灵。

2. 让客户惊喜

旅游从业者应当用心去服务,为客户提供个性化服务,让他们从满意达到惊喜。要进一步提高客户的满意度,旅游从业者就必须向他们提供个性化的服务,挖掘他们的潜在需求,并且在客户提出之前及时识别他们的潜在需求,给客户惊喜。

3. 让客户满意

旅游从业者应当用手去服务,为客户提供一切所能提供的服务。当客户提出需求的时候,旅游从业者应当以热情的态度接待,通过规范的合乎标准的服务,及时准确地满足客户需求,保证服务的有效性。

同步案例

行李物品丢失,赔偿标准"暗箱操作"

消费者杨女士搭乘中国国际航空航班从西班牙回国,两件托运行李先被国航延误14天,找回运往广州交付时,又发生多件化妆品丢失只剩空盒的情况,造成损失1万余元人民币。消费者表示在广州机场领取行李前,曾致电国航要求派人一同开箱检查,被国航拒绝。后消费者根据国航要求填写了申报单据,并将在机场开箱时的照片、化妆品购买凭证提供给国航。但国航的答复却是,"赔偿标准"是每千克30美元,行李只少了0.2千克,但"酌情"按10千克计算,赔偿2000元人民币。Fedup要求国航告知该赔偿标准是否在购票时提前载明,或在哪里进行了公示,国航行李赔偿的工作人员回复,"原来官网有,现在我也不知道为什么没了",并且还质疑Fedup"为什么相信客人"。

(资料来源:知乎专栏)

案例分析:航空公司的《运输总条件》为典型的格式条款,是航空公司为了重复使用而制定。其中包含了例如拒绝运输、机票退改、违约赔偿等与消费者权益密切相关的内容。但这些条款不能违反法律的强制性规定,也不能不合理地免除减轻自身责任加重消费者的责任。案例中,航空公司试图以自身的"标准",取代我国民航法或国际公约中相应的赔偿标准,减轻自身责任,甚至拿不曾在格式条款中载明的"标准"来约束消费者,这样的服务理念与当下民航推行的"真情服务",完全背道而驰。

(二)发现问题及时解决

1. 引导顾客积极、客观地看待问题

当人们遇到自己不愿意接受而又不得不接受的事情时,经常会为自己找到一个借口,使这种无法接受的事情在内心得到"合理化"的解释,从而使自己达到心理平衡。

在服务过程中,如果顾客遇到不满意的事情,员工应引导顾客积极、客观地看待问题,尽量使问题合理化,从而消除顾客的不满。

(1) 引导顾客积极地看待问题。在生活中,对于同一件事,人们通常可以从不同的角度去理解。在服务过程中,若顾客产生不满情绪,员工应尽量引导顾客往好的方面想,通过努力把坏事变好事。

(2) 引导顾客客观地看待问题。若实在无法满足顾客的需要,员工则应引导顾客客观地看待问题,让顾客明白,不是自己不愿意为他们提供更好的服务,实际上已经尽心尽力了,从而让顾客觉得,服务工作的不足是客观原因造成的,是能够被谅解的。

2. 让客户得到替代补偿性满足

替代是指人们在不能以特定的对象或特定的方式来满足自己的欲望、表达自己的感情时,改用其他的对象或方式来使自己得到一种"替代"的满足或表达,用来减轻以至消除自己的挫折感的心理调节方法。补偿是指当一个人在生活的某一方面无法获得满足而产生挫折感时,从其他方面去寻求更多的满足,从而使自己得到补偿的心理调节方法。当客户由于服务的缺陷而感到不满意时,旅游从业人员要让他们得到某种"替代的满足"或者得到某种"应有的补偿",以此来消除客户的不满意。

3. 让客户的情绪得到宣泄

宣泄是指当一个人遇到某种挫折时,把由此而引起的悲伤、懊丧和愤怒、不满等情绪痛痛快快地发泄出来的心理调节方法。能够把情绪宣泄出来,就能比较理智地来对待这一挫折,以后也比较容易忘掉这个挫折,而不至于总是耿耿于怀。当客户由于服务的缺陷而感到不满意时,旅游从业人员应该让他们宣泄自己的情绪。客户把一腔怨气全部发泄出来以后,情绪就会平复,这时再与其商量一个补救的措施,能更好地解决客户的问题,尽可能让客户满意而归。

4. 建立数字化客户投诉档案管理体系

企业应建立数字化客户投诉档案管理中心,实现对客户档案的集中管理和集约化处理,对每个客户的投诉都要做正式的收集,并安排专人定期整理,形成旅游企业全面管理的依据,以便做好反思和总结工作,防止此类问题再次发生。

任务实施

活动目的:通过小组讨论,让学生掌握投诉处理的流程。

活动要求:结合项目引入案例,每组同学针对李先生向旅游质监所投诉这一事件提出解决方案。

活动步骤:1. 回顾项目引入的内容。

2. 全班同学分成若干小组,每组5—6人。

3. 每组同学交流和讨论解决方案。

活动评价:老师根据学生现场表现,对各小组的投诉处理方案进行点评,投诉处理方案评分表如表11-1所示。

表 11-1　投诉处理方案评分表

	内容	分值	评分
考评标准	仪容仪表符合服务人员职业要求	10	
	语言表达清晰流畅、语气温和、音量适中	20	
	服务礼节规范、恰当	10	
	投诉处理程序、方法准确	40	
	投诉处理技巧运用恰当、准确	20	
	合　计	100	

项目小结

本项目主要讲授了顾客投诉的原因、类型、投诉心理分析、投诉处理的原则和程序，以及如何预防接待服务中的投诉。学生应能对顾客投诉的原因和投诉心理做出正确的判断，根据投诉的类型和顾客需求，熟练解决接待服务中的实际问题。

项目训练

知识训练：

1. 为什么要妥善地处理客户的投诉？
2. 引发客户投诉的原因有哪些？
3. 在处理客户投诉时要遵循的原则是什么？
4. 如何预防客户的投诉？

能力训练：

1. "美团"被指在民宿仅待 20 分钟退款损失 800 多元引用户不满

10 月 12 日，四川省的唐先生向质监所反映称，他于 2021 年 4 月 4 日在美团民宿订房 4 天付款 1739.32 元，入住日当天中午，在房间门口要到密码自助开门后，发现房间与网页描述和昨晚与房东沟通的内容差距大，设施旧，墙壁有大量脚印，于是立即要求退房退款。房东通知清洁人员到场查房确认后关门，唐先生表示退款时美团民宿踢皮球让他跟房东协商，房东踢皮球说自己无权操作，要找美团才行。经过多轮拉锯，最终只退了两天(869.67 元)，理由是临近入住日期，房源无法售卖。唐先生称自己仅在房间站了 20 分钟，损失了 869.65 元，自己的诉求是退回另一半房款 869.65 元。

2. "携程"机票退票扣除 85% 的手续费引不满

10 月 20 日，天津市的李先生向官网投诉称，他于 9 月 24 日从携程下单定了 9 月 25 日 22：20 至次日 00：50 成都飞往天津的机票。之后事情发生变化，他想通过携程App退票,发现要扣85%的手续费。当日,他给携程打电话要求退票,表示可以接受扣除部分手续费,协商两日无果,对方称天津航空制定的规定是72小时内订票后退票都要扣除85%的手续费。

李先生认为携程存在误导消费:携程网页版下单订票页初始无显示退改需要扣除85%相关费用的说明,后尝试操作发现点击订票后有体现蓝色字体提示,但字较小看不清,但凡乘客订票时初始无显示只会直接点击订票,无暇顾及订票后出现的小字说明,存在误导消费。携程页面制作从疫情风险区提醒、出行保障、核对订单信息都有弹窗需要操作才能进行下一步,但退改签没有明显、直观的提示。李先生表示能接受扣除部分费用,但不能接受扣除85%的费用,并且从自己提出退票至飞机起飞还有近30小时,携程可继续售卖,扣自己85%的费用有点不合理。

3."同程旅行"被指虚假促销售后体验不佳

10月27日,上海市的王先生拨打政务服务便民热线称自己于10月13日—10月15日在同程旅游订购了两个房间并买了取消宝,取消宝是在入住前24小时取消可以返还金额! 王先生这边取消后没有收到客服的任何回复,一个月的时间里王先生也没有收到任何通知。他打电话给客服,客服称可以赔偿王先生100元现金券。王先生不接受,尚未收到最新答复!

请讨论分析以上三则案例:
(1)客人投诉时有什么心理需求?
(2)请你分析如何解决上述三则案例中的投诉问题。

项目十二
接待服务工作者的心理保健

 项目描述

习近平总书记在中国共产党第二十次全国代表大会上的报告中指出,要增进民生福祉,提高人民生活品质。其中就提到了"推进健康中国建设""重视心理健康和精神卫生""深入开展健康中国行动和爱国卫生运动,倡导文明健康生活方式"。可见,国家越来越意识到心理健康的重要性。

接待服务工作者的心理素质是影响服务质量的重要因素。由于接待工作量大、接触性高、变化性强、客户至上等特点,接待服务工作者容易产生情绪波动和心理问题,进而影响服务质量。关注接待服务工作者的心理保健问题既是对员工健康状况负责,也是保障现代接待业健康发展的必然要求。本项目将从关注接待服务工作者的心理健康、应对接待服务中的压力、挫折感的防御与应对策略这三个方面,探讨接待服务工作者的心理保健工作。

 **项目目标**

知识目标

1. 了解接待服务工作者常见的心理健康问题。
2. 了解压力的来源。
3. 熟悉压力带来的影响。
4. 掌握挫折的防御方法。

能力目标

1. 通过增加对心理健康问题的认识,提高心理保健的意识,能根据个人的特点掌握有效的心理保健方法。
2. 能够根据自身的实际情况采取应对压力的有效策略。
3. 能够熟练运用接待服务心理策略,提高旅游服务质量。

素质目标

1. 能够认识到心理服务在旅行社接待和导游服务工作中的重要性。
2. 能够运用心理学的知识,正确面对工作和生活中遇到的挫折。

知识框架

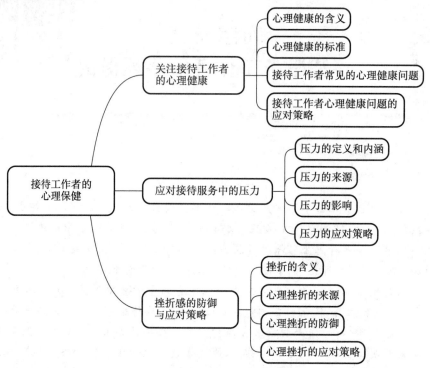

 教学重点

1. 接待服务工作者常见的心理健康问题。
2. 压力带来的影响。

 教学难点

1. 应对压力的策略。
2. 挫折的防御与应对策略。

 项目引入

在我国古代，关于施政方针上的分歧，以春秋战国时期儒家的"仁政"与法家的"法治"之间的鲜明论战最为激烈。作为儒家的代表，孔子主张"人性本善"，呼吁以人文关怀激发国民的拥护，形成国家的向心力。而以商鞅为代表的法家，则在假设"人性本恶"的前提下，主张以严刑峻法约束人民，达到治理的目的。从接待业的员工管理者的角度出发，你如何看待这些观点？

任务一　关注接待服务工作者的心理健康

任务引入

旅游交通服务业岗位实习生方舟已经三天没有去单位上班了,老师联系她了解情况。她哽咽着道出事情的原委。一天,旅客上洗手间完毕,乘务员打扫卫生时,发现该旅客将卫生纸、马桶垫扔得满地都是,方舟随即惊讶地询问并提醒旅客马桶垫、卫生纸丢弃处,旅客却投诉乘务员服务态度太差,并录制了与方舟之间的对话,在网络上传播。因为这件事,方舟成为了"公众人物",她承受不了压力,不愿再上班。从接待业的员工管理角度出发,假设你是方舟的直接领导,你会如何看待这类员工在工作岗位上受到委屈,和客人沟通无效后并受到投诉的问题?

任务剖析

接待服务工作者的心理素质是影响服务质量的重要因素之一。由于接待工作量大、接触性高、变化性强、客户至上等特点,接待服务工作者容易产生情绪波动和心理问题,进而影响服务质量。因此,关注接待服务工作者的心理问题既是对员工健康状况负责,也是保障现代接待业健康发展的必然要求。曾有人说过,员工的心理健康状况与企业的健康状况一致。服务行业,利润大多直接来源于终端的业绩,而业绩的高低部分决定于员工的精力投入,员工的精力投入又来源于员工的主观能动性,主观能动性则反映了员工的心理健康状况。从这个简单的逻辑推断来看,员工的心理健康管理也是企业管理中的一项重中之重。

一、心理健康的含义

1946年第三届国际心理卫生大会指出,心理健康是指身体、智力、情绪十分协调;适应环境,在人际交往中能彼此谦让;有幸福感;在工作和职业中能充分发挥自己的能力,过有效率的生活。国内外许多学者从各自关注的角度对心理健康进行不同的论述,但还没有统一的定义。但总体来说,心理健康是相对于生理健康而言的。心理健康主要包括两个方面:一是指心理健康的状态,即是一种持续的、积极的心理状态,个体在这种状态下能面对现实的、发展变化着的自然环境、社会环境和自身内在的心理环境,具有良好的调控能力、适应能力,保持切实有效的功能状态。二是指个体有目的、有意识、积极自觉地按照不同年龄阶段身心发展的规律和特点,遵循相应的规则,有针对性地采取各种有效的方法和措施,维持心理健康,预防心理疾病,提高心理素质,维护和促进心理活动良好的功能状态。

二、心理健康的标准

关于心理健康的标准,不同学者的观点不同,并且随着社会文化和时代的不同,心理健康标准也在不断地发展和变化。

从广义上讲,心理健康是一种持续高效而满意的心理状态;从狭义上讲,心理健康是知、情、意、行的统一,是人格完善协调,社会适应良好。迄今为止,关于心理健康还没有一个统一的概念,国内外学者一般认同心理健康标准的复杂性,既有文化差异,也有个体差异。一般而言,主要从以下方面判断个体心理健康与否。

(一)智力标准

智力正常是人正常生活的最基本的心理健康条件,良好的智力水平是一切社会人学业成功、事业有成的心理基础。智力的水平用IQ值来表示,IQ≥90为正常,上不封顶,IQ<70为落后。智力落后的人心理不可能完全健康,但是IQ值不能说明一个人的成就,IQ值高也不能保证心理健康。

(二)情绪标准

情绪是指人对客观事物是否符合需要所产生的一种主观体验。情绪稳定,而且心情愉快才是情绪健康的标志,且情绪的变化应由适当的原因引起,情绪反应的程度还要与原因相适宜。

(三)意志标准

意志是指人自觉地确定活动目标,支配自己行动,克服重重困难,以实现预定的目标的心理过程。意志是成功做任何事情的阶梯。做事过于优柔寡断、徘徊不前、瞻前顾后,或不计后果、草率等都是意志不健康的表现。

(四)社会适应标准

较好的社会适应性主要包括具有较好适应自然环境的能力;能建立积极而和谐的人际关系,能适应周围的人际关系。人际关系既治病也致病,所以,和谐的人际关系是身心健康之必须,个体应具有良好的处理和应付家庭、学校和社会生活的能力,如作出决定、解决问题、批判性思维、情绪控制、心理换位、人际沟通等能力。

（五）理想的我与现实的我基本相符

不能有效地面对现实、处理与周围环境的关系是导致心理障碍、心理疾病的重要原因。所以个体要面对现实、把握现实,主动适应现实。

（六）心理活动特点应符合年龄、性别特点

人的一生要经历各个不同年龄阶段,每个年龄阶段都有该年龄阶段的特点。

（七）注意力集中度

注意力是一切活动取得成功的心理保证。如果一个人缺乏注意力集中和保持稳定的能力,就不能很好完成有目的的活动,如儿童多动症,成人的焦虑抑郁症等都会导致注意力出现问题。一般5—7岁可连续注意时间约为15分钟;7—10岁为20分钟;10—12岁为25分钟;12岁以上为30分钟,甚至更多。

（八）人格

心理健康的最终目标是使人保持人格的完整性。健康人格就是宽容、悦纳、善待他人,不斤斤计较、怨天尤人、百般挑剔,就是有自知之明、能正确评价自我,有正确的人生观和价值观。

三、接待服务工作者常见的心理健康问题

接待服务工作者的心理健康来源于内部自省和自我调节,也受到外部影响。要做好外部的心理健康管理就必须了解员工内部自省的方式和规律。接待服务工作者内心的心理健康主要受长期形成的人生观、价值观的影响,与短期的情绪变化也有直接关系。接待服务工作者在日常工作中常要完成两个不同角色之间的转换:第一个角色是为服务企业的员工。这个角色要求接待服务工作者忘却自我,将企业价值尽可能地展现给顾客。第二个角色是自我。这是接待服务工作者在工作间歇以及下班后的角色……两个角色有巨大的落差,这样的心理状态转换极有可能导致以下几种常见的心理问题。

（一）自我意识问题

自我意识也叫自我认知,是一个人对自己的认识和评价。它由自我认识、自我体验和自我控制三种心理成分构成,三者相互联系、相互制约,统一于个体的自我意识之中。

接待服务工作者的自我意识问题,通常表现为自我认识偏低或偏高,即自卑和自负两种消极心理。在接待工作中,具有自卑心理的工作人员由于自我评价偏低,缺乏勇气和信心,行为上会表现出一定程度的畏缩、怯懦、消极被动、主动性或热情不高等

特点,容易出现难以独当一面或有效开展工作的窘境。而具有自负心理的服务员,由于自我评价偏高,容易忽视对顾客的尊重与谦让,给顾客留下自以为是、盛气凌人、喜欢争辩的印象,从而导致工作中客我关系紧张。不管是自卑还是自负心理,都会给接待工作带来不利影响。

(二)情绪问题

情绪问题是客观事物不能满足个体需要时,个体产生的一种不良身心状态。与其他行业工作相比,接待工作具有客我交往不对等、服务对象多样复杂、频繁流动,服务内容琐碎、繁杂等特点,使得接待服务工作者不仅要承受工作繁忙的压力,还时常要承受客我交往中顾客因不满而表现出的消极情绪,如指责、训斥、命令、误解、轻视,甚至谩骂、肢体冲突等。

可以说,服务工作的特点是导致接待服务工作者出现情绪问题的重要原因。它容易引发员工伤心、难过、失落、愤怒、压抑,甚至抑郁、焦虑等不良情绪,并会影响人们采取各种行动的积极性,进一步影响各种操作的准确性。由此可见,情绪问题会降低接待服务工作者的工作效率。

(三)意志问题

意志问题通常表现为人在执行预定计划过程中,不能围绕目的去调节和支配自己的行为,即意志薄弱。在接待工作中,员工常见的意志薄弱的行为主要有:面对顾客的意见或建议,表现得主观武断、固执己见,或缺乏主见,人云亦云,被顾客牵着鼻子走;遇到困难或突发事件时,紧张害怕、优柔寡断或轻举妄动、草率从事;与顾客发生分歧、摩擦时,不能自觉地控制和调节自己的情绪,言语和行为冲动、鲁莽等。这些由于接待服务工作者缺乏意志而采取的不恰当行为都会直接影响客我关系,使服务工作难以顺利完成。

(四)个性问题

个性是一个人在思想、性格、品质、意志、情感、态度等方面不同于其他人的特质,在接待时具体可体现为言语方式、行为方式和情感方式等。

个性问题就是在上述诸方面表现出的问题,它突出地表现为性格方面的缺陷。接待工作的特殊性,尤其是客我交往的不对等性使得从业人员的敏感、多疑、焦虑、敌视、情绪不稳等个性问题的影响容易被放大。在接待工作中,具有这些个性特征的员工,不仅容易与管理者、同事、顾客发生矛盾和冲突,给工作带来不便、麻烦,甚至还会因自身不良的人际关系加剧自我的个性问题。因此,关注接待服务工作者的个性问题是接待业保障和提高服务质量所不容忽视的一个重要举措。

(五)人际关系问题

人际关系问题是指人与人交往中产生的心理摩擦与冲突。接待服务工作者的人际关系问题源于工作中的人际交往(即客我交往、同事交往、上下级交往)和家庭生活交往、日常交际。其中,工作中的人际交往问题是主要问题。这些人际关系问题主要分为人际冲突和交往厌烦两种。前者具体体现为接待服务工作者在人际交往中产生各种冲突,如观念冲突、利益冲突、方法冲突、习俗冲突、个性冲突、情绪冲突等。后者具体体现为员工为避免或减少交往而产生退避心理和行为,如退缩、回避、紧张、孤独等。

接待服务工作者常见的心理问题主要来源于两种角色间的转换,这种角色转换带来的心理问题还包括以下几点:首先,角色认知模糊,自己无法辨认。很多服务企业对员工都有硬性规定,必须面带微笑,和客人保持友善。接待服务工作者下班后很难短时间内恢复真实的自我,自身的真实情感掩藏得太久,久而久之会对工作产生厌烦情绪。其次,是企业"我"与本"我"的矛盾。接待业一般用硬性规定的制度来规范员工的行为甚至表情,很多员工都会形成自我约束,甚至在工作结束后都不能恢复状态,企业"我"与本"我"发生激烈的冲突碰撞。最后,员工自我内部分裂。企业为了给顾客提供更周到的服务,会对员工强调要为顾客提供情感服务,如让顾客感受到宾至如归,以增进顾客对企业的认可和肯定。但员工长时间处于这种虚拟的角色中,将情感当成服务的一部分,易产生副作用,即本"我"对企业"我"的感受费力、配合脱节,顾客最后只得到一种职业化的服务体验,很难再感受到来自员工的真情实意的关怀。

四、接待服务工作者心理健康问题的应对策略

接待服务工作者的心理保健既需要企业积极干预,提供一定的专业支持与帮助,也需要员工自身积极努力、自我调节。

(一)企业高度重视,进行积极干预

1. 转变观念,高度重视员工的心理健康教育

企业管理者要转变"员工心理健康是个人的事情"的观念,要从企业发展的高度对待和重视员工的心理健康教育,要深刻认识到,员工个人的心理健康水平不仅直接影响其接待工作的质量,而且还直接影响企业的形象和信誉,是企业发展的"软实力"。

2. 加强宣传、培训,把心理健康教育融入企业文化

企业应根据企业文化特点,结合员工实际开展丰富多样、生动活泼的心理健康教育宣传工作,如张贴标语、海报,制作橱窗,举办讲座、培训、知识竞赛、沙龙等,通过这些活动,向员工普及心理健康常识、介绍心理保健方法、策略等,形成重视心理健康的氛围,使心理健康教育成为企业文化有机而重要的组成部分。

3. 改进工作作风,实现以人为本的管理

以人为本管理的核心是,在尊重员工的基础上激发他们工作的积极性,消除消极情绪。为此,管理者要树立以人为本的观念,转变管理方式;要尊重员工,对员工宽容大度、一视同仁;要善于沟通和倾听,及时为员工排忧解难,尽量满足员工的合理需求。

此外,要积极改善工作条件,努力给员工创造一个健康、舒适、团结、向上的工作环境。

(二)掌握人际交往技巧,提高员工自我调节能力

俗话说:"解铃还需系铃人",员工自己是维护自我心理健康的关键和内因。

1. 正确认识和评价自己

一个心理健康的接待服务工作者应该具有正确的自我认知。如果一个人不能正确地认识自己,看不到自己的优点,觉得自己处处不如别人,就会产生自卑感,丧失信心,做事畏缩不前。相反,一个人过高地估计自己,就会骄傲自大、盲目乐观,容易导致工作的失误。因此,实事求是地评价自己,是服务工作者自我调节和人格完善的重要前提。

2. 建立和谐的人际关系和沟通渠道

建立良好的人际关系是维护心理健康的好方法之一。企业中,友好、融洽的上下级关系、同事关系可以创造和谐的人际交往氛围,使每一位员工心情舒畅、精神焕发,让整个企业成为和睦大家庭。彼此信任、尊重,互相理解、谦让、体谅,相互支持,共同进步,创造充满爱心的企业文化氛围。反之,如果企业内部人际关系紧张,导致员工心理不适应。

3. 加强意志磨炼、积极克服困难

服务工作者每天要接触大量形形色色的人、事等,自然会遇到许多困难、矛盾、摩擦、挫折等,因此,拥有强大的意志力显得十分重要。服务工作者应积极投身实践,不断磨炼自己的意志并积累经验。一些专家认为,意志力的锻炼、精神磨炼是对接待服务工作者进行各项业务培训的基础。意志训练可以提升旅游工作者的素质,提升敬业精神、毅力、品格,巩固工作态度等。如,为了磨炼旅游接待服务工作者的意志,企业可以开展团建活动,模拟军事训练组织越野拉练、野外生存训练等。

同时,服务工作者应学会正确看待挫折,既要看到挫折是普遍存在的,是人们生活的组成部分,随时随地都可能发生;也要看到挫折并不总是发生,生活还有很多快乐和幸福的事情。这样,才能做好面对挫折的充分的心理准备,一旦遇到挫折不会惊慌失措、痛苦绝望,能积极面对,尽快走出来。

4. 重视情绪管理、保持成熟心态

情绪管理指对自我情绪的调控。一个人在情绪方面的调控和管理能力被称为情商。心理学家经过长期研究后,得出结论:人生的成就至多只有20%归功于智商,另外80%的成就则受情商的影响。接待工作中的待人接物的复杂多样和动态多变性,要求工作人员必须重视情绪管理、保持成熟心态,以提高服务质量。情绪管理主要措施有:冷静三思、改变思维、自我暗示、自我控制、自我安慰、转移注意力、适度宣泄等。

5. 学会合理宣泄

合理宣泄是利用或创造某种条件,以合理的方式把压抑的情绪表达出来,以减轻或消除心理压力,稳定思想情绪。它是接待服务工作者在应对不管是意料之中,还是意外、突发负性事件时,都行之有效的缓解心理和情绪压力的办法。合理宣泄方式主要有倾诉、运动、哭泣、书写等。

项目十二　接待服务工作者的心理保健

同步思考

"没病没痛"就是健康吗？什么是心理健康？你是心理健康的人吗？怎样维护自我的心理健康？

任务实施

活动目的：通过任务型教学活动的开展，提高学生对心理健康问题的认识，心理保健的意识，鼓励学生保持良好的心态去积极应对各种心理问题。

活动要求：每个同学都参与进来，让学习目的更明确、学习内容更丰富。

活动步骤：1. 分组：按每组6—8人，将学生分成若干个学习小组，各自确定组名，自选组长。

2. 分工：分工并练习角色扮演，假设你是项目引入中方舟的直接领导者，你会怎么看待并处理这件事情？

3. 展示：教师选取部分小组进行展示。

活动评价：任务评价表如表12-1所示。

表12-1　任务评价表

评价	项目			
	课堂表现	语言表达	参与情况	团队合作
自我评价				
同学评价				
老师评价				

备注：评价等级为优、良、合格、不合格四等。

任务二　应对接待服务中的压力

任务引入

方舟长时间从事接待服务工作以后，逐渐产生了厌倦懈怠的情绪，产生很多心理问题。客人经常向她倾倒消极情绪，她感到无法排解，单位领导对员工近乎完美的要求也使她压力很大。她不知道应该怎么办。请你帮她找到导致这种现象的原因，帮助开导她积极应对心理压力。

> **任务剖析**
>
> 心理压力是当代人们面临的普遍性问题。接待人员，往往比一般群体所承受的压力更多。个体只有认识压力，分析压力的来源，才能找到适合自己的解压方法。

一、压力的定义和内涵

从心理学角度看，压力是压力源和压力反应共同构成的一种认知和行为体验过程，即心理压力。要全面正确理解心理压力的概念，应更进一步具体分析其内涵。

（一）心理压力是一种心理状态

现代心理学一般把人的心理现象分为三大范畴，即心理过程、心理状态和个性心理。心理状态是指心理活动在一段时间内出现的相对稳定的持续状态，是介于心理过程和个性心理之间的中间状态，是心理活动和行为表现的一种心理背景。事实上，心理压力既不可能是一种独立的心理过程，也不可能是个性心理，而只能是一种心理状态。只不过心理压力作为一种心理状态，是个体对压力事件反应所形成的一种综合性的心理状态。

（二）心理压力是对压力事件的反应

心理压力与压力事件密切联系，个体有心理压力必有压力事件存在。心理压力是对压力事件的反应而形成的一种综合性心理状态，没有压力事件，个体心理压力无以形成。人的心理产生的基本方式是反射，是有机体对一定刺激的反应活动。并非任何刺激都能让人形成心理压力，一般心理过程并不一定形成心理压力。只有当个体意识到他人或外界事物对自己构成威胁，即对压力事件进行主观反应时，才可能形成心理压力。压力事件可分为外部压力事件和内部压力事件两大部分。

外部压力事件主要包括生活中的重大变故和累积的烦心琐事，一般这些压力事件威胁性较大，随时可能发生，使个体承受巨大心理压力，若不能及时妥善处理，容易使人患心身疾病。现实生活中，如果接待服务工作者的任务多、要求高、负荷过重，休息、娱乐、睡眠时间分配失控，自身将会形成较大的心理压力，会焦虑不安，甚至出现痛苦难堪的心理。内部压力事件主要是指使主体遇到认知困惑或难处理的内在刺激情境，例如接待服务工作者遇到一些突发事件，若不知道自己该如何处理，也不知道该向谁求助，心理压力就会油然而生。

（三）心理压力表现为认知、情绪、行为的有机结合

心理压力是个体的一种综合性心理状态，表现为认知、情绪、行为三种基本心理成分的有机结合。

1. 个体心理压力是意识的产物,是建立在一定的认知基础上的

人在无意识状态下是没有心理压力可言的,如睡眠状态下人无心理压力。人无认知能力时也不会有心理压力存在,新生儿只有感觉,无心理压力。人有认知能力时,若对威胁性的刺激情境失察而未能认识到其对自己生活造成或将造成威胁、危害,也不会产生心理压力。若刺激情境本身不会对个体造成威胁、危害,个体由于错误的认知,以为它具有威胁性、危害性,无法处理、摆脱,就会产生心理压力。

2. 心理压力伴有持续紧张的情绪、情感体验

通常个体有心理压力时,容易出现消极的情绪,如惊慌、害怕、忧愁、愤怒等。是否在有一定的心理压力时就一定有消极的情绪出现呢?现实生活中,有时我们接受一项比较艰难的工作任务,虽有心理压力,但却乐意去做,就不会产生消极情绪。

3. 心理压力必引发行为反应

个体有心理压力时,不会无动于衷,而会引发出一定的行为反应,表现为有意行为,或针对压力事件,积极应对,化解压力;或逃避压力情境,以维持正常生活;或消极应对,被压力所困,日积月累,逐步形成心理障碍。如此看来,可以说心理压力是压力源、压力感和压力反应三者形成的综合性心理状态。

二、压力的来源

心理压力来源于机体内外环境向机体提出的应对或适应的要求。这些可导致机体产生应激反应的紧张性刺激物称为应激源。对人类来讲,应激源既有包括各种物理、化学刺激在内的生物性应激源,也有包括来源于现实社会中经常发生的冲突、挫折、人际关系失调等在内的心理性应激源,还有包括不断变化着的政治、经济、职业、婚姻、年龄等因素在内的文化性应激源。

(一)生物性应激源

生物性应激源是借助人的肉体直接发生作用的,引起身心两方面的应激反应。一般先引起机体生理变化。人们对这种生理反应进行认知评价和归因,继而产生心理反应和应激状态。例如一个人患了病,有发热、虚弱、疼痛等症状与体征存在,在未诊断出结果之前,一般会归因于病毒或病菌侵袭的结果,可能不会引起过强的心理紧张。但如果经诊断,这些症状与体征是由某种严重的疾病(如肿瘤等)引起的,自然就会感到心理紧张,也相应会出现心理应激反应。

(二)心理性应激源

心理的失衡也可以造成应激状态。例如,日常生活中经常存在着欲求不能实现或不能完全实现所引起的动机冲突,需要不能满足而产生的紧张情绪状态。在人类社会生活中,由于个体差异的原因,社会成员之间关系不能协调一致,形成矛盾冲突的现象是经常发生的。人有丰富的记忆资源和非凡的预见性和创造性,人们会进入回忆性、预期性或想象性的紧张情境与事件中,从而也会产生心理压力或进入应激状态。

（三）文化性应激源

社会文化环境的任何变动都会造成应激状态。社会文化的变动既包括重大的社会政治、经济的变动，如战争和动乱等，也包括个人的社交、生活、工作中遇到的各种各样的事件，如家庭、恋爱中的矛盾，亲人的亡故，学业与事业上的成功与失败，职位的升降，等等。如果人们对变化着的社会情境与生活事件，不能通过自身调整进行有效的反应，就不可避免地会出现种种心理矛盾冲突，会产生严重的失助感和焦虑、愤怒、怨恨、忧郁与绝望等一系列的紧张情绪，从而产生心理压力或进入应激状态。

除上述应激源之外，还有许多因素也可导致心理应激。例如由于科学技术的飞速发展，知识更新速度加快，人们被迫不断地接受新的教育、学习新知识，以适应社会科技文化的发展；现代工业化、都市化发展背景下，人们的工作内容过于单调，工作角色模糊等，都会导致心理压力，使人处于应激状态。

（四）接待服务工作者的压力来源

1. 接待服务工作者需要承担客人的不良情绪

工作环境中的消极情绪无处排解，使接待服务工作者精神压力很大。例如，接待业提倡微笑服务，提倡顾客永远是对的行业精神，但是工作人员具体工作时需要付出很多心血，当顾客有意见时，工作人员就需要压抑自己自尊的需要、被认可的需要、被理解的需要，完全为客户着想；当顾客带着偏见甚至挑衅来到接待地点时，接待服务工作者需要尽可能完全地接纳和包容……这些情况使得接待服务工作者的心理健康水平长期处于较低的状态。

2. 企业对接待服务工作者的要求高

接待服务工作者并不一定能完全达到企业的要求，这使得他们长期处于苛求自己的状态中，甚至为自己达不到要求而自责自罪。其实企业的期待也部分代表着社会对于接待服务工作者的期待，这些期待往往是完美和理想化的，一旦接待服务工作者达不到这些标准，就会受到外界和自己内心的谴责，这使得服务人员的自我价值感普遍很低，得不到充分的认可，总觉得自己做得还不能让人满意，有些服务人员还会产生厌倦懈怠的情绪。

3. 家庭成员不理解

由于接待服务工作者往往工作时间长，少有休息日，导致他们能分给家人的时间和关爱比较少，如果家人不理解，很容易产生家庭矛盾。接待服务工作者由于工作性质和个人特点的关系，往往倾向于尽可能满足别人的一切需要，但是满足所有人是不可能的，于是首先被牺牲掉的往往就是家人和孩子。他们一方面对家人有愧疚感；另一方面又承担着家人的不理解，心理上就会产生巨大的压力。

三、压力的影响

压力不仅仅是一种心理感受或心理反应，更与健康紧密关联。有学者通过心理测评和心理咨询发现,很多接待服务工作者在岗位工作压力与日常生活压力的双重影响下,出现了不同程度的身心健康问题。总体来看,压力诱发的健康问题主要包括生理健康、心理健康以及行为健康三大层面的问题。

(一)身体层面的问题

压力过大主要会对人的神经系统、循环系统,以及消化系统造成影响,如神经系统异常,可表现为神经衰弱,出现失眠、多梦、健忘、烦躁、易怒,从而导致紧张不安、焦虑或抑郁状态。长期压力过大会导致血压升高,引发心绞痛,还可以引起消化不良、腹痛、腹泻、腹胀等消化功能不全症状,同时还可能诱发急性胃炎,以及消化道出血。压力对生理健康的影响最直接,但也最容易被忽略。

(二)心理层面的问题

压力对心理健康的影响主要表现在情绪,以及长期不良情绪下的情绪性心理问题上。

1. 抑郁

关于工作压力与抑郁症状之间关系的调研显示,超负荷的工作很容易使人疲倦、身体素质下降、睡眠不足、精神恍惚、情绪不良,致使个体产生抑郁症状。压力和抑郁的关系非常密切,有些人遇到压力的时候不去找合适的途径发泄出来,而是选择退缩。由于没有采取良好的减压方式,他们大脑中会导致抑郁的化学物质分泌得越来越多,而引起愉悦和快乐的物质越来越少,就会表现出抑郁症状。

2. 愤怒

人的情绪就像保险丝一样,每产生一次压力都会缩短它的长度,当缩短到一定程度时,危险就会到来。当有压力时,个体可能会感到紧张不安、暴躁,更容易和同事、朋友或者家人起冲突,即使没有任何可以引起愤怒的原因也会大发雷霆。这样,亲近的人就会成为个体的出气筒,这会对个体的人际关系造成影响。

(三)行为层面的问题

长期的压力也会影响人的行为健康,导致工作效率下降、生活习惯改变、不良嗜好增多等,甚至会引发强迫行为、自残行为以及攻击行为等。

1. 物质成瘾

很多人在面对压力时,采取吸烟、喝酒、喝咖啡等方式缓解压力、舒缓情绪、解除疲劳,原因主要有两方面:一是尼古丁、咖啡因等物质能使人产生一种轻松愉快的感觉;二是重复的行为也能够减轻焦虑,如同吃零食、购物一样。但是反复使用尼古丁、咖啡因、酒精等成瘾性物质,会使机体产生耐受性,从而导致上瘾。

2. 强迫行为

一般认为,精神因素是强迫症的主要发病原因。工作环境压力大、竞争激烈、淘汰率高,会使内心脆弱、急躁、自制力差或具有偏执性人格或完美主义人格的人产生强迫心理,从而引发强迫症。其中完美主义人格者表现得尤为突出。在竞争激烈的环境中,他们会制定一些不切合实际的目标,过度强迫自己和周围的人去达到这个目标,但总会在现实与目标的差距中挣扎。长此以往会焦虑,为缓解焦虑的情绪就会产生反复洗涤、反复检查等强迫行为。

四、压力的应对策略

首先,接待服务工作者需要有地方去说出自己被压抑的心理需要,需要被别人理解和尊重。因为他们也需要别人来满足自己的需要,如果只是奉献而不知索取,往往到最后陷入焦虑抑郁状态中。

其次,接待服务工作者要给工作一个界限,不要什么时候都用工作中的标准要求自己,工作之余要允许自己获取爱与关怀,接受别人的照料,在生活中寻找各种资源来支持自己。

最后,企业需要给接待服务工作者心理帮助,及时解决他们的心理问题,在严格要求的同时增加人性化管理,这就好像给工作人员充电,给他们灌注心理能量。他们心中有了对自己的爱,才能更好地爱护顾客。

缓解心理压力的常用方法有以下十种。

(一)暗示法

选准最佳时机,有意识地利用语言、动作、回忆、想象以及周围环境中的各种物体等对自己实施积极暗示,可以消除负性情绪,减缓心理紧张,使心理保持平静和愉快,如背诵名人名言、回味成功经历、精心打扮自己等。

(二)换境法

固定的环境会使人逐渐失去兴趣,进而引发一些心理问题。适当地变换一下环境,可以刺激人的自信心与进取心。如到远方旅游,能够转移精力,寄托情感,排解不良情绪带来的种种困扰。

(三)随境法

这是心理防卫机制中一种心理的合理反应。古人云:"随遇而安。"面对生老病死、天灾人祸等各种各样的负性生活事件,以一颗随遇而安的心去对待它们,可以使个体减少许多不必要的痛苦,拥有一片宁静愉快的心灵天地。

(四)放松法

选择幽雅的环境,舒适的姿势,排除杂念,闭目养神,尽量放松全身肌肉,采用稳定的、缓慢的深呼吸方法,确有解除精神紧张、压抑、焦虑、急躁和疲劳的功效。吸气时双手慢慢握拳,微屈手腕,吸气后稍稍屏息一段时间,再缓慢呼气,全身肌肉呈松弛状态,要确定适合自己的频率来重复呼吸。

(五)幽默法

幽默是心理环境的空调器。当你受到挫折或处于尴尬紧张的境况时,可用幽默化解困境,维持心态平衡。幽默是人际关系的润滑剂,它能使沉重的心境变得豁达、开朗。

(六)音乐法

当出现焦虑、抑郁、紧张等不良心理情绪时,不妨听一听音乐,让优美动听的旋律给你做一次心理按摩。音乐可以帮助调适心理和转换情绪。《梁祝》的和谐、《步步高》的欢快、《秋日私语》的舒缓等,会让紧张焦虑的情绪得到放松,心情变得愉悦。

(七)观赏法

阅读精彩的图书,观赏优美的影视剧,容易唤起愉快的生活体验,释放紧张,排解忧郁,驱赶无聊。

(八)自嘲法

这是一种有益身心健康的心理防御机制。在事业、爱情、婚姻不尽如人意时,在无端遭到人身攻击或不公正的评价而气恼时,在因生理缺陷遭到嘲笑时,个体不妨用阿Q精神胜利法进行自嘲,来调适失衡的心理,营造一个豁达、坦然的心理氛围。

(九)宣泄法

心理学家认为,宣泄是人的一种正常的心理和生理需要。你悲伤抑郁时不妨向朋友倾诉;也可以进行一项你喜爱的运动;或在空旷的原野上大声喊叫,这样既能呼吸新鲜空气,又能宣泄积郁。

(十)逃避法

这是使心理环境免遭侵蚀的保护膜,在一些非原则性问题上不妨采取逃避措施。假装糊涂,无疑能提高心理承受的能力,避免不必要的精神痛苦和心理困惑。有了这层保护膜,个体更能处乱不惊,遇烦恼不忧,以恬淡平和的心境对待生活中的紧张事件。

任务实施

活动目的:让学生正确认识到压力的来源,找到适合自己的缓解压力的方法。

活动要求:每个同学都参与进来,让学习目的更明确、学习内容更丰富。

活动步骤:1.分组:学生选择关系相对亲近的同学自由组合,便于向对方吐露心声,4—6人一组。

2. 设计:每个小组成员相互交流自己缓解压力的方法,并一起想办法帮助方舟缓解压力。

3. 展示:各组派代表总结发言,分享各自打算如何帮助方舟缓解目前的压力。

活动评价:任务评价表如表12-2所示。

表12-2 任务评价表

评价	项目			
	课堂表现	语言表达	参与情况	团队合作
自我评价				
同学评价				
老师评价				

备注:评价等级为优、良、合格、不合格四等。

任务三 挫折感的防御与应对策略

任务引入

露露最近在网上看到了一则新闻:某天晚上,女顾客林某与家人在温州的某火锅店就餐,期间,林某因服务员朱某未能及时给火锅加汤,发微博投诉火锅店。而后,服务员朱某前来跟林某交涉,顾客一句"你他妈是谁啊,跟我这么说话?"让朱某产生了报复心。他从厨房用塑料盆盛来开水倒在林某身上,致使林某身体被严重烫伤。"我是在单亲家庭长大的,从小没见过妈,她骂我妈我忍不了。"朱某向民警这样陈述道。请你和露露一起分析案例中接待人员受挫折后的心理,并就如何对挫折感进行防御和应对提出自己的策略。

(案例来源:360个人图书馆)

任务剖析

此次事件中,朱某因一语不合便做出了严重伤害他人的行为,这与他长期生活在单亲家庭中是密不可分的。面对此次挫折,他没有展现出很好的自控能力,也没有通过合适的途径解决问题。有心理专家认为,父母离异、性格内向是造成他产生出格行为的根源,准确地说,是童年时期受到的创伤造成了今日的失态。遇到挫折,个体必然会有一定的行为表现。由于个人的生活经历和个性不同,行为表现也会各种各样。这些表现可分为理智性行为和非理智性行为。理智性行为一般不会对工作造成影响,非理智性行为往往会造成不良的后果。由此可见,挫折感的防御与应对策略在日常工作和生活中尤为重要。

一、挫折的含义

挫折,是指人们在有目的的活动中,遇到的阻碍人们达成目的的障碍;心理学上,指个体有目的的行为受到阻碍而产生的必然的情绪反应,可表现为失望痛苦、沮丧、不安等。挫折易使人消极妥协。挫折包含三个方面的含义,一是挫折情境,二是挫折认知,三是挫折反应。

挫折情境,即指对人们的有动机、有目的的活动造成的内外障碍或干扰的情境状态或条件,构成刺激情境的可能是人或物,也可能是各种自然、社会环境。挫折认知,指对挫折情境的知觉、认识和评价。挫折反应,指个体在挫折情境下所产生的烦恼、困惑、焦虑、愤怒等负面情绪交织而成的心理感受,即挫折感。其中,挫折认知是核心因素,挫折反应的性质及程度,主要取决于挫折认知。

一般来说,挫折情境越严重,挫折反应就越强烈;反之,挫折反应就越轻微。但是,只有当挫折情境被主体所感知时,才会在个体心理上产生挫折反应。如果出现了挫折情境,而个体没有意识到,或者虽然意识到了但并不认为很严重,那么,也不会产生挫折反应,或者只产生轻微的挫折反应。因此,挫折反应的性质、程度主要取决于个体对挫折情境的认知。

挫折反应和感受是形成挫折的重要方面,个体受挫与否,是由当事人根据自己对自己的动机、目标与结果之间关系的认识、评价和感受来判断的。对某人构成挫折的情境和事件,对另一人不一定构成挫折,这就是个体感受的差异性。正如巴尔扎克所说,世上的事情,永远不是绝对的,结果完全因人而异。苦难对于天才来说是一块垫脚石,对于能干的人是一笔财富,而对于弱者是一个万丈深渊。

二、心理挫折的来源

人们产生的任何心理挫折,都与其当时所处的情境有关。构成挫折情境的因素是多种多样的,分析起来主要有两大类。

（一）外在的客观因素

构成心理挫折的外在的客观因素主要来自自然和社会两方面。

1. 自然因素

由于自然因素制约形成的心理挫折,是指由于自然或物理环境的限制,个体的动机不能获得满足。如任何人都不能实现长生不老、返老还童的愿望,大都难免遭到生离死别的境况和无法预料的天灾人祸的袭击。以上是由自然发展规律和时空的限制而形成的心理挫折,对人类来说还不是主要的。

2. 社会因素

由于社会因素制约形成的心理挫折,对人类才具有重大影响。社会因素是指人在社会生活中所受到的人为因素的限制,其中包括政治、经济、民族习惯、宗教信仰、社会风尚、道德法律、文化教育的种种约束等。如学非所用,在工作岗位上不能充分发挥作用,顾客不能理解接待服务工作者的难处,等等。凡此种种社会因素,不但对个人的动机构成挫折,而且挫折本身对个体行为产生的影响,也远比上述自然因素所产生的心理挫折的影响要大。

(二)内在的主观因素

由内在主观因素引起的挫折包括两类:一类是由于个人容貌、身材、体质、能力、知识的不足,不能达到所要追求的目的而产生的心理挫折;另一类是由个人动机的冲突引起的挫折。在实际生活中,人们心中常常同时存在若干动机,其中有些性质相似或相反而强度接近,使人难以取舍,便形成了动机的斗争。如在同一时间内,某人既想去参加同学聚会,又想去看科技展览,但不可能两全其美。这就是动机的矛盾斗争,又称动机冲突。

(三)造成接待服务工作者产生挫折感的具体原因

1. 组织的管理方式

传统的组织理论多采用麦格雷戈的X理论,主要用权威控制惩罚的方法管理职工,形成组织目标与个人动机之间严重的冲突。霍桑的研究指出,以生产成绩为中心的个人奖励制度,即按件计酬的生产方式,迫使员工在金钱需要与社会需要之间做选择,让员工内心产生冲突。阿吉里斯在《个性与组织》一书中甚至认为,现代人精神疾病的主要根源在于组织与管理的环境不良,阻碍了个人需求与人格的发展。

2. 组织内的人际关系

组织内上级与员工之间的沟通关系如果属于单轨方式,即员工没有机会向上级反映自己的意见,则影响组织内的人际关系,员工会对上级缺乏信赖,产生不满情绪,甚至仇视的态度。

3. 工作性质

工作对个人的心理具有两种重要意义:一是能够表现出个人的才能与价值,让个人获得自我实现的满足。二是能使个人在团体中表现自己,以提高社会地位。但如果工作性质不适合个人的兴趣和能力,反而会成为心理上的负担。分权不当、大材小用或小材大用都将使接待工作人员受挫。有些接待服务工作者由于健康状况不佳或生理上的缺陷无法适应夜间值班,不能胜任接待工作或由于知识、经验不足,智力水平较差,会在接待工作中遭遇失败等,进而产生挫折感。

三、心理挫折的防御

在日常生活中,我们逐步学会用各种态度与方式对心理挫折做出反应。这些行为方式经过强化和重复,逐渐成为对待心理挫折的一定的习惯表现方式,即自我心理防御机制。当遇到挫折时,为了减轻内心的不安,恢复情绪的稳定,我们就会采用心理防御机制来维护心理平衡。

常用的自我心理防御机制主要有以下几种。

(一)升华作用

升华是指遇到挫折或打击时,不悲观失望,不气馁,把它变成动力,并升华到干一番事业上来。一个有强烈妒忌心理的员工,看不得别人比自己强,但理智又不允许他将这种心理表现出来,于是他可能通过勤奋努力来试图超过对手;一个在工作上有重大失误的员工,可能用洗刷自己的污点的方式来创造美好的前途;一个生活上受到过打击的人,可能用在事业上的成就来加以补偿。平时讲的"化悲痛为力量",也是一种心理上的升华作用,这是一种积极的心理防御机制。

(二)退行作用

退行作用是指回复到原先幼稚行为的一种心理防卫术。有时,人们在遇到挫折后,会放弃已经达到的比较成熟的适应技巧或方式,而恢复使用原先较幼稚的方式去应付困难,或满足自己的欲望。这就是退行作用或退行现象。事实上,人一生中,难免有想重回未成熟时代的想法,以重温旧梦的方式获取满足,只要无伤大雅,均可用退行作用来进行心理调节。比如,父亲心情不好,与孩子捉迷藏,像个小孩子似的趴在地上玩。这种短时间、暂时性的退行现象,不但是正常的,而且是极其需要的。

(三)逆反心理

逆反心理是当一个人感觉到他的自由被剥夺时而唤起的一种企图恢复自由感的动机状态,以对抗任何一种外部控制措施为表现形式。越是意识到有外部威胁的存在,逆反心理也越强烈。用通俗的语言来讲,就是"你要我向东而我偏要向西"。平常所说的"变本加厉"也是属于逆反心理。

(四)合理化作用

合理化作用指一种自强防御机制或适应行为。在精神分析学中,文饰作用或称合理化作用,是指用一种自我能接受、超我能宽恕的理由来代替自己行为的真实理由。所谓酸葡萄心理,把自己得不到的东西说成是不好的;或所谓甜柠檬心理,把自己已经得到但认为不好的东西说成是好的,都是用似是而非的理由去证明行为的正确,掩盖错误或失败,以保持内心的安宁,从而为自己进行解脱。我们通常说的,"傻人有傻福""破财消灾"都是指的这种心理。例如,一个人因为工作表现不好,没有拿到奖金,他却说:"我根本不想要这点奖金。"想以此来掩盖自己的不足。一个人因缺乏上进心,在企业的"应知应会"考试中,总是"名落孙山",他却推说是有人刁难他,并不是他不努力掌握这些知识。

正确利用心理防御机制会使接待服务工作者获得强大的精神动力和足够的自尊自信,从而走向成功。不过,无论是利用什么防御机制,我们总有要直面困难的时候。直面困难的人会从困难中得到许多意想不到的收获,这些收获最终会变成个人的生命财富。

四、心理挫折的应对策略

(一)正确认识,从容面对挫折

人在遭遇挫折后,心理上处于较严重的紧张状态。在这种状态下,人往往面临着态度上的两种性质不同的趋向:一种是消极的,把挫折的责任完全归结为客观因素,一种是积极的,冷静地控制由挫折导致的紧张情绪,客观地分析导致挫折的原因,在挫折中吸取教训,并努力探索消除挫折的正确途径。面对挫折,个体要积极地调整,使自己保持心理上的平衡状态,以积极的人生态度投入到新的工作和生活中。例如:8次落榜的明朝人归有光,在嘉定招生开学,仍然含辛茹苦,发奋攻读,终于写下了《震川文集初本》40卷;3次落榜的著名医学家李时珍,下决心从医,一生精心研究,经过27年努力,写下了医学巨著《本草纲目》;剧作家曹禺,年轻时一心想成为医生,报考北京医学院落榜后,积极参加戏剧活动,阅读了大量欧美文学和戏剧作品,写出了《雷雨》《日出》等具有很大影响的作品。

(二)改变引起挫折的环境,学会适当取舍

人可以到一个新的环境中去工作,这有两种办法:一是采取调动工作的办法,使自己重新拥有动力,二是改善原有环境的气氛,努力创设一个良好、和谐、友爱的环境和活力。面对现实的种种诱惑,许多人烦恼丛生。目标过高或是过多是遭受挫折的重要原因。无论前者还是后者,都使人深感心有余而力不足,最后都可能会导致迷失方向,走向绝望。聪明的办法是学会取舍,不必事事争第一。"塞翁失马,焉知非福",只有明智地取舍,并学会放弃,才能摆脱无谓的烦恼,拥有自在的生活。

(三)掌握自我调节的有效方法

在遭遇挫折后进行自我调节的积极方法主要有以下几种。

1. 亡羊补牢

工作上有了失误、疏漏,要及时分析原因,采取妥善办法予以弥补,要努力减轻不利影响或损失。这样容易获得他人的谅解,从而减轻由挫折导致的心理压力。

2. 积极转移

在一项工作上出现了失误,如果没有办法弥补,就全身心投入并出色地做好另一

项工作,从而尽快从前一项工作失误带来的挫折感中走出来。

3. 精神宣泄

这是一种心理治疗方法,人们在受到挫折后,心理会失去平衡,常常是以紧张情绪反应代替理智行为。只有把这种紧张情绪发泄出来,个体才能恢复理智状态,达到心理平衡。

（四）进行心理咨询和心理治疗

心理咨询是心理学工作者运用心理学理论和方法帮助人们治疗"心病"的一种具体工作形式。心理咨询的目的主要是帮助受挫折者疏导感情,放松紧张情绪,摆脱心理压力,消除心理负担,并端正态度,提高认识水平,以便养成良好的行为习惯,积极适应环境,战胜挫折。

知识拓展

驴子的故事

有一天,农夫的一头驴子不小心掉进枯井里,农夫绞尽脑汁想要救出驴子。几个小时过去了,驴子还在井里哀号着,最后,农夫决定放弃。他想,这头驴子已经老了,不值得大费周章地把它救出来,但是不管如何,这口井是一定要填起来的。于是农夫就找邻居帮忙,想要一起将井里的驴子埋了,以免驴子一直痛苦。

大伙儿人手一把铲子,开始将泥土铲进井里。当这头驴子意识到自己的处境时,哭得很凄惨。出人意料的是,一会儿,它又安静下来了。大家好奇地往井底一看,大吃一惊:当铲进的泥土落到驴子的背部时,它将泥土抖落一旁,然后站到泥土堆上面。就这样,驴子一点一点地垫着土够到了井口,然后在众人的惊讶中快步跑开了。

（资料来源:https://tongxiehui.net/bm/5f18cf91aeb4d.html）

任务实施

活动目的: 学会认识挫折,正确面对挫折。

活动要求: 每个同学都参与进来,让学习目的更明确、学习内容更清晰。

活动步骤: 1. 分组:学生选择关系相对亲近的同学自由组合,便于向对方吐露心声,4—6人一组。

2. 讨论:每个小组成员相互交流,谈谈案例中接待人员受挫后的心理,并就如何对挫折感进行防御和应对提出自己的策略。

3. 展示:各组派代表总结发言,分享各自小组讨论的内容。

活动评价: 任务评价表如表12-3所示。

表12-3 任务评价表

评价	项目			
	课堂表现	语言表达	参与情况	团队合作
自我评价				
同学评价				
老师评价				

备注：评价等级为优、良、合格、不合格四等。

项目小结

接待服务工作者的心理保健对自身的身心健康和企业的健康发展意义重大。因此，我们应正确认识自己、学会分析压力和挫折的原因，运用适当的方法正确面对压力和挫折，从而拥有健康的心理，进行自我调适和行为控制。有些压力和挫折看上去很可怕，但是，更可怕的是我们向它屈服。对付压力和挫折有许多办法，可以尝试着踏平它、跨过它；既不能踏平也不能跨过的，就绕过它。有些压力和挫折是不能磨平消尽的，对待它的根本方法是正视它、感悟它。我们应该树立积极的心理防卫机制，增强自己的耐挫力，以适应社会的发展。

项目训练

知识训练：

1. 员工的心理健康问题会给自己和企业带来哪些不利的影响？
2. 健康情绪的标准是什么？
3. 应对压力的方法有哪些？
4. 挫折的防御机制有哪些？

能力训练：

1. 查找与挫折有关的名言。
2. 试着用心理学的方法调整自己的心理状态。

参考文献

图书

[1] 高存友,任秋生,甘景梨.心理压力与调控[M].北京:九州出版社,2018.

[2] 周艳春.旅行社运营操作实务[M].上海:上海交通大学出版社,2011.

[3] 王志凡.旅游心理学实务[M].武汉:华中科技大学出版社,2020.

[4] 邹本涛,赵恒德.旅游心理学[M].北京:北京大学出版社,2008.

[5] 周耀进.旅游心理学[M].桂林:广西师范大学出版社,2015.

[6] 刘纯.旅游心理学[M].北京:高等教育出版社,2004.

[7] 吴国清.旅游线路设计[M].北京:旅游教育出版社,2006.

[8] 陈琦.酒店服务心理学[M].郑州:郑州大学出版社,2016.

[9] 齐海英.旅游服务心理学[M].长春:东北师范大学出版社,2019.

[10] 刘雨涛,刘月娇,尹容移.旅游心理学[M].吉林:吉林大学出版社,2020.

[11] 温卫宁.饭店服务心理学[M].南京:江苏教育出版社,2014.

[12] 周耀进,齐丹,郑向.酒店服务心理学[M].上海:上海交通大学出版社,2012.

[13] 王兆明.旅游学基础[M].北京:人民教育出版社,2007.

[14] 侯玉波.社会心理学[M].北京:北京大学出版社,2018.

[15] 钟旭东.消费者行为学:心理的视角[M].北京:北京大学出版社,2020.

[16] 张等菊.服务心理学[M].北京:经济科学出版社,2016.

[17] 孙喜林,等.旅游心理学[M].7版.大连:东北财经大学出版社,2019.

[18] 白玉苓.消费心理学[M].2版.北京:人民邮电出版社,2018.

[19] 徐栖玲,等.酒店服务案例心理解析[M].广州:广东旅游出版社,2003.

[20] 韩燕妮,韩宏,刘聪.酒店服务心理学[M].江苏:江苏大学出版社,2021.

[21] 刘亚轩,金丽丹.旅游心理学[M].武汉:华中科技大学出版社,2016.

[22] 程春旺,王小利,袁忠霞.酒店服务心理学[M].3版.西安:西安交通大学出版社,2018.

译著

[1] 理查德·格里格,菲利普·津巴多.心理学与生活[M].18版.王垒,王甦,周晓林,译.北京:人民邮电出版社,2003.

[2] 戴安娜·帕帕拉,萨莉·奥尔兹,露丝·费尔德曼.发展心理学[M].李西营,等,译.北京:人民邮电出版社,2013.

[3] 迈克尔·所罗门,卢秦宏,杨晓燕.消费者行为学[M].杨晓燕,郝佳,胡晓红,等,译.北京:中国人民大学出版社,2014.

期刊

[1] 薛二刚."法治"与"仁政"孰优一筹——浅谈服务业员工心理健康管理[J].医学美学美容(财智),2013(11):54-56.

[2] 林春梅.心理压力与健康[J].民族教育研究,2021:89-92.

[3] 全小国.感官·情感·精神:非遗旅游产品审美体验研究[J].民族艺林,2022(3):35-45.

[4] 何云梦,徐菲菲,剌利青,刘婧媛.基于S-O-R理论的文旅消费驱动机制研究[J].旅游科学,2023,37(1):116-132.

[5] 李明媚.从马斯洛需求层次理论看旅游服务品质的提高[J].中国外资,2011(20):21-23.

[6] 孙德玉,顾园园.荀子的"人贵论"及其对大学生的教育意蕴[J].徐州工程学院学报,2017(1):104-108.

[7] 于帆.元宇宙+文旅:数字钥匙开启创新发展之门[N].中国文化报,2023-3-5(04).

电子资源

辽宁工程技术大学建筑与交通学院.心理健康的含义及标准[EB/OL].(2017-09-08)[2023-4-20].https://jzxy.lntu.edu.cn/info/1065/2155.htm.